Stadtforschung aktuell
Band 52

Herausgegeben von:
Hellmut Wollmann

Heinz Arnold

Disparitäten in Europa:

Die Regionalpolitik der Europäischen Union

Analyse • Kritik • Alternativen

Birkhäuser Verlag
Basel · Boston · Berlin

Der Autor:

Dr. rer. pol. Universität Kassel 1988 mit Auszeichnung
Lehrbeauftragter Universität Kassel 1989, FB Landschaftsplanung
Lehrbeauftragter für Wirtschafts- und Sozialgeographie
    an der Universität Trier seit 1991
Leiter des Euro-Business-College Trier

Die Deutsche Bibliothek – CIP-Einheitsaufnahme

Arnold, Heinz:
Disparitäten in Europa: Die Regionalpolitik der
Europäischen Union : Analyse, Kritik, Alternativen / Heinz
Arnold. - Basel ; Boston ; Berlin : Birkhäuser, 1995
    (Stadtforschung aktuell ; Bd. 52)
    ISBN 3-7643-5191-8
NE: GT

© 1995 Birkhäuser Verlag, Postfach 133, CH-4010 Basel, Schweiz
Camera-ready Vorlage durch den Autor erstellt
Gedruckt auf säurefreiem Papier, hergestellt aus chlorfrei gebleichtem Zellstoff
Umschlaggestaltung: Markus Etterich, Basel
Printed in Switzerland
ISBN 3-7643-5191-8

9 8 7 6 5 4 3 2 1

Vorwort

Soziologie, Politikwissenschaft und Geographie befinden sich gegenwärtig wie viele andere Wissenschaften in einer Phase, die einerseits durch Auflösungstendenzen und Orientierungsprobleme, andererseits durch Bemühungen um Integration, interdisziplinäre Zusammenarbeit und theoretische wie praktische Innovationen gekennzeichnet ist.

Es ist typisch und gleichwohl richtig, wenn kritische Sozialwissenschaftler eine solche Situation der Disziplinen im Zusammenhang mit den aktuellen Strukturen und Entwicklungen von Gesellschaften, politischen Systemen und Raumverhältnissen sehen, denn zwischen Wissenschaft und Gesellschaft bestehen intensive Wechselwirkungen.

Ich möchte nur ein Beispiel für die obige These zur Lage der Sozialwissenschaften erwähnen. Seit einiger Zeit wird in der Sozialstrukturforschung verdeutlicht, daß sich die soziale Ungleichheit in den reicheren Ländern nicht mehr als streng gegliederte Klassengesellschaft im traditionellen Sinn definieren läßt; zu dieser Position gehört auch der Nachweis des Entstehens vielfältiger neuer sozialer Differenzierungen und Konflikte zwischen sozialen Gruppierungen, die vor 20 oder 30 Jahren in diesem Forschungsfeld kaum beachtet wurden - Frauen, ethnische Gruppen, Langzeitarbeitslose u.a. - oder einfach noch nicht berücksichtigt werden konnten, wie das z.B. für illegale Einwanderer und Ostdeutsche gilt. Soweit reagiert die Sozialstrukturforschung auf Auflösungstendenzen der realen Sozialstruktur (vgl. z.B. Beck 1986; Müller 1992). Sie quält sich aber zugleich mit diesen Tendenzen auf der theoretischen Ebene und löst eigene wissenschaftliche Begriffsbildungen auf, so daß sie zumindest streckenweise Orientierungslosigkeit vermittelt. Denn dieselben Autoren arbeiten weiterhin mit dem Begriff der Klassengesellschaft, obwohl sie der Ansicht sind, daß die Auflösung der Klassenkulturen feststeht (vgl. Müller 1994, S. 132 f.). So pendeln sie schließlich zwischen der Betonung von Diversifizierung und Individualisierung von Lebenslagen und -wegen einerseits und der Beschreibung neuer Aspekte der sozialen Ungleichheit, die der "Zukunft der Klassengesellschaft" (ebd., S. 136) zugeordnet werden, auf der anderen Seite. Die von diesen Soziologen vorgeschlagenen Konzeptionen zur Neuorientierung, Integration und disziplinübergreifenden Zusammenarbeit umfassen Versuche zur Verbindung von Soziologie, Ökologie, Ethnologie, Politischer Theorie und Wissenschaftsforschung (vgl. Beck 1986; 1993; Müller 1992). Sie hinterlassen einen vielversprechenden Eindruck, sind aber - nicht zuletzt aus der Sicht der Autoren selbst - vorerst nicht mehr als Entwürfe in Themenfeldern mit noch undeutlichen Konturen und der permanenten Möglichkeit schneller und grundlegender Veränderung. Die von Sennett registrierte Gefahr, daß die Gesellschaftstheorie sich sowohl des Gesellschaftsbegriffs als auch der Analyse der Widersprüche und einer kritischen Einstellung zu entledigen scheint (vgl. Sennett 1994), wird durch solche Entwürfe jenseits kritischer Ansätze eher verstärkt als reduziert.

Meine Konsequenz aus dieser kurzen Bestandsaufnahme eines wahrscheinlich derzeit unvermeidlichen Dilemmas (es scheint mir unvermeidlich, weil es lediglich eine tatsächliche Situation in die Sprache der Sozialwissenschaften übersetzt) ist die Verweigerung eines vollständig einheitlich gefaßten Gesellschafts- oder Politikbildes. Insofern reflektiert meine Darstellung wissenschaftliche und gesellschaftliche Problemlagen der Gegenwart. Ich bewege mich im Rahmen eines breit angelegten, aber nicht allzu präzise bestimmten Paradigmas kritischer Sozialwissenschaft, wobei es auch durch das Thema bedingt ist, daß soziale, ökologische und partizipatorische Aspekte der Praxis, nicht der Theorie, den Ausschlag geben. Denn das Hauptziel dieser Arbeit liegt in der Begründung und Erläuterung einiger Alternativen zu dem existierenden regionalpolitischen System der EU, auf der Basis einer Einschätzung der vorhandenen Mechanismen und der regional-ökonomischen Grundlagen dieser Politik.

Bei dieser Zielsetzung kann es in erster Linie nicht auf exzessive Vertiefung aus politiktheoretischer Sicht ankommen; der Kritik aus dieser Perspektive stelle ich mich durch die Veröffentlichung selbstverständlich. Es geht vielmehr darum, in Anknüpfung an durchaus unterschiedliche Theorien und Praxisverfahren ein offenes, nicht auf weitere Verrechtlichungen und Reglementierungen abhebendes Modell vorzuschlagen, das die regionalen Disparitäten als komplexes und nicht nur ökonomisches Sachgebiet sieht und das Regionalpolitik nicht allein mit regionaler Wirtschaftspolitik gleichsetzt. Dazu erlaube ich mir theoretische Anleihen aus Regulationstheorie und Kommunitarismusdiskussion und führe sie einer Verwendung in diesem Kontext zu.

Das gewählte Vorgehen mag riskant sein; ich kann nicht eindeutig sagen, wessen Ansatz ich hier vertrete, und ob ich mich als Apologet einer/eines oder mehrerer RepräsentantInnen der Wissenschaft verstehe. Insofern akzeptiere ich auch ein Axiom postmoderner Sozialphilosophie, die den Verlust von Referenz oder Repräsentation als ganz gewöhnlichen und angemessenen Vorgang betrachtet (vgl. Vester 1993, S, 38 ff.). Das Prinzip einer Pastichebildung als "Nebeneinander und Durcheinander des Disparaten" (ebd., S. 30), im eklektizistischen Sinn, halte ich aber für untragbar, weil es mit den Fundamenten rationaler Argumentation nicht kompatibel ist und als Maxime aus der Wissenschaft als Metier heraus in die Irrationalität führt.

Am Ende dieses Vorwortes möchte ich ein paar Schlaglichter nennen, die mich erkenntnistheoretisch weitgehend, nicht überall, begleiten. Wissenschaftstheoretisch beeindruckt mich die Auffassung, daß Erkenntnis für freie Menschen nicht mit der Macht von Fachleuten, sondern mit den Entscheidungen örtlich bzw. regional aktiver und demokratisch handelnder Bürger identifiziert werden sollte (vgl. Feyerabend 1980, S. 209 ff.). Gesellschaftstheoretisch betrachtet leben wir in einer "Gesellschaft im Übergang" (vgl. Görg 1994), deren empirische Befindlichkeit am stärksten durch Desintegration in vielen, wenn nicht allen, Bereichen markiert wird (vgl. Honneth 1994). Nicht zuletzt deshalb müssen wir für unzählige Probleme das Becksche Projekt einer "Erfindung des Politischen" (vgl. Beck 1993) engagiert angehen; für die EU-Regionalpolitik geht es teilweise sogar um politische Neuerfindungen, die noch nicht erprobt wurden. Aus der Perspektive der sozialwissenschaftlichen Geographie ist das Stichwort von der "Wiederkehr des Regionalen" (vgl. Lindner 1994) besonders aussagekräftig und attraktiv für die Beschreibung meiner Konzeption, die einen erheblichen und gezielten Wandel sozialer, politischer, ökologischer und regionaler Strukturen und Verhältnisse impliziert. Die realistische Chance dafür besteht in einer systematischen Vernetzung mit der Wirklichkeit der regionalen Disparitäten in Europa und mit der jetzt praktizierten Regionalpolitik der EU. Insgesamt wünsche ich mir einen schrittweisen und grundsätzlichen Transformationsprozeß dieses Politikfeldes, der umfassende, regionale Partizipation der Bürger voraussetzt.

Am Zustandekommen der Studie waren viele beteiligt, deren Ideen mir geholfen haben. Dazu gehören auch die Diskussionen mit den Studierenden in meinen Lehrveranstaltungen an den Universitäten Kassel und Trier, an erster Stelle aber Dr. Egon Schoneweg, dem ich für seine Trierer Gastvorträge, viel Material und insbesondere authentische Darstellungen der Sichtweise der Europäischen Kommission zur Regionalpolitik danke.

Ich widme das Buch meinem gerade zweijährigen Sohn Konstantin, der mir viel Freude macht und täglich zeigt, daß es ein Leben außerhalb der Arbeit gibt.

Meiner Frau Karin danke ich für die Geduld und Toleranz, die sie immer wieder für meine Schreibtischstunden aufbringt; ich hoffe, sie wird daraus irgendwann selbst Nutzen ziehen können.

Trier, im Dezember 1994   *Heinz Arnold*

Inhaltsverzeichnis

Einleitung

Regionale Disparitäten und Regionalpolitik gehören zu den Themen, die für die weitere Entwicklung der Europäischen Union zunehmend an Bedeutung gewinnen. Das gilt aus finanzieller, politischer, wirtschaftlicher aber auch geographischer Perspektive. Mit der weitgehend vollzogenen Realisierung des Binnenmarktprogramms, der kritisch gewordenen Diskussion über die Wirtschafts- und Währungsunion und dem tiefgreifenden Veränderungsprozeß in Ost- und Mitteleuropa hat die regionale Frage neue Grundlagen und veränderte, konfliktbehaftete Begleitumstände erhalten, die in dieser Form nicht prognostiziert werden konnten. Berücksichtigt man darüber hinaus die problemgeladenen globalen Trends, von denen auch die Europäische Union vielfach betroffen ist - z.b. demographische Explosion, weltweite Wanderungsbewegungen, neue regionale Kriege, Strukturwandel der Arbeitswelt und der gesamten Ökonomie, Gefahr für die natürliche Umwelt, kulturelle, politische Regionalisierung, Zunahme der sozialen Unterschiede - dann wird deutlich, daß die regionalen Disparitäten in Westeuropa nicht isoliert betrachtet werden dürfen. Das ist besonders zu betonen unter dem Aspekt der aktuellen konjunkturellen und strukturellen Krisenphase der Weltwirtschaft, die innerhalb der Europäischen Union das Arbeitsmarktproblem auf einen neuen Höhepunkt seit der Gründung der EWG 1958 katapultiert hat. Eine der am besten belegten Thesen über die regionalen Ungleichheiten besagt, daß diese während einer wirtschaftlichen Krise eher wachsen, während die Chancen für ihren Abbau zunächst in Prosperitätsphasen steigen, weil ökonomisches Wachstum regionalen Ausgleich eher ermöglicht als Schrumpfungsprozesse (vgl. z.B. Buttler u.a. 1977, S. 163; Hübler u.a. 1980, S. 50). Aus der "Erkenntnis, daß schon der europäische Binnenmarkt, erst recht aber die Wirtschafts- und Währungsunion, nicht zufriedenstellend funktionieren können, wenn die regionalen Ungleichgewichte in Bezug auf Wohlstand, Beschäftigung, Produktivität, Infrastruktur usw. zu groß sind" (Schoneweg 1993, S. 1) hat die Europäische Union auf der Basis einer Bilanz der bisherigen Strukturpolitik die zweite Reform der Strukturfonds im Sommer 1993 beschlossen. Damit reagiert sie auf die veränderten Rahmenbedingungen, unter denen derzeit die regionalen Disparitäten in ihrem Gebiet fortbestehen. Sie dürfte sich dabei im klaren sein, daß gerade aus wirtschaftspolitischer bzw. regionalökonomischer Sicht ein massiver Strukturwandel erforderlich ist, der nur bei Mobilisierung einer wesentlich größeren Zahl von Akteuren als bisher - in Wirtschaft, Politik, Kultur, Gesellschaft - gelingen kann. Die materiellen Voraussetzungen für den Abbau der regionalen Unterschiede wurden für den neuen Förderungszeitraum 1994-1999 erheblich verbessert. Gleichwohl ist zu fragen, ob Mittel und Mechanismen des reformierten Förderungssystems geeignet sind, die regionalen Disparitäten innerhalb der Europäischen Union in relevantem Ausmaß zu reduzieren.

Diese Frage stellte sich natürlich zuerst als Vergleich der regionalpolitischen Interventionen mit den gemessenen regionalökonomischen Indikatoren. Die zweite - ökonomisch grundlegende - Linie des Problems ist aber auch darin zu sehen, daß nachweisbare Korrespondenzen zwischen dem jeweiligen wirtschaftlichen System und seiner räumlichen Struktur bestehen. So ist aus dem weiten Feld der Regulationstheorie darauf hingewiesen worden, welche räumlich-regionalen Folgen sich aus dem Wandel von einem "fordistischen" Wirtschaftsprozeß (mit industrieller Massenproduktion, weitreichenden Staatsinterventionen, erheblichen Produktivitätssteigerungen und starkem Wachstum des materiellen Lebensstandards (vgl. Moulaert/Swyngedovw 1990; Esser/Hirsch 1987)) zu einem "postfordistischen" Akkumulationsregime ergaben, das u.a. durch flexiblere Produktionsregimes, die Auflösung der traditionellen Arbeitsverhältnisse, regionale Integration, Dezentrierung und Deregulierungen, Privatisierung staatlicher Unternehmen, eine tiefe Krise der traditionellen Industrien und damit auch durch eine neue räumliche Verteilung der ökonomischen Elemente gekennzeichnet ist (vgl. z.B. Harvey 1992, S. 147 ff.). Diese Krise des Fordismus und die Entwicklung zu einem System der flexiblen ökonomischen Akkumulation entfaltet - unabhängig von jeder raumbezogenen Politik der Institutionen - eine ungeheuer starke räumliche Kraft der Umverteilung von Technologien, Ressourcen und Arbeitskräften - als immanenter Prozeß des Wirtschaftssystems, das sich stets neue Formen zur Realisierung seiner internen Systemziele schafft. Dabei hat es den Anschein, daß die Krise Mitte der 70er Jahre einen besonders markanten Wendepunkt sowohl der Ökonomie an sich als auch der weiteren Entwicklung der regionalökonomischen Unterschiede im EG-Europa darstellt. Vorsichtig formuliert, wird durch die folgenden Zeitreihen ein Zusammenhang zwischen dem festgestellten längerfristigen Rückgang im Zuwachs der Arbeitsproduktivität und des Wirtschaftsproduktes (vgl. z.B. Hübner 1990, S. 256 ff.; Vester 1993, S. 113) und dem Abbrechen einer relativ stetigen Abnahme der regionalen Wirtschaftsdisparitäten nahegelegt.

1. Entwicklung der regionalen Disparitäten in der EU

1.1 Zur Entwicklung seit 1960

1.1.1 Einkommensgefälle

Auf der Grundlage der Teilindizes Bruttoinlandsprodukt (BIP), Arbeitslosenquote (vgl. kritisch zu dieser Datenbasis Franke 1989, S. 12 ff.) läßt sich die Genese der regionalökonomischen Disparitäten seit 1960 sowohl auf der Staatenebene als auch im Vergleich der Regionen der Europäischen Union nachvollziehen. Eine Analyse der vergangenen 30 Jahre beweist, daß das Einkommensgefälle innerhalb der EU auf der Stufe des Ländervergleiches bis Mitte der 70er Jahre kontinuierlich abgenommen hat. Dieser Konvergenzprozeß der regionalen Einkommensunterschiede hat sich jedoch, wie die beiden folgenden Tabellen 1 und 2 verdeutlichen, in den 80er und 90er Jahren kaum fortgesetzt. Dabei spielte damals nicht nur die bis ca. 1975 hohe Wachstumsdynamik, sondern auch der interregionale Migrationsprozeß eine wesentliche Rolle (Busch 1992, S. 107).

Tab. 1

Bruttoinlandsprodukt je Einwohner[1]

	1960	1970	1975	1980	1990	1991
Luxemburg	149,9	123,8	123,8	115,4	123,9	125,8
Westdeutschland	125,2	118,5	115,6	119,1	117,3	119,3
Großbritannien	124,1	103,7	101,1	96,7	100,7	98,6
Niederlande	116,2	112,8	112,6	108,1	100,8	101,4
Dänemark	112,2	113,7	108,1	106,4	107,3	106,0
Frankreich	104,6	112,9	114,0	114,0	111,7	110,7
EUR-12	100,0	100,0	100,0	100,0	100,0	100,0
Belgien	98,2	101,0	105,3	106,3	105,1	107,4
Italien	86,6	95,4	94,5	102,4	102,6	103,1
Spanien	58,7	72,2	79,1	71,6	75,5	76,7
Irland	58,1	56,6	59,6	60,8	68,3	69,4
Portugal	38,0	46,8	49,4	52,9	53,7	50,2
Griechenland	34,7	46,0	51,1	51,8	47,1	48,3
Standardabweichung	34,2	28,0	24,5	23,5	23,3	23,8

1)   Zu laufenden Preisen und KKS (= Kaufkraftstandards).

Busch 1992, S. 106

3

Die Analyse der Tabelle 3 zeigt, daß sich die Disparitäten im Bereich des BIP im Vergleich der Mitgliedstaaten auch in der Dekade 1980-1990 auf dem gleichen Niveau gehalten haben. In einer Phase, in der die Regionalpolitik der EU begonnen und erheblich ausgebaut wurde, sind die regionalen Einkommensdisparitäten zwischen den Staaten nicht wesentlich geringer geworden.

Tab. 2

Die Entwicklung der Disparitäten des BIP
zwischen den Mitgliedstaaten der Gemeinschaft[1]
1960 - 1985

	BIP je Einwohner		BIP je Erwerbstätigen	
	EUR 10	EUR 12	EUR 10	EUR 12
1960	19	27	16	22
1961	18	25	15	20
1962	17	24	14	19
1963	16	23	12	18
1964	17	23	13	18
1965	17	23	12	17
1966	16	22	11	16
1967	15	20	11	16
1968	14	20	11	15
1969	14	20	11	16
1970	14	19	11	16
1971	14	19	11	15
1972	14	18	11	15
1973	13	17	10	14
1974	13	17	12	14
1975	13	17	12	15
1976	13	18	12	15
1977	14	18	12	16
1978	14	18	12	15
1979	14	19	12	16
1980	13	18	13	16
1981	14	19	13	15
1982	14	19	12	15
1983	14	19	12	15
1984	14	19	13	16
1985	14	19	13	16

[1] Variationskoeffizient = Standardabweichung des BIP-Niveaus der Mitgliedstaaten in Prozent des EG-Durchschnitts in KKP

KEG 1987, S. 128

Tab. 3

BIP je Einwohner in den Mitgliedstaaten
1980 - 1990
(in KKP, EUR 12 = 100)

Mitgliedstaat	1980	1981	1982	1983	1984	1985	1986	1987	1988	1989	1990
B	104,5	103,0	104,0	102,7	102,9	101,6	101,1	100,6	101,2	102,4	103,0
DK	109,0	108,3	111,0	112,3	114,8	117,0	118,0	113,8	109,5	108,0	107,2
D	113,8	114,0	112,7	113,2	111,4	114,4	114,4	113,5	113,2	113,3	113,4
GR	58,2	57,8	57,4	56,5	56,5	56,8	56,0	54,3	54,4	54,0	53,0
E	73,4	72,7	72,7	72,6	72,1	71,8	72,2	74,0	74,8	75,7	76,3
F	111,9	112,8	114,4	113,1	111,8	110,7	110,0	109,2	108,7	108,5	108,6
IRL	64,5	65,9	66,3	64,8	65,7	65,1	63,4	64,3	64,6	66,0	67,3
I	102,5	103,8	103,2	102,4	103,2	103,6	104,0	104,4	104,8	105,1	105,2
L	115,6	115,3	116,3	118,0	122,6	124,0	126,3	125,5	127,4	128,0	128,7
NL	111,0	109,7	107,0	106,6	107,3	107,2	106,4	104,5	103,2	103,5	103,1
P	54,2	54,5	55,1	54,5	52,2	52,1	52,8	53,7	53,8	54,5	55,4
UK	101,1	100,1	100,8	103,2	102,7	103,7	104,2	105,2	105,7	104,6	103,7
EUR 3[1]	57,5	57,7	57,8	56,9	56,1	56,1	55,8	55,6	55,7	56,0	56,2
EUR 9[2]	103,2	103,2	103,2	103,3	103,4	103,4	103,4	103,4	103,4	103,4	103,4
Disparität[3]	16,8	17,0	17,0	17,1	17,5	17,5	17,5	16,9	16,7	16,4	16,2

[1] GR, IRL, P
[2] Andere
[3] Gewichtete Standardabweichung

KEG 1991b, S. 87

Diese Feststellung wird durch den äußerst heterogenen Entwicklungsprozeß des BIP von 1980 bis 1990 auf der regionalen Ebene untermauert. Zahlreiche schwächer entwickelte Regionen verzeichnen in diesem Zeitraum überdurchschnittliche Einkommenszuwächse, andere fallen weiter zurück wie z.b. Sizilien, Korsika und große Teile Griechenlands. Insgesamt entsteht ein Bild, das zwar innerhalb der einzelnen Staaten erhebliche regionale Veränderungen bringt, die Disparitäten zwischen den Nationen bleiben jedoch auf nahezu gleichem Niveau (vgl. Busch 1992, S. 106; Eurostat Schnellberichte Regionen 1993/1, S. 7).

Auf der regionalen Bezugsebene zeigt der Blick in die Vergangenheit, daß die Einkommensunterschiede in der EU seit ca. Mitte der 70er Jahre nicht weiter reduziert werden konnten, obwohl erhebliche Mittel für die Regionalförderung aufgebracht wurden (vgl. KEG 1987, S. 130).

Tab. 4

Disparitäten im BIP pro Einwohner zwischen den Regionen der Gemeinschaft 1980 - 1988[1]

(in KKP, EUR 12 = 100)

	1980	1981	1982	1983	1984	1985	1986	1987	1988
Durchschnitt der 10 schwächsten Regionen	47	46	46	45	45	45	45	45	45
Durchschnitt der 10 stärksten Regionen	145	146	147	149	149	150	151	151	151
Durchschnitt der 25 schwächsten Regionen	57	57	56	56	55	56	55	56	56
Durchschnitt der 25 stärksten Regionen	135	136	136	136	137	138	138	137	137
Disparität[2]	26,1	26,5	26,8	27	27,2	27,5	27,9	27,5	27,5

[1] NUTS 2: ohne DOM, Açores und Madeira wegen fehlender Daten.
[2] Gewichtete Standardabweichung

KEG 1991b, S. 87

Eine Gegenüberstellung der Disparitäten zwischen Ländern und Regionen für die 80er Jahre zeigt höhere Standardabweichungen zwischen den Regionen; damit ist begründbar, daß das Problem der Einkommensunterschiede in der Europäischen Union weder durch die Staaten noch durch bilaterale Vorgänge lösbar ist. Es muß von Regionen, Staaten und Europäischer Union gemeinsam aufgegriffen werden, denn es geht um eine Konvergenz, die die relative Entwicklung zwischen den Mitgliedstaaten *und* zwischen den Regionen positiv im Sinne einer Annäherung des Einkommensniveaus gestaltet (KEG 1987, S. 60).

1.1.2 Divergierende Entwicklung der Arbeitslosigkeit

Die Disparitäten der registrierten Arbeitslosigkeit in der EU zeigen einen ähnlichen zeitlichen Verlauf wie die Unterschiede im BIP. Hier wird von der Europäischen Union der Rückgang der Disparitäten bis zur Mitte der 70er Jahre und ein danach folgender Anstieg bis etwa 1984 auf zwei Ebenen nachgewiesen, zwischen den Staaten und zwischen den Regionen. Ein Unterschied zeigt sich allerdings im Zeitraum von 1985 bis 1990: Die Disparitäten in den regionalen Arbeitslosenquoten sinken in dieser Periode sowohl beim Vergleich der Länder als auch der Regionen. Zugleich nehmen die Disparitäten innerhalb der Staaten nach 1970 insgesamt kontinuierlich zu, über 1985 hinaus, bis 1990. Diese Entwicklungsprozesse werden in den Tabellen 5 und 6 auch im Vergleich der 25 stärksten mit den 25 schwächsten Regionen sichtbar.

Tab. 5

Entwicklung des Arbeitslosigkeitsgefälles zwischen den Staaten und Regionen der Gemeinschaft

| | Jahr | | | | | | | | | | | | | | | |
---	1970	1971	1972	1973	1974	1975	1976	1977	1978	1979	1980	1981	1982	1983	1984	1985
Quote der registrierten Arbeitslosigkeit																
EUR 9[1]	2,0	2,4	2,6	2,4	2,8	4,2	4,8	5,0	5,1	5,2	5,7	7,5	9,1	10,2	10,6	10,9
EUR 11[1]	-	-	-	-	-	-	4,6	4,9	5,3	5,5	6,2	7,9	9,5	10,7	11,3	11,7
Gewichtete Standardabweichung																
(A) Zwischen Staaten																
EUR 9[1]	1,4	1,5	1,5	1,4	1,1	0,8	0,8	0,9	1,1	1,4	1,5	1,8	1,7	1,9	2,0	2,0
EUR 11[1]	-	-	-	-	-	-	1,0	0,9	1,1	1,6	1,9	2,2	2,4	2,9	3,2	3,4
(B) Zwischen Regionen																
EUR 9[1]	1,9	2,2	2,2	2,1	1,9	1,9	2,0	2,1	2,3	2,7	3,0	3,5	3,9	4,2	4,4	4,6
EUR 11[1]	-	-	-	-	-	-	2,1	2,1	2,3	2,8	3,2	3,7	4,2	4,7	5,0	5,3

1) Anmerkung: Die Tabelle beruht auf den Arbeitslosenquoten (registrierte Arbeitslose) in den Regionen der Ebene 11. Für Griechenland wurden keine Angaben aufgeführt, dergleichen für Spanien und Portugal vor 1976.

KEG 1987, S. 134 (Anhang)

Tab. 6

Disparitäten in den regionalen Arbeitslosenquoten[1], 1983 - 1990

	Jahr							
	1983	1984	1985	1986	1987	1988	1989	1990
Arbeitslosenquoten EUR 12	9,6	10,6	10,7	10,7	10,5	9,9	9,0	8,3
Durchschnitt der 25 höchsten	18,3	21,0	22,7	22,2	21,6	20,6	19,3	17,8
Durchschnitt der 25 niedrigsten	5,3	5,4	5,2	4,5	4,3	3,9	3,2	3,1
Differenz	13,0	15,7	17,5	17,8	17,4	16,7	16,1	14,7
Disparitäten[2]								
zwischen Mitgliedstaaten	3,1	3,7	4,1	4,1	4,0	3,9	3,5	3,2
zwischen allen Regionen	3,7	4,4	4,7	4,9	5,1	5,0	4,1	4,2
innerhalb der Mitgliedstaaten								
B	1,3	1,5	1,8	2,3	2,6	2,6	2,5	2,7
DK	1,5	1,2	1,0	0,7	0,9	1,0	1,0	0,9
D	1,6	1,9	2,1	2,0	2,0	2,0	1,9	1,8
GR	2,2	2,8	2,8	2,7	2,7	2,8	:	:
E	3,8	5,4	5,1	4,9	5,7	4,6	5,1	4,9
F	1,4	1,7	1,8	1,6	1,6	1,6	1,6	1,7
IRL	-	-	-	-	-	-	-	-
I	2,5	2,7	2,7	3,6	4,4	5,9	6,7	6,3
L	-	-	-	-	-	-	-	-
NL	1,8	1,4	1,1	1,0	1,0	0,9	1,3	0,8
P	2,5	2,9	2,9	2,9	2,6	2,2	3,1	:
UK	3,1	3,1	2,9	3,0	3,1	3,0	3,0	2,5

[1] NUTS 2: ohne DOM. Açores und Madeira wegen fehlender Daten.
[2] Gewichtete Standardabweichung.

KEG 1991b, S. 89

9

1.2 Zur aktuellen Situation Anfang der 90er Jahre

Aus Tabelle 1 läßt sich bereits der Endpunkt der Einkommensentwicklung im Vergleich der 12 Staaten der EU ablesen. Luxemburg und Westdeutschland haben ihre führende Stellung über mehr als 30 Jahre hinweg behauptet, während vor allem Großbritannien, aber auch die Niederlande und Dänemark im national-staatlichen Einkommensgefälle deutlich schwächer geworden sind. Erhebliche Positionsverbesserungen verzeichnen gegenüber 1960 die Länder Frankreich, Belgien und Italien, während der relative Stand der vier peripheren und wirt-schaftlich schwächsten Staaten Spanien, Irland, Portugal und Griechenland unver-ändert schlecht ist, wie Tabelle 7 deutlich macht.

Tab. 7

BIP je Einwohner (lfd. Preise und Kaufkraftstandards):
Rangfolge 1960, 1991 (Staaten der EU)

	1960	1991	Positivveränderung
L	1	1	-
D	2	2	-
GB	3	8	- 5
NL	4	7	- 3
DK	5	5	-
F	6	3	+ 3
B	7	4	+ 3
I	8	6	+ 2
E	9	9	-
IR	10	10	-
P	11	11	-
GR	12	12	-

Datenbasis: Busch 1992

Darüber hinaus zeigt diese Tabelle, daß Buschs These einer Konvergenz über den Gesamtzeitraum von 1960 bis 1991, aus staatenvergleichender Sicht, relati-viert werden muß (vgl. Busch 1992, S. 106). Zwar beträgt die Standardabwei-chung für das BIP je Einwohner 1991 nur noch 23,8 (gegenüber 34,2 für 1960), aber die Rangfolge auf der Gesamtskala ist lediglich durch einige Verschiebungen im mittleren Bereich gekennzeichnet, während die ökonomisch stärksten und schwächsten Positionen seit über 30 Jahren von denselben Staaten besetzt werden. Das ist auch deshalb bemerkenswert, weil keines der wirtschaftlich schwächsten Länder seine Position in der Rangfolge verbessern konnte, obwohl diese Staaten seit etlichen Jahren von der EU erhebliche finanzielle Mittel für die regionale Wirtschaftsförderung erhalten.

Abbildung 1 zeigt die Unterschiede im BIP für 1990 in der Differenzierung der Verwaltungsregionen der Europäischen Union. Keine einzige Region, deren Einkommen unter 75 % vom Durchschnitt der EU beträgt, befindet sich 1990 außerhalb der vier schwächsten Staaten bzw. von Süditalien. Eine Gegenüberstellung der zehn reichsten und zehn ärmsten Regionen der EU verstärkt diesen kontrastierenden Eindruck. Das Einkommen je Einwohner in Regionen wie Hamburg, Paris und London ist viermal so hoch wie das der Bewohner der ärmsten Regionen von Griechenland und Portugal.

Abb. 1

Bruttoinlandsprodukt je Einwohner (in Kaufkraftparitäten), 1990.
NUTS 2-Regionen der Europäischen Gemeinschaft

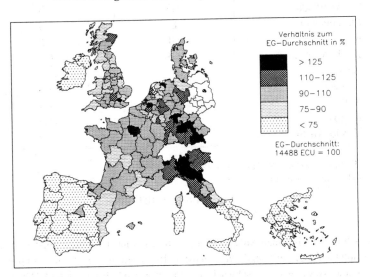

Schätzl 1993c, S. 24

Tab. 8

Die zehn reichsten und ärmsten Regionen der Gemeinschaft
- nominales BIP je Einwohner[1] -

Region	Mitgliedstaat	EUR 12 = 100
Groningen	NL	183,1
Hamburg	D	182,7
Ile de France	F	165,6
Greater London	GB	164,0
Darmstadt	D	148,9
Bremen	D	146,8
Lombardia	I	137,3
Oberbayern	D	135,1
Stuttgart	D	133,8
Valle d'Aosta	I	133,8
Centro	P	50,2
Dytiki Ellada	GR	50,0
Extremadura	E	49,0
Kriti	GR	48,5
Dytiki Makedonia	GR	46,7
Algarve	P	46,0
Alentejo	P	45,9
Norte	P	41,9
Ipeiros	GR	41,9
Vereio Aigaio	GR	39,9

[1] In KKS, Durchschnitt der Jahre 1986, 1987 und 1988;
ohne französische Überseegebiete.

Busch 1992, S. 108

Auch in den einzelnen Mitgliedstaaten existieren nach wie vor große Einkommensunterschiede; hier sind die reichsten Regionen in der Regel doppelt so einkommensstark wie die schwächsten. Griechenland, Portugal und Dänemark sind allerdings durch wesentlich geringere innerstaatliche regionale Disparitäten gekennzeichnet (vgl. Busch 1992, S. 109 f.).

Tab. 9

**Reiche und arme Regionen in den Mitgliedstaaten
- nominales BIP je Einwohner[1] -**

Mitgliedstaat	Region	EUR 12 = 100
Belgien	Bruxelles	154,2
	Hainaut	77,6
Dänemark	Hovedstadsregionen	132,6
	Øst for Storebælt	94,7
Westdeutschland	Hamburg	182,7
	Lüneburg	77,5
Frankreich	Ile de France	165,6
	Corse	76,8
Griechenland	Sterea Ellada	67,3
	Voreio Aigaio	39,9
Großbritannien	Greater London	164,0
	Northern Ireland	80,6
Italien	Lombardia	137,3
	Calabria	58,7
Niederlande	Groningen	183,1
	Flevoland	68,1
Portugal	Lisboa a vale do Tejo	69,7
	Norte	41,9
Spanien	Baleares	109,2
	Extremadura	49,0

[1] In KKS, Durchschnitt der Jahre 1986, 1987 und 1988; ohne französische Überseegebiete.

Busch 1992, S. 109

Die Arbeitslosenquote ist im April 1992, als bereits die Arbeitsmarktfolgen der Rezession zum Anfang der 90er Jahre offensichtlich waren, unterschiedlich auf die 12 Staaten der EU verteilt:

13

Tab. 10

Arbeitslosenquoten April 1992

Land	Quote	Rang (positiv)	Rangfolge BIP	Differenz
Luxemburg	1,8 %	1	1	-
Westdeutschland	4,5 %	2	2	-
Portugal	4,5 %	2	11	- 9
Niederlande	6,6 %	4	7	- 3
Belgien	7,6 %	5	4	+ 1
Griechenland	9,2 %	6	12	- 6
Dänemark	9,6 %	7	5	+ 2
Frankreich	9,7 %	8	3	+ 5
Italien	10,5 %	9	6	+ 3
Großbritannien	10,6 %	10	8	+ 2
Irland	17,6 %	11	10	+ 1
Spanien	17,8 %	12	9	+ 3
EU 12	9,4 %	-	-	-
Disparität	16 %			

Eurostat Schnellberichte Regionen, 2/1993, S. 3 ff.

Abgesehen von einigen Verschiebungen ergeben sich daraus parallele Daten für die Arbeitslosigkeit und das Einkommen beim Ländervergleich. Die beiden Länder mit dem höchsten Einkommen pro Einwohner haben auch die günstigste Arbeitsmarktsituation, zwei der schwächsten Länder belegen auch bei der Arbeitslosigkeit die beiden letzten Ränge mit den schlechtesten Quoten, während griechische und portugiesische Besonderheiten deren Arbeitsmarktsituation als günstig erscheinen lassen (was sich bei näherer Analyse z.B. auch als personeller Überbesatz in verschiedenen Sektoren der Wirtschaft, etwa der Landwirtschaft oder des öffentlichen Dienstes erweisen könnte (vgl. Kulke/Schätzl 1993, S. 174). Einige der ökonomisch stärkeren Länder belegen beim Einkommen (BIP) eine günstigere Position als bei der Arbeitslosigkeit. Dafür mögen Faktoren wie Rationalisierung, Einsatz modernster Technologien, aber evtl. auch die Strukturkrisen der alten Industrien ausschlaggebend sein, die allesamt (bei unzureichender Kompensation durch den tertiären Sektor) zur Reduzierung der Beschäftigungzahlen beitragen.

14

Tab. 11

**Die zehn Regionen mit den niedrigsten und
die zehn Regionen mit den höchsten Arbeitslosenquoten
(April 1992)**

Region	Staat	Arbeitslosenquoten
Luxemburg	L	1,8 %
Oberbayern	D	2,5 %
Centro	P	2,7 %
Schwaben	D	2,7 %
Tübingen	D	2,7 %
Stuttgart	D	2,7 %
Trentino Alto Adige	I	3,0 %
Freiburg	D	3,0 %
Algarve	P	3,1 %
Karlsruhe	D	3,2 %
Andalusien	E	27,0 %
Extremadura	E	26,3 %
Ceuta y Melilla	E	25,5 %
Canarias	E	24,8 %
Basilicata	I	21,8 %
Sicilia	I	21,8 %
Campania	I	21,3 %
Murcia	E	19,3 %
Pais Vasco	E	19,0 %
Sardegna	I	18,7 %
Disparität:		25,2 %

Eurostat Schnellberichte Regionen 2/1993, S. 3 ff.

Die regionalen Antagonismen in den Arbeitslosenquoten sind also im wesentlichen auf Luxemburg, Westdeutschland, Portugal einerseits und Spanien und Italien andererseits konzentriert. Dabei gibt es auch im Bereich Arbeitslosigkeit eine viel stärkere regionale Disparität zwischen den Regionen der EU als zwischen den Staaten (25,2 % gegenüber 16,0 %).

Schließlich soll noch das Ausmaß der innerstaatlichen Unterschiede in der Arbeitslosensituation im April 1992 dargestellt werden:

15

Tab. 12

**Regionen mit niedrigen und hohen Arbeitslosenquoten
in den Mitgliedstaaten**

Staat	Region	Quote	Disparität
Belgien	West-Vlaanderen	4,3 %	8,9
	Hainaut	13,2 %	
Westdeutschland	Oberbayern	2,5 %	5,4
	Bremen	7,9 %	
Spanien	Navarra	10,5 %	16,5
	Andalucia	27,0 %	
Frankreich	Alsace	5,5 %	8,1
	Languedoc-Rouissilon	13,6 %	
Italien	Trentino Alto Adige	3,0 %	18,8
	Sicilia	21,8 %	
Niederlande	Zeeland	5,0 %	4,6
	Groningen	9,6 %	
Portugal	Centro	2,7 %	6,0
	Alentejo	8,7 %	
Großbritannien	Grampian	5,6 %	11,1
	Northern Ireland	16,7 %	

Eurostat Schnellberichte Regionen 2/1993, S. 3 ff.

Aufgrund fehlender regionaler statistischer Daten für Dänemark, Irland und Griechenland müssen diese Länder hier ausgeklammert werden. Mit dieser Einschränkung kann festgestellt werden, daß die stärksten regionalen Gegensätze in der Arbeitsmarktlage in Italien, Spanien und Großbritannien bestehen, während sie in den Niederlanden, Westdeutschland und Portugal am schwächsten ausgeprägt sind. Eine Gegenüberstellung der Rangfolge von Einkommen (BIP) und Arbeitslosigkeit ist auch auf der innerstaatlichen Disparitätsebene aufschlußreich.

Tab. 13

**Vergleich der innerstaatlichen Disparitäten bei
Einkommen und Arbeitslosigkeit**

Staat	Disparität BIP je Einwohner	Rang (posi- tiv)	Disparität Arbeits- losenquo- te	Rang (positiv)
Belgien	76,6	5	8,9	5
Dänemark	37,9	3	-	-
Westdeutschland	105,2	9	5,4	2
Frankreich	88,8	8	8,1	4
Griechenland	27,4	1	-	-
Großbritannien	83,4	7	11,1	6
Italien	78,6	6	18,8	8
Niederlande	115,0	10	4,6	1
Portugal	27,8	2	6,0	3
Spanien	60,2	4	16,5	7

Busch 1992, S. 109, sowie Eurostat Schnellberichte Regionen 2/1993, S. 3 ff.

Abbildung 2 gibt das Gesamtbild der Regionen der EU wieder. Der Vergleich mit Abb. 2 veranschaulicht, daß zwar der regionale Problemdruck bezüglich des Einkommens und der Arbeitsmarktlage überwiegend auf den peripheren Regionen lastet, bei der Arbeitslosigkeit aber doch Modifikationen dieser These durch die Rolle der alten Industrieregionen sowie die Besonderheiten des griechischen und des portugiesischen Arbeitsmarktes zu beachten sind.

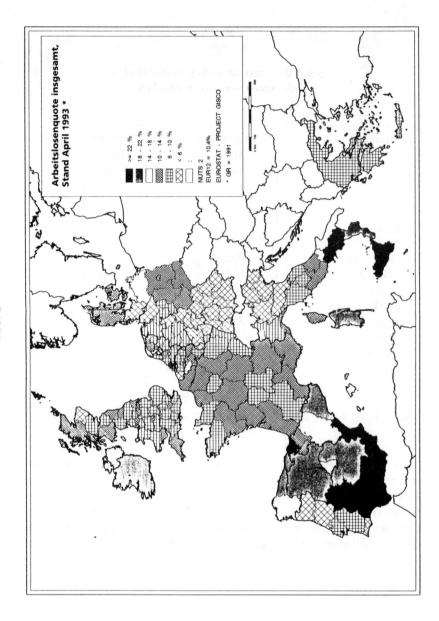

Abb. 2

Arbeitslosenquote insgesamt,
Stand April 1993 *

>= 22 %
18 - 22 %
14 - 18 %
10 - 14 %
6 - 10 %
< 6 %
:

NUTS 2
EUR12 = 10,4%
* GR = 1991

EUROSTAT - PROJECT GISCO

Zusammenfassend kann für die Entwicklung von BIP und Produktivität für den Zeitraum 1980-1993 festgehalten werden:

1. Die regionalen Disparitäten im Pro-Kopf-BIP zwischen den Regionen bleiben insgesamt mit ca. 28 % (1980: ca. 27 %; 1985: ca. 28 %; 1990: ca. 27 %; die Messung endet bei 1991) unverändert.

2. Die Disparitäten im Pro-Kopf-BIP zwischen den Mitgliedstaaten sind insgesamt geringer und zeigen einen geringfügigen Rückgang (1980: 19 %; 1985: 19 %; 1990: 17,5 %; 1993: 17 %; vgl. dazu Europäische Kommission 1994, S. 37).

Eine wesentliche Ausweitung im Bereich des BIP haben die regionalen Disparitäten natürlich durch die Aufnahme des früheren DDR-Gebietes erfahren. Vergleicht man jetzt die stärkste mit der schwächsten Region, kommt man auf ein Verhältnis von nahezu 1 : 7 - Thüringen: 30 % des EU-Druchschnitts der Jahre 1989-91; Hamburg 194,5 % derselben Kennziffer - (vgl. ebd., S. 192 ff.). Damit verändert sich natürlich auch die (oben nur für Westdeutschland aufgezeigte) regionale Spannweite in der Bundesrepublik erheblich. Das Verhältnis der 10 stärksten zu den 10 schwächsten Regionen verändert sich dabei durch den Beitritt dieses Teilgebietes ebenfalls, die Differenz ist größer geworden. So ergibt sich für die 10 schwächsten Regionen beim BIP pro Kopf ein Wert von ca. 35 % des EU-Durchschnitts, während die 10 stärksten weiterhin bei ca. 150 % liegen dürften (vgl. ebd., S. 192 ff.; S. 175). Im Bereich der Arbeitslosigkeit hat die deutsche EU-Erweiterung die Disparitäten bisher nicht verschärft. Hier haben die am stärksten betroffenen Regionen, die alle (mit Ausnahme der französischen "Überseegebiete") in Spanien und Süditalien liegen, ihre negativen Spitzenpositionen behalten (vgl. ebd., S. 195). Insgesamt nehmen die regionalen Unterschiede hier seit 1991 wieder zu, weil die Arbeitslosenquoten der schwächeren Regionen im Süden insgesamt deutlich gestiegen sind; die zehn am stärksten betroffenen weisen jetzt einen Durchschnitt von 25 % auf, während der Gegenpol im Durchschnitt bei 3,6 % steht (vgl. ebd., S. 46). Als längerfristiger Trend setzt sich bei der Arbeitslosigkeit insgesamt, wie auch bei ihren regionalen Disparitäten, die seit ca. 1975 ansteigende Tendenz - unterbrochen durch Verbesserungen von 1985-1990 - fort. Das Gefälle zwischen den Regionen und zwischen den Mitgliedstaaten nimmt seit 1991 wieder zu, sicherlich bedingt durch die regional unterschiedlichen Fähigkeiten und Chancen, die Probleme der tiefgreifendsten Wirtschaftskrise nach 1945 zu bewältigen (vgl. ebd., S. 46). Während also trotz konjunktureller Schwankungen und struktureller Krisen das Feld der Produktivität alles in allem in seiner regionalen Differenzierung seit längerem relativ stabil geblieben ist, zeigen sich bei dem ökonomisch-sozialen Beschäftigungsproblem nicht nur allgemeine Verschiebungen, sondern auch eine beachtliche Zunahme der regionalen Unterschiede. Aus regulationstheoretischer Sicht bietet sich die These an, daß das Akkumulationsregime in seiner jetzigen (seit ca. 1975 anhaltenden) Entwicklungsphase das Produktivitätsniveau noch auf gleichem Stand halten kann, die Beschäftigungsproblematik aber nicht mehr zu lösen vermag. Die Verknüpfung beider Problembereiche macht deutlich, daß auch die Frage der Produktivität nur noch im Rahmen einer Strategie angegangen wird, bei der mit weniger Personen als vorher dasselbe oder gar ein wachsendes Arbeitsergebnis erzielt wird, denn es gibt Wachstum mit weniger Erwerbspersonen. Die regionale Stabilität im BIP pro Kopf als Disparitätsmesser bei gleichzeitiger Zunahme der regionalen Arbeitslosigkeitsdifferenzierungen muß in direktem Zusammenhang mit der gegenwärtigen Lage des Akkumulationsregimes gesehen werden, sie hängt aber natürlich auch mit allgemein politischen und regionalpolitischen Maßnahmen zusammen.

2. Erklärung der Entwicklung und aktuellen Situation der regionalen ökonomischen Disparitäten in der EU

Gleichwertige Lebensverhältnisse und ein Ausgleich regionaler Ungleichheiten werden nicht automatisch durch die ökonomischen Prozesse hergestellt; diese bedingen bzw. verstärken vielmehr durch kumulative Vorgänge wirtschaftliche Ungleichheiten, die sich differenziert räumlich niederschlagen (vgl. Hübler u.a. 1980, S. 57). Der regionale Strukturwandel im Gebiet der Europäischen Union hat sich von 1960 bis 1990 mit einer beachtlichen Kontinuität vollzogen. Das gilt sogar dann, wenn die erst später beigetretenen Staaten wie Großbritannien, Irland und Dänemark (1973), Griechenland (1981) sowie Spanien und Portugal (1986) von Anfang an mitberücksichtigt werden (vgl. Tab. 1). Durch eine regionalisierte Anwendung der Theorie der langen Wellen (vgl. Marshall 1987) können sicherlich "sehr langfristige und großräumige Verschiebungen der ökonomischen Wachstumsdynamik innerhalb Europas" (Schätzl 1993c, S. 29 f.) erklärt werden. Die technische Entwicklung ist stets mit einem sektoralen Strukturwandel der Wirtschaft verknüpft; daraus folgen notwendig Veränderungen des räumlichen Differenzierungsprozesses. So kommt es dazu, daß neue lange Wellen regelmäßig neue, spezifische räumliche Zentren bilden, weil die Kernregionen einer alten Welle den Standortanforderungen neuer Wachstumsindustrien nicht adäquat sind. Regionale Wachstums- und Schrumpfungszyklen entfalten sich parallel zu Wachstum, Stagnation und Schrumpfung einer langen Welle und ihrer dominierenden ökonomischen Sektoren. Ergänzt man diese eher globale Theorie durch die Produktzyklus-Hypothese, so läßt sich der kumulative Wachstumsprozeß auch auf kleinräumlicher Ebene beobachten. Optimale Produktionsstandorte verschieben sich im Lebenszyklus eines ökonomisch bedeutenden Produkts in der Regel vom Zentrum in Richtung Peripherie; so entstehen Tendenzen zur intraregionalen, interregionalen und internationalen Dezentralisierung der Produktion (vgl. Schätzl 1993, S. 31 ff.).

Abb. 3
Modell der wirtschaftlichen Entwicklung in "langen Wellen"

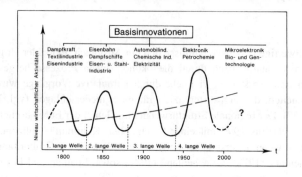

Schätzl 1993c, S. 30

Abb. 4
Phasen des Produktzyklus

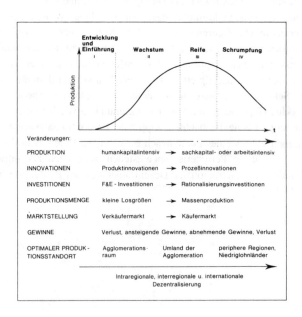

Schätzl 1993c, S. 34

Mit der Bewegung zur Peripherie ist allerdings der Niedergangsprozeß des Produktes verknüpft. Damit wird also keineswegs die regionalökonomische Ungleichheit zwischen zentralen Standorten und peripheren Regionen beseitigt. Vielmehr entwickeln sich, möglicherweise an anderen Standorten, im zentralen, wirtschaftlich stärkeren Gebiet neue Wachstumsindustrien, die sich erneut anschicken, den gesamten Produktionszyklus zu durchlaufen, um später, in der Phase des Niedergangs, wieder eine Bewegung in Richtung auf periphere Standorte einzuschlagen.

Mit dieser Theorie können zahlreiche Prozesse der räumlich-ökonomischen Transformationen in der EU seit ca. 1960 erklärt werden. Die Tatsache, daß z.b. Portugal durchaus positive Wachstumsimpulse durch Direktinvestitionen aus den Kernländern erhalten hat, ohne seinen Rangplatz in der Skala der Wirtschaftsstärke zu verbessern, kann mit diesem Ansatz erklärt werden. Auch die weitverbreitete "Blaue Banane" - das Modell der jüngeren und zukünftigen urbanen und regional-ökonomischen Struktur Westeuropas (vgl. z.B. Nerb u.a. 1992, S. 13 ff.) - läßt sich auf der Basis dieser Theorie erklären. Der neu hinzugekommene Wachstumsgürtel von NO-Spanien über SO Frankreich und das sog. "Dritte Italien" östlich von Mailand und Bologna können dann z.b. als Folge einer neuen langen Welle betrachtet werden, die sich in ihrer Wachstumsphase neue zentrale Standorte gesucht hat, mit innovativen Produkten und Techniken, während zugleich die Zentren der vorhergehenden Produktgruppen, die alten Industrieregionen im Zentrum und im NW der EU ihren kristenhaften Niedergangsprozeß fortsetzten (wobei dieser Prozeß nicht schematisch verläuft, denn es kann auch einem zentralen Standort der älteren langen Welle gelingen, die Produktgruppen des neuen langfristigen Zyklus anzuziehen).

Diese regionalisierte Theorie der langen Wellen kann jedoch leicht zu einem reduktionistischen Historismus und Ökonomismus führen.

Abb. 5

Entwicklungszonen in Europa (Blaue Banane")

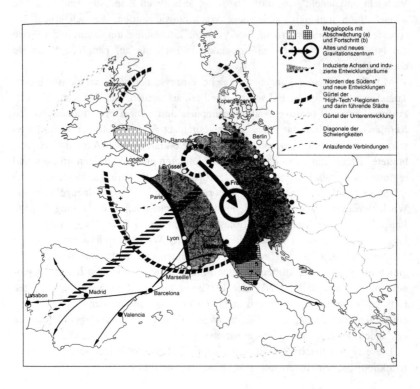

Sinz 1992, S. 687

Sie muß deshalb einerseits durch eine Perspektive ergänzt werden, die sich mit den Ursachen von Agglomerationen befaßt. Ansätze, die sich auf ökonomische Determinanten der Standortwahl konzentrieren, greifen für die Erklärung regionaler Ungleichgewichte zu kurz; Agglomerationsvorteile müssen als Ergebnis regionaler Verflechtungszusammenhänge begriffen werden (vgl. Heine 1989, S. 119). Andererseits besteht die Gefahr, regionalen Strukturwandel aus dem quasi unabhängigen Kausalfaktor "technologische Entwicklung" abzuleiten. Technologien sind aber Teil gesellschaftlicher Zusammenhänge; ihre Wirkungskraft wird nicht nur durch die jeweiligen wirtschaftlichen Möglichkeiten, sondern auch durch

24

Arbeitsverhältnisse, Tätigkeitsformen und kulturelle Aspekte begrenzt (vgl. Marshall 1987, S. 11). Marshall (1987) hat am Beispiel von Großbritannien verdeutlicht, daß Regionalstrukturen und -entwicklungen nicht gesetzmäßige Folgen des technischen Fortschritts oder globaler ökonomischer Tendenzen sind, vielmehr lassen sich enge Zusammenhänge zwischen weitreichenden gesellschaftlichen Konflikten, der Entwicklung neuer sozialer und politischer Kräfte und den Wendepunkten der langen regionalökonomischen Wellen nachweisen. Lineare Kontinuitätsparadigmen müssen also auch unter regionalwissenschaftlichen Gesichtspunkten sehr kritisch betrachtet werden; zyklische Schwankungen, Trendbrüche, regionale Disparitäten, Polarisierungen und Hierarchien sind wesentliche Merkmale der Entwicklung marktwirtschaftlich-kapitalistischer Gesellschaften (vgl. z.B. Läpple 1987).

Die in Kapitel 1 beschriebenen Entwicklungen und Daten können auf der Folie dieses Modells, d.h. der Verbindung einer konfliktorientierten Theorie der langen Wellen der Regionalentwicklung mit einer Theorie der Agglomeration als räumlicher Verflechtungszusammenhang, teilweise erklärt werden. Dazu ist es erforderlich, eine periodische Zweiteilung vorzunehmen, denn dieses genannte Modell ist nur tragfähig für die Phase bis ca. 1975; für die nachfolgende Periode müssen auf seiner Grundlage wesentliche neue theoretische Elemente ergänzt werden, damit der qualitative Wandel nach 1975 angemessene Beachtung findet.

Die verdichteten Gebiete der Phase 1960-1975 verfügen über folgende Agglomerationsvorteile als Verflechtungszusammenhang: breit qualifiziertes Arbeitskräftereservoir, kompetente Zulieferer von Produktions- und Dienstleistungsinputs, dichte Netze wirtschaftsnaher Infrastruktureinrichtungen; dadurch bedingt sind hohe Arbeitsproduktivität und ein hohes technisches Niveau. Bemerkenswerte Nachteile der eher peripheren Regionen in der Sechser- bzw. ab 1973 Neunergemeinschaft bestehen in einer geringen Arbeitsproduktivität, weniger differenziertem Qualifikationsniveau der Arbeitnehmer, höheren Lohnstückkosten und einer wesentlich schwächeren Infrastrukturausstattung. Niedrigeres technisches Niveau und ein deutlich geringer Verflechtungszusammenhang (z.B. von Zulieferern und Produktionsbetrieben bzw. von Firmen und Finanzdienst- leistungen) sind die für die Regionalentwicklung bedeutenden Konsequenzen (vgl. Götzmann/Seifert 1991, S.46 f.).

Im Zusammenhang mit der auch in diesem Zeitraum bereits weit entwickelten Arbeitsteilung im Gebiet der EU kommt es zu einem System regionaler Disparitäten, in das beide Regionstypen integriert sind. Die peripheren Regionen - das gilt sowohl innerhalb der EU-Staaten als auch EU-weit - werden bei den Standortentscheidungen von den Unternehmen durchaus berücksichtigt, aber erst in zweiter Linie und außerdem ganz spezifisch: Flächenextensive Produktionsformen, arbeitsintensive (Teil-) Fertigungen, auf der Basis geringer Qualifikationsanforderungen werden in durchaus relevantem Umfang in den peripheren Regionen lokalisiert. Sie sind kaum auf Verflechtungszusammenhänge mit dem regionalen Umfeld orientiert und bringen den Gebieten in der Regel weder strukturelle Verbesserungen noch bemerkenswerte Wachstumsraten (vgl. ebd. S. 46 f.). Das Arbeitsplatzrisiko bleibt größer, das Arbeitseinkommen deutlich geringer als in den Agglomerationen. In die Peripherie gehen vor allem Zweigbetriebe größerer Unternehmen, die ihre Gewinne den Hauptbetrieben zuführen, so daß für die Peripherie teilweise Einkommensabflüsse entstehen (vgl. Buttler u.a. 1977, S. 112 f., 146). Treten wirtschaftliche Abschwungphasen (Konjunktur- zyklus/Struktur- bzw. Sektorkrise) ein, kommt es also durch die dem marktwirtschaftlichen System eigenen Tendenzen zu schwächerem Wachstum, so steigen offensichtlich die regionalen Disparitäten wieder an, auch wenn sie zuvor in längeren Prosperitätsphasen deutlich abgenommen haben. Hohes Wachstum und damit verbundene Konvergenzentwicklung waren allerdings im Zeitraum von 1960 bis 1975 nicht nur mit regionalem ökonomischen Wachstum verknüpft, sondern auch durch Wanderungsbewegungen der Bevölkerung von den schwächeren in die stärkeren Regionen bedingt (vgl. KEG 1987, S. 58 ff.). Für das vorläufige Ende des Konvergenzprozesses zwischen den Mitgliedstaaten ab 1976 (vgl. Tab. 2) kann dann nicht nur der jeweils spezifische Rezeptionsprozeß der ökonomischen Krise durch die einzelnen Staaten verantwortlich gemacht werden, auch der starke Rückgang vieler interregionaler (und internationaler) Migrationsströme ist ursächlich dafür. Beide Tendenzen dürften sich auf der Grundlage der regionalen Theorie der langen Wellen erklären lassen, denn die Mitte der 70er Jahre bedeutet im Europa der EU-12 auch einen Einschnitt für zentrale Produktgruppen und Branchen (z.B. Stahl, Textilien, Schiffahrt), die in eine intensive Niedergangsphase eintreten. Damit werden zugleich negative Tendenzen hinsichtlich der Disparitäten zwischen den EU-Regionen wirksam, denn die genannten Industrien sind regional auf bestimmte Schwerpunkte verteilt (vgl. z.B. Volkmann 1992a/1992b). Insgesamt sehr negativ wirkt natürlich zusätzlich die Konjunkturkrise 1974-1976. Sie trägt in den Staaten der EU zu dem aber bereits bekannten Phänomen eines Rückzugs größerer Unternehmen aus der Fläche bei, mit dem diese eher periphere Standorte, die keine zentralen Funktionen, sondern eher Fertigungs- und Verarbeitungsprozesse beheimaten, aufgrund nachlassender Nachfrage häufig aufgeben. An dieser Stelle kommt das dritte Erklärungsmerkmal für die Entwicklung regionaler Disparitäten ins Spiel. Die Schließung von Standorten, ein Rückzug der Unternehmen aus der Fläche, Kürzungen bei marktrelevanten und führenden Produktgruppen werden wie die marktwirtschaftlichen Aktivitäten insgesamt von der Gewinnmotivation gesteuert. Regionale Unterschiede lassen sich folglich tragfähig nur durch eine Verbindung der regionalistisch modifizierten Theorie der langen Wellen mit dem

Ansatz der Agglomerationsvorteile als Verflechtungszusammenhang und dem zentralen Motiv der Marktwirtschaft, dem Gewinn, erklären.

Standortentscheidungen werden von privaten Unternehmen (teilweise natürlich auch staatlichen) und Unternehmern getroffen, wobei diese eine Fülle von Entwicklungen und Faktoren berücksichtigen (z.b. Füllungsvorteile, Qualifikation der Arbeitskräfte, Absatzchancen usw.), die Gewinnorientierung aber an erster Stelle beachten müssen, wenn sie als Unternehmen im ökonomischen Wettbewerb (der zugleich auch regionaler Wettbewerb ist) bestehen wollen. Dieser Wettbewerb wird auf allen chorologischen Ebenen notwendigerweise durchgeführt, von der kommunalen Stufe über die regionale bis zur nationalen, schließlich auch international und global. Dabei hat sich insbesondere seit Anfang der 70er Jahre der Wettbewerb verändert und teilweise erheblich verschärft, so daß z.b. durch Fusionen, Übernahmen, Produktionsverlagerungen aus reichen in ärmere Länder und Regionen (vgl. Marshall 1987, S. 91) ein wesentlicher neuer Strang ökonomisch-regionaler Tendenzen wirksam geworden ist. Dieser Strang bildet jedoch nur ein Element des weitreichenden Strukturwandels innerhalb des (Welt-)Wirtschaftssystems seit diesem Zeitpunkt. Moulaert und Swyngedouw (1990) haben die komplexen Innovationen des Zusammenhangs von Regionalentwicklung und neuer Flexibilität der Produktionssysteme aus folgenden Kräften abgeleitet:

- Bildung von High-Tech-Komplexen an Standorten, die häufig keine industrielle Produktion besitzen;
- Integrations- und Desintegrationsprozesse der Industrie, verbunden mit wesentlichen Änderungen der technischen, sozialen und räumlichen Organisation der Produktion;
- räumliche und sektorale Konzentration eines hohen Niveaus von privaten und öffentlichen Ausgaben für Forschung und Entwicklung;
- räumliche und sektorale Konzentration eines beachtlichen Wachstums der Produktion, der Beschäftigung, der Umsätze oder/und Exporte, wobei vorausgehende Beschäftigungsverluste nicht vollständig kompensiert werden;
- überdurchschnittlich hohe Beschäftigtenzahlen im Maschinenbau sowie im technisch-wirtschaftlichen Bereich;
- entscheidender Einfluß staatlicher Beschaffungsmaßnahmen und Investitionen auf die High-Tech-Industrie;
- Bildung einer dualisierten Struktur der Arbeitsqualifikationen;
- Wachstum der in sich sehr differenzierten Dienstleistungsbranchen und -tätigkeiten, die von wenig qualifizierten und unsicheren bis zu hochqualifizierten High-Tech-Jobs reichen (vgl. ebd., S. 89 f.).

Die damit einhergehende technologische Revolution wird in erster Linie auf die Entwicklung der Mikroelektronik zurückgeführt, die in Verbindung mit den genannten Elementen eine "neue Art der Raumstruktur der Produktion" (ebd., S. 90) und sogar "den Kern einer neuen Epoche bilden kann" (ebd.). Exemplarisch für diesen Gesamtzusammenhang ist das Zuliefersystem für den Ford Escort, aus dem sich ein weltweiter und zugleich dezentraler Industrieverbund ergibt:

Abb. 6

Weltweiter Industrieverbund:
Das Zuliefersystem für den Ford Escort (Europa)

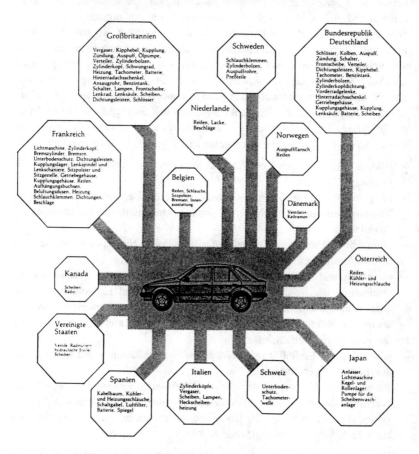

Großbritannien
Vergaser, Kipphebel, Kupplung, Zündung, Auspuff, Ölpumpe, Verteiler, Zylinderbolzen, Zylinderkopf, Schwungrad, Heizung, Tachometer, Batterie, Hinterradachsschenkel, Ansaugrohr, Benzintank, Schalter, Lampen, Frontscheibe, Lenkrad, Lenksäule, Scheiben, Dichtungsleisten, Schlösser

Schweden
Schlauchklemmen, Zylinderbolzen, Auspuffrohre, Preßteile

Bundesrepublik Deutschland
Schlösser, Kolben, Auspuff, Zündung, Schalter, Frontscheibe, Verteiler, Dichtungsleisten, Kipphebel, Tachometer, Benzintank, Zylinderbolzen, Zylinderkopfdichtung, Vorderradgelenke, Hinterradachsschenkel, Getriebegehäuse, Kupplungsgehäuse, Kupplung, Lenksäule, Batterie, Scheiben

Niederlande
Reifen, Lacke, Beschläge

Norwegen
Auspuffflansch, Reifen

Frankreich
Lichtmaschine, Zylinderkopf, Bremszylinder, Bremsen, Unterbodenschutz, Dichtungsleisten, Kupplungslager, Lenkspindel und Lenkschaniere, Sitzpolster und Sitzgestelle, Getriebegehäuse, Kupplungsgehäuse, Reifen, Aufhängungsbuchsen, Belüftungsdusen, Heizung, Schlauchklemmen, Dichtungen, Beschläge

Belgien
Reifen, Schläuche, Sitzpolster, Bremsen, Innenausstattung

Dänemark
Ventilator-Keilriemen

Kanada
Scheiben, Radio

Österreich
Reifen, Kühler- und Heizungsschläuche

Vereinigte Staaten
Ventile, Radmuttern, hydraulische Stoßel, Scheiben

Japan
Anlasser, Lichtmaschine, Kegel- und Rollenlager, Pumpe für die Scheibenwaschanlage

Spanien
Kabelbaum, Kühler- und Heizungsschläuche, Schaltgabel, Luftfilter, Batterie, Spiegel

Italien
Zylinderköpfe, Vergaser, Scheiben, Lampen, Heckscheibenheizung

Schweiz
Unterbodenschutz, Tachometerwelle

Junne 1990, S. 91

28

Dieses Zuliefersystem besteht aus 15 Staaten in Europa, Nordamerika und Asien. Es bezieht sich innerhalb der EU sicherlich auf etliche der Gebiete, die im industriellen Niedergang sind und außerdem auf zwei der Staaten, in denen sich wirtschaftlich am schwächsten entwickelte Regionen befinden: Italien und Spanien; zu betonen ist aber, daß der Hauptanteil des Industrieverbundes auf die wirtschaftlich stärksten Staaten der Erde konzentriert bleibt und auch dort die Endmontage erfolgt.

Im Bereich der EU haben sich die regionalökonomischen Verteilungen insgesamt seit den 70er Jahren tiefgreifend verändert. Die neuen Komplexe flexibler Produktionssektoren mit ihren Kernen aus ausgewählten High-Tech-Industrien, neubelebter handwerklicher Einzelanfertigung sowie produktions- und firmenbezogenen Dienstleistungen sind in neuen, zuvor wenig ("fordistisch") industriell besetzten Räumen konzentriert. Dazu zählen z.B. die Achse Cambridge/Reading/Bristol, der Süden von Paris, Grenoble, Toulouse, Sofia-Antipolis, Südbayern; eine handwerklich-planungsintensive Industrie ist im "Dritten Italien" hochentwickelt: Prato, Bologna, Capri, Sassuolo, Arezzo (vgl. Storper/Scott 1990, S. 130, 137). Die gesamte neue Wachstumsschleife in Nordostspanien, Südostfrankreich und dem nördlichen Italien ist Folge der räumlichen Diffusionsprozesse der Flexibilisierung der Ökonomie und der Arbeitsverhältnisse (vgl. KEG 1991, S. 14 f.).

Ergänzt man diese makrochorologischen Phänomene durch meso- oder verstärkt mikrogeographische Tendenzen, so zeichnen sich Disparitätenrückgänge ab. Diese sind bedingt durch die Abwanderung der Unternehmen von teuren Standorten in den Kerngebieten, durch Überalterung der Bevölkerung (gleichbedeutend mit der Möglichkeit des Verlustes von qualifizierten Arbeitskräften, neuen Verkehrs- und Telekommunikationssystemen im Gesamtgebiet der EU sowie steigenden Überlastungskosten - Zeitverluste, Umweltverschmutzung u.ä.) in den zentralen Gebieten, die deren Attraktivität für Neuinvestitionen vermindern (vgl. ebd., S. 14 f.). Lichtblau/Rhein (1993) haben für Westdeutschland die Verschiebung der regionalen Beschäftigungsentwicklung und -dynamik weg von den hochverdichteten Räumen und hin zu den Kernrändern und zur Peripherie nachgewiesen, wobei auch hier die Flexibilisierung der Ökonomie beteiligt ist. Denn gerade in dem hier untersuchten Zeitraum von 1980 bis 1992 hat der grundsätzlich stärker flexibilisierte Dienstleistungssektor eine höhere Dynamik verzeichnet als die Industrie (vgl. ebd., S. 63). Im ökonomisch schwächeren Süden der EU gibt es parallele Strukturwandlungen. Die Periode schnellen Wachstums der Großstädte ist zu Ende, die weniger großen Städte expandieren dagegen (vgl. KEG 1991d, S. 20). Offensichtlich wird die Standortwahl immer stärker von Lebensqualitätsfaktoren beeinflußt, den sog. weichen Standortaspekten. Angenehme klimatische Bedingungen, eine saubere Umwelt, schöne Landschaften, soziale Einrichtungen spielen insbesondere für die neuen wissensintensiven Tätigkeiten eine herausgehobene Rolle, so daß die Unternehmen ihre Ansiedlungen auch an Arbeitnehmerinteressen bezüglich der Standorte ausrichten (vgl. ebd., S. 15).

Tab. 14

Sekundärer Sektor: Beschäftigungsentwicklung 1980/92
- Veränderung in Prozent -

	Insgesamt	Bergbau Energie	Bau	Verarbeitendes Gewerbe				
				Insgesamt	Grundstoffe	Investitions-güter	Verbrauchs-güter	NGG
1. Hochverdichtete Räume	- 6,3	- 11,9	- 9,1	- 5,0	- 12,6	1,1	- 11,9	- 9,1
2. Verdichtete Räume	2,7	- 4,7	- 5,8	4,7	- 6,7	15,7	- 1,8	- 5,8
3. Ländliche Räume	5,7	- 0,5	- 2,9	8,0	3,9	18,3	- 6,0	- 2,9
Insgesamt	- 1,8	- 8,0	- 7,0	- 0,2	- 8,4	7,6	- 10,2	- 7,0

Lichtblau/Rhein 1993, S. 66

Tab. 15

Tertiärer Sektor: Beschäftigungsentwicklung 1980/82
- Veränderung in Prozent -

	Insgesamt	Handel	Verkehr	Wirtschafts-	Haushalts-	Gesellschafts-
					bezogene Dienste	
1. Hochverdichtete Räume	25,9	11,1	18,8	51,8	17,5	29,8
2. Verdichtete Räume	28,7	16,9	19,6	53,8	19,4	33,0
3. Ländliche Räume	34,7	22,4	21,1	64,6	25,0	40,1
Insgesamt	27,7	14,0	19,2	53,4	19,2	32,2

Lichtblau/Rhein 1993, S. 68

Disparitätsreduzierend haben seit Mitte der 80er Jahre auch ausländische Direktinvestitionen in einigen südlichen EU-Staaten gewirkt, wobei vor allem Spanien deutlich profitiert hat.

In den Ziel 1-Regionen der EU, d.h. den wirtschaftlich schwachen Gebieten, profitieren die Länder unterschiedlich von ausländischen Direktinvestitionen. Deren Anteil betrug 1986-1991 in

- Irland: ca. 6,5 % des BIP
- Portugal: ca. 2,8 % des BIP
- Spanien: ca. 2 % des BIP
- Griechenland: ca. 0,5 % des BIP

(zum Vergleich: EU-12 insgesamt: ca. 1 % des BIP) (vgl. Europäische Kommission 1994, S. 90).

Auch der Vergleich auf der Ebene der Regionen zeigt einen Disparitätenabbau zwischen 1986 und 1991. In den Ziel 1-Regionen der EU (BIP unter 75 % des EU-Durchschnitts) stieg das BIP pro Kopf real um durchschnittlich 3,5 % p.a., gegenüber nur 3 % in nicht geförderten EU-Regionen (die in der Regel als wachsend bzw. ökonomisch stabil anzusehen sind); damit ist zumindest die stärkere Wachstumsdynamik der schwächeren Regionen belegt (vgl. KEG 1993, S. 120).

Abb. 7

BIP-Wachstum in Ziel 1- und nicht geförderten Regionen, 1986 - 1990

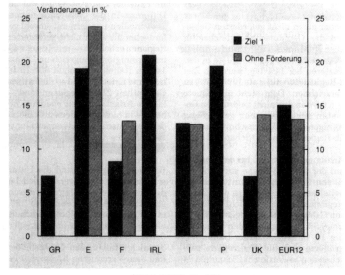

KEG 1993, S. 121

Ein beim BIP festzustellender leichter Abbau von Wachstumsdisparitäten wird konterkariert durch die Tatsache, daß die Arbeitslosenquote von 1986-1991 in den Ziel 1-Regionen sehr viel weniger zurückging (von 15 % auf 14 %) als in den nichtgeförderten Gebieten (von 11 % auf 8,5 %) (vgl. ebd., S. 122).

Eine EU-weite Erklärung dieser Veränderungen nach 1975 muß ein viertes, neues Element berücksichtigen, das der jüngsten Entwicklung den Rahmen gibt: die Flexibilisierung der Ökonomie und der Raumorganisation. Dabei bleiben die drei erläuterten theoretischen Erklärungsmomente allerdings weiter gültig, denn

1. alle genannten Prozesse haben mit einem grundlegenden Wandel der Ökonomie und ihren Produktzyklen in ihrer regionalen Ausprägung zu tun;

2. auch die neuen Komplexe aus High-Tech, neuem Handwerk, neuen wirtschaftlichen Dienstleistungen usw. bilden rasch neue Agglomerationen als Verflechtungszusammenhänge, mit Führungsvorteilen u.ä. - dabei ist es unwesentlich, ob diese neuen Komplexe in alten oder neuen Siedlungsschwerpunkten konzentriert werden;

3. die Standortentscheidungen der Unternehmen bleiben gewinnorientiert und an Kostenminimierung ausgerichtet, wobei sie den Bereich der Standortfaktoren als weit geöffneten Rahmen verstehen und z.B. Lebensqualitätsanforderungen der leitenden bzw. qualifizierten Mitarbeiter einbeziehen müssen;

4. die Flexibilisierung der Ökonomie, der Arbeitsverhältnisse und -bedingungen, der Arbeitsmärkte, der Wirtschaftspolitik, der Verhaltensanforderungen an Unternehmer und Arbeitnehmer, der Kulturpolitik und gesellschaftlicher Institutionen sowie der Lebensformen bilden die charakteristische Tendenz in den Gesellschaften der EU seit Mitte der 70er Jahre (vgl. z.B. Müller 1992; Franke/Buttler 1991; Beck 1986; Vester 1993; Giddens 1992; Lutz 1989; Münch 1993) und implizieren, in erster Linie durch ihren ökonomischen Kern, eine spezifische, neue Raumökonomie, die die regionalen Disparitäten differenziert, in einzelnen Bereichen reduziert, in anderen nur neu verteilt und in ein neues Muster oder System einbringt. Daß diese "Geographie der flexiblen Produktionssysteme" über das Gebiet der EU weit hinausreicht und eigentlich einen Ansatz zur sehr komplexen, globalen Reproduktion interregionaler Ungleichheit darstellt (Moulaert/Swyngedouw 1990, S. 89), soll nur am Rande vermerkt werden.

Wichtiger scheint mir, daß es einer Theorie aus diesen vier Elementen bedarf, um die regionalen Disparitäten in der EU in den vergangenen 20 Jahren erklären zu können. Zweifellos ist es in diesem Zusammenhang wichtig, wenn man De- und Reindustrialisierung bzw. De- und Rezentralisierung als Erklärungsansätze heranzieht, denn damit können viele Trends beschrieben werden (vgl. Sternberg 1993, S. 101 ff.); für eine tragfähige Erklärung des regionalökonomischen Strukturwandels reicht dieses Begriffspaar jedoch nicht aus.

3. Darstellung und Zwischenbilanz der EG-Regionalpolitik aus der Sicht der EG-Kommission

Das System der EG-Regional- bzw. Strukturpolitik ist vielfach beschrieben worden, vor allem nach der Anfang 1989 wirksam werdenden Reform der Strukturfonds (vgl. z.b. Schoneweg 1991; Waniek 1992; Ridinger 1992; Schäfers 1993), die in ihren wesentlichen Zügen bis heute gültig ist. Daher möchte ich mich hier auf eine kurze Darstellung der Systematik beschränken und die Ergänzungen durch die "kleine Reform" vom Sommer 1993 aufzeigen.

Maßnahmeträger dieser Politik sind in erster Linie die drei Strukturfonds: Europäischer Fonds für regionale Entwicklung (EFRE), Europäischer Sozialfonds (ESF) und Europäischer Ausrichtungs- und Garantiefonds für die Landwirtschaft, Abteilung Ausrichtung, (EAGFL/A); daneben wirken an dieser Politik mit:

- die Europäische Investitionsbank (EIB) als ausschließlich darlehensgebende Finanzierungsinstitution, mit derzeit ca. 34 Milliarden DM jährlich (vgl. EIB 1993, S. 11);
- die Europäische Gemeinschaft für Kohle und Stahl (EGKS), ebenfalls überwiegend als Darlehensgeber;
- verschiedene Gemeinschaftsinitiativen, d.h. Förderprogramme, die die Aktivitäten der Strukturfonds in begrenztem Rahmen ergänzen.

Die Reform vom 20. Juli 1993 hat das folgende - modifizierte - Zielsystem etabliert:

Ziel 1: Entwicklung und strukturelle Anpassung der Regionen mit Entwicklungsrückstand; dabei muß das Pro-Kopf-BIP nahe bei 75 % des EG-Durchschnitts liegen (21,7 % der EG-Bevölkerung bis Mitte 1993); durch die Erweiterung der Förderzuschüsse um etliche Regionen in Staaten, die bisher nicht zu Ziel 1 gehörten, ist die erfaßte Bevölkerung 1993 auf 26,6 % gestiegen;

Ziel 2: Umstellung der Regionen oder Teilregionen, die von einer rückläufigen industriellen Entwicklung stark betroffen sind, so daß vor allem Arbeitslosenquoten und Erwerbstätigenzahlen negativ verlaufen (max. 15 % der Gemeinschaftsbevölkerung). 1993 wurde die Umstrukturierung der Fischerei neu hinzugenommen;

Ziel 3: Das 1993er neue Ziel 3 faßt die alten Ziele 3 (Bekämpfung der Langzeitarbeitslosigkeit) und Ziel 4 (Eingliederung der unter 25 Jahre alten Arbeitslosen in das Erwerbsleben) zusammen und ist von der EU nicht regionalisiert, d.h. potentiell bezieht es sich auf das gesamte EU-Gebiet;

Ziel 4: Dieses neue Ziel dient den Aufgaben des ESF im Vertrag von Maastricht: Es geht um die Anpassung der Arbeitskräfte an den industriellen Wandel und die Veränderungen der Produktionssysteme. Einerseits stehen Ausbildungsmaßnahmen (Fortbildung und Umschulung) im Mittelpunkt, weiterhin "Maßnahmen..., die die Aussichten der Arbeitnehmer auf Weiterbeschäftigung oder auf eine andere Beschäftigung verbessern" (Schoneweg 1993, S. 1), wobei der Strukturwandel und die neuen Produktionssysteme die Problembasis darstellen. Auch dabei geht es um Ausbildungsmaßnahmen, hier allerdings "im Zusammenhang mit der erforderlichen Anpassung von KMU = kleine und mittlere Unternehmen, an neue Formen der Zusammenarbeit mit großen Unternehmen, insbesondere im Rahmen des Zulieferwesens" (ebd., S. 18).

Ziele 5a/5b:

Während das Ziel 5b (Entwicklung und strukturelle Anpassung der ländlichen Gebiete durch Schaffung von neuen Arbeitsplätzen außerhalb der Landwirtschaft, insbesondere im Fremdenverkehr und KMU) weitgehend unverändert bleibt, werden aus Ziel 5a mehrere Themen herausgenommen, die in die gemeinschaftliche Agrarpolitik übergehen. Für 5a verbleiben damit noch vier Maßnahmekategorien: "Beihilfen zur Verbesserung der Effizienz landwirtschaftlicher Betriebe, Beihilfen für Junglandwirte, Ausgleichszulagen für Berg- und benachteiligte Gebiete sowie Beihilfen für die Vermarktung und Verarbeitung von Agrarerzeugnissen" (Schoneweg 1993, S. 12). Im Rahmen von Ziel 5a wird ein neues Finanzinstrument zur Ausrichtung der Fischerei (FIAF) geschaffen.

Ziel 1-Gebiete 1989-1993 (bleiben auch 1994-1999):

Irland, Portugal, Griechenland, große Teile von Spanien und Süditalien, Sardinien und Korsika

Neue, zusätzliche Ziel 1-Gebiete 1994-1999:

Highlands & Islands Enterprise Area, GB
Merseyside, GB
Flevoland, NL
Ostberlin und neue Länder, D
Hainaut, B
Arrondissements de Douai - Valenciennes - Avesnes, F
Cantabria, E
Abruzzi (1994-1996), I

Abb. 8

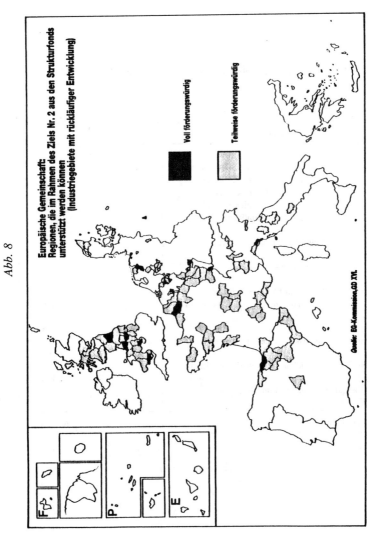

Europäische Gemeinschaft:
Regionen, die im Rahmen des Ziels Nr. 2 aus den Strukturfonds
unterstützt werden können
(Industriegebiete mit rückläufiger Entwicklung)

■ Voll förderungswürdig

▨ Teilweise förderungswürdig

Quelle: EG-Kommission,GD XVI.

KEG 1990m, S. 11

35

Die verfügbaren Mittel von 1989-1993 waren nach folgendem Schlüssel auf die verschiedenen Ziele und Regionen verteilt (wobei hier noch die 3 Mrd. ECU für die neuen Bundesländer und Ostberlin für den Zeitraum 1991-1993 fehlen):

Tab. 16

Mittel der Strukturfonds für den Zeitraum 1989 - 1993

Ziele		in Mio ECU[1]
Nr. 1: Regionen mit Entwicklungsrückstand		38 300
davon - gemeinschaftliche Förderkonzepte	36 200	
- gemeinschaftliche Initiativen	2 100	
Nr. 2: Regionen mit rückläufiger industrieller Entwicklung		7 205
Nr. 3+4: Langzeitarbeitslosigkeit und Eingliederung der Jugendlichen in das Erwerbsleben		7 450
Nr. 5 a): Anpassung der Agrarstrukturen		3 415
Nr. 5 b): Entwicklung des ländlichen Raums		2 795
Übergangsmaßnahmen und Neuerungen		1 150
Insgesamt		60 315

[1] Zu Preisen von 1989.

KEG 1990m, S. 9

Mehr als 60 % der Strukturfondsmittel wurden den Ziel 1-Regionen zugewiesen; diese Konzentration wird im Jahr 1999 auf 70 % erhöht werden (vgl. KEG 1993i, S. 16).
Für den neuen Zeitraum 1994-1999 sind folgende Mittelverteilungen vorgesehen:

Tab. 17

Insgesamt Ziel 1

1994	20 135	13 220
1995	21 480	14 300
1996	22 740	15 330
1997	24 026	16 396
1998	25 690	17 820
1999	27 400	19 280

KEG 1993i, S. 16

Die entsprechende Verordnung der EU hat außerdem festgelegt, daß für die vier Mitgliedstaaten, die aus dem neuen, zusätzlichen Kohäsionsfonds gefördert werden (Kriterium: BSP unter 90 % des EU-Durchschnitts), eine reale Verdopplung für Ziel 1 und den Kohäsionsfonds zwischen 1992 und 1999 ermöglicht werden muß (vgl. ebd., S. 16). Dabei werden die Mittel für diesen neuen Fonds von 1,5 Mrd. ECU 1993 auf 2,6 Mrd. ECU 1999 steigen (vgl. Schoneweg 1993, S. 8). Wenn also 1989 insgesamt 9 Mrd. ECU für die Strukturfonds zur Verfügung standen, so war es bereits 1994 mehr als das Doppelte (20,135 Mrd.), und 1999 werden mit 27,4 Mrd. (bei Berücksichtigung der Inflation) fast 300 % von 1989 erreicht. Welche enorme Steigerung in den 90er Jahren stattfindet, zeigt aber erst der Vergleich seit Beginn der EU-Regionalpolitik durch die Gründung des EFRE im Jahr 1975. So wurden, wie die folgende Tabelle verdeutlicht, für den finanziell am stärksten ausgestatteten EFRE 1975 lediglich 74 Millionen ECU, 1983 erstmals mehr als 1 Mrd. ECU und 1988 knapp 3 Mrd. ECU investiert. 1999 werden die Ziel 1-Gebiete 19,28 Mrd. ECU erhalten, wobei der größte Anteil auf den EFRE entfällt.

Tab. 18

Zahlungen 1975 - 1988

Jahr	B	DK	D	E	GR	F	IRL	I	L	NL	P	UK	Gem.	EUR 12
1975		1,64				15,63	5,21	34,20	0,25	3,29		13,85		74,06
1976	7,08	4,42	17,35			29,99	12,08	75,85	0,47	6,67		59,14		213,05
1977	3,46	6,14	34,40			45,40	14,09	92,82	0,13	3,64		75,62		275,70
1978	5,97	1,38	42,18			40,65	20,46	78,53	0,21	6,48		59,03		254,89
1979	3,10	9,13	46,03			103,61	32,89	143,73	0,30	8,65		165,73		513,10
1980	6,59	9,44	50,45			99,66	69,55	249,08	0,99	7,70		233,24		726,70
1981	9,17	10,69	36,19		122,00	62,16	79,32	210,16	0,96	5,66		255,10		791,41
1982	10,58	14,57	61,65		152,35	126,18	91,18	276,97	0,06	3,24		213,58		950,67
1983	7,03	16,70	45,05		214,59	214,56	91,57	344,50	0,02	18,12		294,46		1 246,60
1984	5,63	28,10	43,92		212,63	190,23	101,52	435,11	2,49	14,74		291,61		1 325,98
1985	12,00	7,69	59,19		309,04	233,23	114,66	381,13	0,65	15,31		457,75		1 590,65
1986	21,61	18,94	88,23	314,30	302,87	200,36	77,04	701,45	0,13	11,82	188,78	468,26	0,37	2 394,16
1987	23,00	15,58	60,94	345,34	287,40	263,72	133,92	550,32	2,29	19,45	222,76	519,29	0,58	2 444,59
1988	27,92	10,06	75,25	543,56	286,84	377,06	132,39	564,00	0,04	13,26	330,73	541,74	0,33	2 903,18

KEG 1990, S. 96

38

Insgesamt beträgt jetzt die Gesamtbevölkerung in den Gebieten der Ziele 1, 2 und 5b - die neuen Länder der Bundesrepublik ausgenommen - 43 % (vgl. Schoneweg 1993, S. 3).

Die seit dem 01.01.1989 geltenden Grundsätze der Konzentration, Programmplanung, Partnerschaft und Zusätzlichkeit bleiben weiterhin bestehen, der Stellenwert der vor Durchführung erfolgenden Beurteilung, der sorgfältigen Begleitung während der Realisierung und der abschließenden Bewertung der Projekte und Vorhaben ist seit 1993 wesentlich höher angesetzt worden. Sowohl bei der Aufteilung der Mittel als auch bei der Partnerschaft wurden die Kompetenzen der nationalen und regionalen Instanzen erweitert. So berücksichtigt die EU bei der Aufteilung der Mittel je Ziel und je Staat folgende Kriterien:

- nationaler Wohlstand
- regionaler Wohlstand
- Bevölkerung der Region
- strukturelle Probleme
- Arbeitslosigkeit
- Erfordernisse für die Entwicklung der ländlichen Gebiete
(vgl. KEG 1993i, S. 17).

Im Rahmen der Abstimmung zwischen allen beteiligten Institutionen wird ab 1993 die Partnerschaft auf die vom Mitgliedstaat benannten Behörden und Einrichtungen (gemäß den jeweiligen Regeln des Landes) und die Wirtschafts- und Sozialpartner ausgedehnt. Diese Partnerschaft gestaltet sich "unter voller Wahrung der jeweiligen institutionellen, rechtlichen und finanziellen Befugnisse der Partner" (ebd., S. 19).

Innerhalb der Programmplanung erfolgen Veränderungen im zeitlichen Verlauf. Die vorherige Fünfjahresplanung wurde für die Ziele 1, 3 und 5b durch einen Sechsjahreszeitraum ersetzt, für die Ziele 2 und 4 wurden zwei dreijährige Programme (gemeinschaftliche Förderkonzepte - GFK) festgelegt. Weiterhin erfolgten 1993 verschiedene Anpassungen der Verfahren und Zeitpläne, die Vereinfachungen und zugleich Spezifizierungen brachten (vgl. KEG 1993i, S. 22 f.) Fristen und Zeitabläufe wurden im Interesse einer schnellen Umsetzung verkürzt, und eine Umweltbeurteilung wurde zum obligatorischen Bestandteil des Mechanismus gemacht (vgl. Carmona-Schneider 1993, S. 25). Zu den neuen Verwaltungsmodalitäten gehört nicht nur eine Prüfung der Umweltverträglichkeit, sondern auch die verpflichtende Beachtung von vier Vorgaben:

1. Anwendung des Prinzips der Chancengleichheit von Frauen und Männern,
2. Anwendung der Wettbewerbsregeln der EU bei Investitionsvorhaben von über 50 Mio. ECU,
3. Einhaltung der Vorschriften der EU bei der Vergabe öffentlicher Aufträge,
4. Einhaltung der EU-Umweltpolitik (vgl. KEG 1993i, S. 29).

Der Anwendungsbereich der Fonds wurde 1993 deutlich ausgeweitet.

Abb. 9

Die vier verbesserten Grundsätze

- Programmplanung - Anwendungsbereich der Fonds -

ALTE REGELUNG 1989 - 1993	ÜBERARBEITETE REGELUNG 1994 - 1999
Der Anwendungsbereich der einzelnen Fonds ist genau in den einzelnen Artikeln der jeweiligen Fondsverordnungen festgelegt:	In der überarbeiteten Regelung werden die Anwendungsbereiche insgesamt beibehalten, wobei allerdings folgende Änderungen zu berücksichtigen sind:
EFRE:	**EFRE:**
- produktive Investitionen	- Ausweitung auf die Investitionen im Erziehungs- und Gesundheitswesen in den Ziel 1-Gebieten
- Infrastrukturen	- transeuropäische Netze
- endogene Entwicklung: Förderung lokaler Entwicklungsinitiativen und Aktivitäten der KMU	- Forschung und Entwicklung in den unter die Ziele 1, 2 und 5b fallenden Gebieten
- Pilotvorhaben	**ESF:**
ESF:	- Ausbildungssysteme in den Ziel 1-Gebieten
- berufliche Bildung	- Systeme der allgemeinen und beruflichen Ausbildung in den unter die Ziele 1, 2 und 5b fallenden Gebieten
- Anstellungsbeihilfen	- Forschung und Entwicklung in den unter die Ziele 1, 2 und 5b fallenden Gebieten
- Innovationen	**EAGFL, Ausrichtung:**
EAGFL, Ausrichtung:	- Umweltschutzmaßnahmen in der Landwirtschaft, Aufforstung und Vorruhestand, die vom EAGFL, Garantie, finanziert werden, fallen nicht unter den EAGFL, Ausrichtung
- Anpassung der Agrarstrukturen (5a) (Modernisierung der Betriebe, Verarbeitung und Vermarktung von Erzeugnissen usw.)	- Weitere Maßnahmen werden für die unter die Ziele 1 und 5b fallenden Gebiete entwickelt:
- Maßnahmen zur landwirtschaftlichen Entwicklung in Ziel 1-Gebieten und ländlichen Gebieten (Ziel 5b).	- Förderung örtlicher Erzeugnisse
	- Vorbeugung gegen Naturkatastrophen in den äußersten Randgebieten
Jeder Fonds kann sich auch an Maßnahmen der technischen Hilfe beteiligen	- sonstige Maßnahmen wie die Sanierung der Dörfer, den Schutz des ländlichen Besitzstandes und Finanzierungstechniken
	FIAF:
	Der Anwendungsbereich des FIAF entspricht im großen und ganzen denen der ehemaligen Finanzinstrumente des Sektors (ohne Strukturfonds bzw. Einbeziehung in Ziel 5a):
	- Fischereiflotte
	- Aquakultur und Küstenstreifen
	- Verarbeitung und Vermarktung von Erzeugnissen der Fischerei und der Aquakultur
	- Marktprospektion

KEG 1993i, S. 24

In der Folge des Maastrichter Vertragswerks wurde bereits 1993 ein neuer Kohäsionsfonds eingerichtet, der Vorhaben im Bereich Umwelt und für den Verkehr (vor allem transeuropäische Netze) fördert. Mittel gehen an die vier EG-Länder, deren Pro-Kopf-BSP unter 90 % des EG-Durchschnitts liegt, dabei liegen die Fördersätze der Gemeinschaft mit 80 % - 85 % im Vergleich zur übrigen Kohäsionspolitik (ca. 50 %) sehr hoch. Die Verteilung für 1993-1999 erfolgt in folgenden Summen:

Tab. 19

Mio. ECU-Preise 1992

1993	1994	1995	1996	1997	1998	1999
1500	1750	2000	2250	2500	2550	2600

Schoneweg 1993, S. 8

Bezüglich der Zusätzlichkeit der Mittel wurde 1993 für den Folgezeitraum bis 1999 festgelegt, daß jeder EU-Staat "in allen betroffenen Gebieten seine öffentlichen Strukturausgaben... mindestens in der Höhe des vorangegangenen Programmplanungszeitraums aufrechterhält" (KEG 1993i, S. 25). Damit soll gewährleistet werden, daß die EU-Mittel wirklich nur zusätzlich zu den nationalen Regionalförderungsausgaben hinzukommen und diese nicht ersetzen, was man als Mißbrauch ansehen müßte.

Der Gesamtmechanismus der EU-Regionalpolitik, so kompliziert und vielfältig er auf den ersten Blick erscheinen mag, erweist sich schließlich als ein relativ klar gegliedertes, vielfältiges System, das bei intensiver Analyse durchaus transparent wird. Die wesentlichen Grundzüge dieser Politik bestehen aus folgenden Phasen bzw. Teilen/Aspekten:

1. Der Europäische Rat legt auf Initiative der EG-Kommission hin die Finanzmittel, die Inhalte und die Funktionsweise fest (z.B. für den Zeitraum 1994-1999).

2. Lokale und regionale Instanzen erstellen gemeinsam mit den nationalen Behörden der Staaten Entwicklungspläne, aus denen gemeinschaftliche Förderkonzepte (GFK) werden, wenn zwischen den Staaten und der EG-Kommission Einigkeit über diese Entwicklungspläne hergestellt werden kann.

Abb. 10

Phase 1 - Die Pläne (Schematische Darstellung)

Aufstellung der Entwicklungspläne durch die nationalen Behörden, in Partnerschaft mit den zuständigen regionalen und lokalen Stellen

Zwei Arten von Plänen

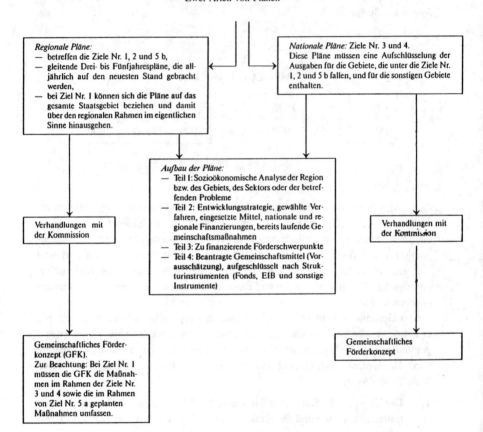

Regionale Pläne:
— betreffen die Ziele Nr. 1, 2 und 5 b,
— gleitende Drei- bis Fünfjahrespläne, die alljährlich auf den neuesten Stand gebracht werden,
— bei Ziel Nr. 1 können sich die Pläne auf das gesamte Staatsgebiet beziehen und damit über den regionalen Rahmen im eigentlichen Sinne hinausgehen.

Nationale Pläne: Ziele Nr. 3 und 4.
Diese Pläne müssen eine Aufschlüsselung der Ausgaben für die Gebiete, die unter die Ziele Nr. 1, 2 und 5 b fallen, und für die sonstigen Gebiete enthalten.

Aufbau der Pläne:
— Teil 1: Sozioökonomische Analyse der Region bzw. des Gebiets, des Sektors oder der betreffenden Probleme
— Teil 2: Entwicklungsstrategie, gewählte Verfahren, eingesetzte Mittel, nationale und regionale Finanzierungen, bereits laufende Gemeinschaftsmaßnahmen
— Teil 3: Zu finanzierende Förderschwerpunkte
— Teil 4: Beantragte Gemeinschaftsmittel (Vorausschätzung), aufgeschlüsselt nach Strukturinstrumenten (Fonds, EIB und sonstige Instrumente)

Verhandlungen mit der Kommission

Verhandlungen mit der Kommission

Gemeinschaftliches Förderkonzept (GFK).
Zur Beachtung: Bei Ziel Nr. 1 müssen die GFK die Maßnahmen im Rahmen der Ziele Nr. 3 und 4 sowie die im Rahmen von Ziel Nr. 5 a geplanten Maßnahmen umfassen.

Gemeinschaftliches Förderkonzept

KEG 1989d, S. 28

3. Die GFK enthalten Festlegungen über
   - Förderschwerpunkte
   - Projektarten
   - Finanzmittel
   - Vorschriften zur Durchführung und Begleitung.

4. Die Umsetzung der GFK in die Praxis erfolgt über operationelle Programme, Einzelanträge für Großvorhaben, Globalzuschüsse oder Kofinanzierungen.

Abb. 11

Phase 3 - Abwicklung (Operationelle Phase)

Achtung:
Maßnahmen können nur dann gefördert werden, wenn sie in sich stimmig und auf die Prioritäten der gemeinschaftlichen Förderkonzepte ausgerichtet sind.

A - Abwicklung der gemeinschaftlichen Förderkonzepte (GFK)

Gemeinschaftliche Förderkonzepte auf der Grundlage von Regionalplänen (Ziel Nr. 1, 2 und 5 b)

Abwicklung über:

a) Operationelle Programme (OP):
aufeinander bezogene Vorhaben mit 2 bis 5 Jahren Laufzeit

Zur Beachtung:
— Für ein und dieselbe Region sind mehrere Arten von OP denkbar (z. B. für Infrastrukturen, für spezielle Sektoren der Wirtschaftsakteure).

— Für unter Ziel Nr. 1 fallende Regionen muß das Finanzvolumen der einzelnen OP mindestens 15 Mio ECU betragen.

— Für die OP können ein Strukturfonds oder mehrere Fonds in Anspruch genommen werden; sie können in integrierter Weise durchgeführt werden.

— Die Mittel aus dem Strukturfonds werden jährlich gebunden; die Zahlung erfolgt in Form von Vorschüssen und Restzahlungen.

b) Einzelanträge für Großvorhaben

Zur Beachtung:
betrifft nur den EFRE
Mindestfinanzvolumen:

— produktive Investition: 10 Mio ECU
— Infrastrukturinvestitionen: 15 Mio ECU

c) Globalzuschüsse
EFRE: Die Kommission kann der zwischengeschalteten Stelle in der Region die Verwaltung der entsprechenden Haushaltsmittel sowie die Aufgabe übertragen, im Rahmen einer kohärenten und konsensgetragenen Strategie unternehmerische Initiativen zu fördern und Aktionen durchzuführen.
ESF, EAGFL: Einzelheiten sind noch festzulegen.

d) Kofinanzierung nationaler Beihilferegelungen für Unternehmen, wenn sie mit den Wettbewerbsregeln übereinstimmen.

Kriterien für die Förderungswürdigkeit der Maßnahmen:

— Sie müssen den GFK zu entnehmen sein.

Gemeinschaftliche Förderkonzepte auf der Grundlage nationaler sektoraler Pläne (Ziele Nr. 3 und 4)

Abwicklung über:

a) horizontale operationelle Programme (nationale Regelungen) (im Rahmen der Ziele Nr. 3 und 4)

b) Globalzuschüsse

c) innovatorische Maßnahmen (Ziele Nr. 3 und 4)

Kriterien für die Förderungswürdigkeit der Maßnahmen:

— Sie müssen dem GFK zu entnehmen sein;

— sie müssen den Kriterien und Prioritäten des ESF entsprechen (z. Z. in den Leitlinien festgelegt).

Zur Beachtung:

— Geographische Kriterien spielen keine Rolle;

— in bezug auf Ziel Nr. 5 a hat der Rat noch nicht über die Interventionsformen beschlossen. Geplant sind jedoch:

• die Kofinanzierung von Beihilfen, die den vom Rat gebilligten Regeln für die Verbesserung der Produktionsstrukturen entsprechen;

• operationelle Programme und Globalzuschüsse für die Verbesserung der Verarbeitungsstrukturen.

KEG 1989d,
S. 33

Unterstützung für technische Hilfe und für Studien

43

5. Die folgende Übersicht gibt Beispiele für Maßnahmen und Interventions-instrumente (nach dem Modell der Strukturreform vom 01.01.1989).

Abb. 12

ART DER FÜR EINE FÖRDERUNG IN BETRACHT KOMMENDEN MASSNAHMEN UND INTERVENTIONSINSTRUMENTE (EFRE — ESF — EAGFL — EIB — EGKS)
(ohne Anspruch auf Vollständigkeit; es handelt sich lediglich um eine Reihe von Beispielen)

Maßnahmen	Instrumente
1. Investitionen in Bereichen der öffentlichen Infrastruktur mit wirtschaftlicher Bedeutung: Straßen, Telekommunikation, Flughäfen, Häfen, Schiffahrtswege, Stauwerke, Berufsbildungseinrichtungen, Anlagen für das Transportgewerbe, Fremdenverkehrseinrichtungen, Einrichtungen zur Beratung und zur technischen Hilfe für Unternehmen	1. EFRE (operationelle Programme, Globalzuschüsse, Großvorhaben), EIB (Darlehen), EGKS (Darlehen)
2. Investitionen in der Industrie und im Dienstleistungssektor (marktbestimmte und nichtmarktbestimmte Dienstleistungen)	2. — Kofinanzierung von Beihilferegelungen durch den EFRE — Direktdarlehen und Globaldarlehen der EIB und der EGKS — Globalzuschüsse: direkte Unterstützung für KMU bei Fehlen von Beihilferegelungen (Erschließung von endogenem Potential), Innovationen, Fremdenverkehr usw.
3. Investitionen in der Agrar- und Ernährungswirtschaft und der Fischerei (Verarbeitung und Vermarktung); hierzu gehören auch: Bau und Erwerb unbeweglicher Güter (außer Grundstückskäufen), Erwerb von Maschinen und Anlagen sowie von EDV-Software, Aufwendungen für Studien und Gutachten usw.	3. — Direktdarlehen und Globaldarlehen der EIB und der EGKS — EAGFL, Abteilung Ausrichtung; operationelle Programme und Globalzuschüsse
4. Investitionen in den Bereichen Fischerei und Aquakultur (Bau von Fischereifahrzeugen, Verarbeitung, Lagerung und Vermarktung)	4. Betrifft die drei Strukturfonds nicht. Hierfür gibt es zwei besondere Verordnungen (siehe Kästen).
5. Investitionen zur Einstellung von Arbeitskräften und zur Existenzgründung	5. Europäischer Sozialfonds (ESF), OP oder Globalzuschüsse
6. Berufsbildungsprogramme	6. ESF, OP oder Globalzuschüsse
7. Betriebsbeihilfen für Serviceeinrichtungen im Dienste kleiner und mittlerer Unternehmen: KMU-Vereinigungen, Marktforschung, Technologietransfer, Unterstützung der Unternehmensgründung, Einrichtung von Innovationen	7. Maßnahmen zur „Erschließung des endogenen Potentials" des EFRE oder der „lokalen Entwicklung" durch den ESF; im Bereich Ausbildung: ausschließlich EGKS
8. Anpassung der Produktionsstrukturen in Land- und Forstwirtschaft: Hilfen für die Niederlassung oder Zurruhesetzung, Erzeugervereinigungen, Bodennutzung usw.	8. EAGFL, Abteilung Ausrichtung: Kofinanzierung von Beihilferegelungen, operationelle Programme (Ziel Nr. 5 a, Globalzuschüsse)

KEG 1989d, S. 34

6. Bei jedem Vorhaben läßt sich die Förderungswürdigkeit anhand von vier Fragen klären:

Abb. 13

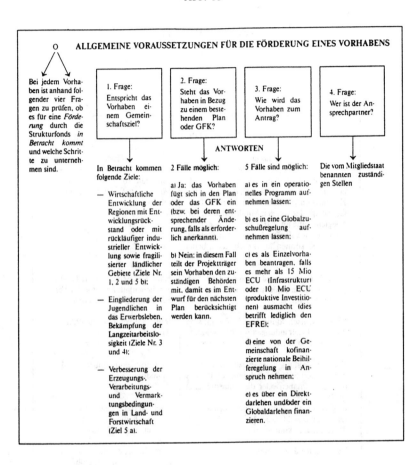

O   ALLGEMEINE VORAUSSETZUNGEN FÜR DIE FÖRDERUNG EINES VORHABENS

Bei jedem Vorhaben ist anhand folgender vier Fragen zu prüfen, ob es für eine *Förderung* durch die Strukturfonds *in Betracht kommt* und welche Schritte zu unternehmen sind.

1. Frage: Entspricht das Vorhaben einem Gemeinschaftsziel?

2. Frage: Steht das Vorhaben in Bezug zu einem bestehenden Plan oder GFK?

3. Frage: Wie wird das Vorhaben zum Antrag?

4. Frage: Wer ist der Ansprechpartner?

In Betracht kommen folgende Ziele:

— Wirtschaftliche Entwicklung der Regionen mit Entwicklungsrückstand oder mit rückläufiger industrieller Entwicklung sowie fragilisierter ländlicher Gebiete (Ziele Nr. 1, 2 und 5 b):

— Eingliederung der Jugendlichen in das Erwerbsleben. Bekämpfung der Langzeitarbeitslosigkeit (Ziele Nr. 3 und 4):

— Verbesserung der Erzeugungs-, Verarbeitungs- und Vermarktungsbedingungen in Land- und Forstwirtschaft (Ziel 5 a).

ANTWORTEN

2 Fälle möglich:

a) Ja: das Vorhaben fügt sich in den Plan oder das GFK ein (bzw. bei deren entsprechender Änderung, falls als erforderlich anerkannt).

b) Nein: in diesem Fall teilt der Projektträger sein Vorhaben den zuständigen Behörden mit, damit es im Entwurf für den nächsten Plan berücksichtigt werden kann.

5 Fälle sind möglich:

a) es in ein operationelles Programm aufnehmen lassen:

b) es in eine Globalzuschußregelung aufnehmen lassen:

c) es als Einzelvorhaben beantragen, falls es mehr als 15 Mio ECU (Infrastruktur) oder 10 Mio ECU (produktive Investitionen) ausmacht (dies betrifft lediglich den EFRE):

d) eine von der Gemeinschaft kofinanzierte nationale Beihilferegelung in Anspruch nehmen:

e) es über ein Direktdarlehen und/oder ein Globaldarlehen finanzieren.

Die vom Mitgliedstaat benannten zuständigen Stellen

KEG 1989d, S. 36

45

Die Vorlage der Vorhaben bei der EG-Kommission muß in jedem Fall über die nationalen Stellen erfolgen, während als Träger von Programmen, Einzelvorhaben oder Globalzuschußempfänger jede Behörde oder jede vom Staat ermächtigte Stelle - also auch und vor allem Unternehmen - fungieren können (vgl. ebd., S. 37).

7. Der entsprechende Zeitverlauf der Handlungsphasen sieht seit 1989 so aus.

Abb. 14

ZEITPLAN	
Phasen	**Fristen**
Phase 1: Aufstellung der gemeinschaftlichen Förderkonzepte (GFK) durch die EG-Kommission (Laufzeit 3—5 Jahre) auf der Grundlage der von den Mitgliedstaaten vorgelegten Pläne (in Partnerschaft mit den zuständigen lokalen und regionalen Stellen). Die GFK können alljährlich überarbeitet werden.	Innerhalb von 6 Monaten nach Vorlage der Pläne bei der Kommission
Phase 2: Entsprechend der in den GFK festgelegten Rahmenplanung reicht der Mitgliedstaat Anträge ein.	Nach Festlegung der GFK oder gegebenenfalls im Laufe der Verhandlungen über die GFK
Phase 3: Entscheidung der EG-Kommission über die Mittelbindungen für die Aktionen: nach Vorhaben oder nach Jahrestranchen	Innerhalb von 6 Monaten nach Antragstellung
Phase 4: Zahlung eines ersten Vorschusses in Höhe von 50% (des gebundenen Betrags für das Vorhaben oder die Jahrestranche)	Ab Entscheidung über die Mittelbindung
Gegebenenfalls Zahlung eines zweiten Vorschusses (bis zu 80% der Mittelbindung, beide Vorschüsse kumuliert)	Nach Vorlage einer Bescheinigung, daß die Maßnahme tatsächlich angelaufen ist
Zahlung des Restbetrags	Nach Vorlage einer Bescheinigung über den Abschluß der Maßnahme

KEG 1989d, S. 39

Seit 1993 besteht die Möglichkeit, daß jeder Staat für die Ziele 1 bis 4 und 5b ein einziges Programmplanungsdokument bei der Kommission einreicht, dann beschließt diese im Interesse der Vereinfachung und Beschleunigung nur einmal pro Mitgliedstaat, anstatt über eine Vielzahl von Plänen entscheiden zu müssen (vgl. KEG 1993i, S. 22).

8. Jedes einzelne Projekt wird durch eine institutionalisierte Begleitung (finanzielle Daten, materielle Realisierung, Zielbezug) und abschließende Bewertung (Verbesserung der Kohäsion, Übereinstimmung mit dem GFK bzw. dem Programm oder dem Großvorhaben) umfassend beurteilt, d.h. an den zentralen Zielen der EU-Regionalpolitik gemessen. Bei der Begleitung und Bewertung arbeiten EG-Kommission, Staat, Region und lokale Stellen zusammen, d.h. auch dieser Aspekt steht unter den Vorzeichen der Partnerschaft. Um ein solches GFK hier wenigstens in seinen Grundstrukturen vorzustellen, gebe ich hier die wesentlichsten Zahlen für das GFK zur Entwicklung des ländlichen Raumes (Ziel 5b) von Rheinland-Pfalz für den Zeitraum 1989-1993 wieder:

Tab. 20

Indikativer Finanzplan nach Prioritätsachsen und bestehenden Verpflichtungen, 1989 - 1993
Rheinland-Pfalz (zu Festpreisen von 1989)

Prioritätsachsen	Gesamtkosten	Summe öffentlicher Aufwendungen	EWG				Bundesrepublik Deutschland				Private Aufwendungen	Darlehen der EIB
			Summe EWG	EAGFL	EFRE	ESF	Summe BRD	Bund[2]	Land[2]	Andere[2]		
	Mio ECU	Mio ECU	Mio ECU	Mio ECU	Mio ECU	Mio ECU	Mio ECU	Mio ECU	Mio ECU	Mio ECU	Mio ECU	Mio ECU
Neue Maßnahmen												
1. Diversifizierung. Neuausrichtung und Anpassung des Agrarbereichs	30,916	28,477	8,952	8,952			17,525				4,439	
2. Entwicklung und Diversifizierung der außerlandwirtschaftl.Sektoren	62,879	20,219	7,973		7,973		12,246				42,660	
3. Erschließung neuer und erweiterter Einsatzmöglichkeiten für die vorhandenen Arbeitskraftreserven	9,755	9,060	3,380			3,380	5,680				0,695	
4. Umweltschutz, Naturschutz und Land-Landschaftspflege	8,780	8,780	2,668	1,806	0,541	0,321	6,112					
Zwischensumme neuer Maßnahmen	112,330	64,536	22,973	10,758	8,514	3,701	41,563				47,794	
Bestehende Verpflichtung												
a) NPGI			7,019		7,019							
b)												
c)												
d)												
e) Verpflichtungen 89 ESF			1,238			1,238						
Zwischensumme bestehender Verpflicht.	[1]	[1]	8,257		7,019	1,238				[1]		
Gesamtsumme	112,330	64,536	31,230	10,758	15,533	4,939	41,563				27,794	

[1] Die nationalen und privaten Beiträge zu den NPGI, nichtquotengebundenen Programmen und spezifischen, regionalen Aktionen (Altlasten) kann der Mitgliedstaat derzeit nicht beziffern. Der Mitgliedstaat sichert zu, dies nachzumelden.

[2] Die Aufschlüsselung der nationalen Beiträge zu den neuen Maßnahmen nach den verschiedenen Finanzquellen kann erst im Rahmen der operationellen Programme erfolgen.

KEG 1992m, S. 104

Bei aller Komplexität des Systems der EU-Regionalpolitik darf nicht vergessen werden, daß ein/e potentieller Träger/in eines Vorhabens nur einen einzigen Schritt tun muß, um seine/ihre Fördermöglichkeiten festzustellen: Es bedarf lediglich des Zugangs zum jeweiligen Ansprechpartner für das betreffende GFK und dessen Umsetzung. Diese Ansprechpartner finden sich in der Bundesrepublik in aller Regel auf der Ebene der jeweiligen Landesregierung (Wirtschafts- und Sozialministerium), in einzelnen Bereichen bei diesen Ministerien auf Bundesebene. Bei diesen Ansprechpartnern sind präzise Informationen, unterstützende Hinweise, Antragsformulare und jede Art von Hilfen bei der Beantragung von Mitteln und der Umsetzung von Projekten erhältlich. In dieser Hinsicht jedenfalls besteht im System der EU-Regionalpolitik volle Subsidiarität, wenngleich nur im Rahmen des von Rat und Kommission strukturierten Gesamtmechanismus.

Neun Prozent der Verpflichtungsermächtigungen der Strukturfonds sind im Zeitraum 1994-1999 für Gemeinschaftsinvestitionen vorgesehen (1989-1993: 10 %). Dabei kann ein begrenzter Teil der Mittel für Initiativen außerhalb der Zielgebiete 1, 2 und 5b vergeben werden. Aus den 1989-1993 beschlossenen 16 Gemeinschaftsinitiativen möchte die Kommission eine thematisch gruppierte Konzentration der Mittel machen, die folgende Aspekte umfaßt:

- grenzübergreifende Zusammenarbeit und Netze
- ländliche Entwicklung
- ultraperiphere Regionen
- Humanressourcen
- industrieller Wandel
(vgl. KEG 1993i, S. 28; Schoneweg 1993, S. 14.

Seit 1994 gibt es eine besondere Haushaltslinie für Maßnahmen in den an die Länder Mittel- und Osteuropas angrenzenden Gebieten (vgl. KEG 1993i, S. 27).

49

Abb. 15

Die Gemeinschaftsinitiativen
- Funktionsweise -

ALTE REGELUNG 1989 - 1993	ÜBERARBEITETE REGELUNG 1944 - 1999
Die Regelung von 1988 sah den Grundsatz der Gemeinschaftsinitiativen vor: Über diese Initiativen hat die Kommission die Möglichkeit, spezifische Mittel für Maßnahmen bereitzustellen, die für die Gemeinschaft von besonderem Interesse sind. Etwas über 10 % der Verpflichtungsermächtigungen der Strukturfonds wurden zwischen 1989 und 1993 für die Initiativen, einschließlich früherer Gemeinschaftsprogramme verwendet. Auf der Grundlage der von der Kommission ausgearbeiteten Grundsätze, Leitlinien und Modalitäten arbeiten die Mitgliedstaaten und/oder Regionen Programme für Gemeinschaftsinitiativen aus und führen diese durch. Diese Maßnahmen ergänzen die der Gemeinschaftlichen Förderkonzepte.	Die überarbeitete Regelung bestätigt den Grundsatz der Gemeinschaftsinitiativen und definiert bestimmte Elemente der Funktionsweise dieses Instruments. Für den Zeitraum 1994-1999 sind 9 % der Verpflichtungsermächtigungen der Strukturfonds für Gemeinschaftsinitiativen vorgesehen. Ein begrenzter Teil der Mittel für regionalbezogene Initiativen kann außerhalb der unter die Ziele 1, 2 und 5b fallenden Gebiete verausgabt werden. Im Zusammenhang mit der Zukunft von Interreg ist auch noch vorgesehen, daß ein einziger Beschluß für mehrere Mitgliedstaaten für transnationale Maßnahmen möglich sein wird. Darüber hinaus haben sich das Europäische Parlament, der Rat und die Kommission verpflichtet, eine besondere Haushaltslinie zur Finanzierung von Maßnahmen vorzusehen, die in den Grenzgebieten der Nachbarländer Mittel- und Osteuropas durchgeführt werden und darauf abzielen, Interventionen der Strukturfonds im Rahmen von Gemeinschaftsinitiativen zu ergänzen. Die Gemeinschaftsinitiativen haben in der Regel die Form Operationeller Programme, können jedoch auch die Form von Globalzuschüssen haben. Schließlich wird ein Ausschuß für Gemeinschaftsinitiativen bei der Kommission gebildet. Dieser Ausschuß wird sich aus Vertretern der Mitgliedstaaten zusammensetzen. Den Vorsitz führt ein Vertreter der Kommission.

KEG 1993i, S. 27

Abb. 16

Die Gemeinschaftsinitiativen
Grünbuch über die Zukunft der Gemeinschaftsinitiativen

ALTE REGELUNG 1989 - 1993	ÜBERARBEITETE REGELUNG 1994-1999
Liste der von der Kommission zwischen 1989 und 1993 beschlossenen Gemeinschaftsinitiativen: Mio ECU (zu Preisen von 1989)	Am 16. Juni 1993 hat die Kommission ein Grünbuch über die Gemeinschaftsinitiativen veröffentlicht. Dabei handelt es sich nicht um einen offiziellen Vorschlag, sondern um einen Diskussionsrahmen über die Zukunft dieser Initiativen.

Envireg   500   Regionales Aktionsprogramm im Umweltbereich
Interreg   800   Zusammenarbeit von Grenzgebieten
Rechar   300   Diversifizierung von Kohlegebieten
Regis   200   Integration der ultraperipheren Regionen
Stride   400   Förderung des regionalen Forschungs-, Technologie- und Innovationspontentials
Regen   300   Energieverbundnetze
Telematique   200   Telematikdienste und Netze
Prisma   100   Vorbereitung der Unternehmen auf den Binnenmarkt
Euroform   300   Neue Berufsqualifikationen
Now*   120   Förderung der Chancengleichheit im Bereich der Beschäftigung
Horizon*   180   Zugang von Behinderten und bestimmten benachteiligten Gruppen zum Arbeitsmarkt
Leader   400   Ländliche Entwicklung

Insgesamt: 3 800

Retex*   Diversifizierung in Gebieten mit großer Abhängigkeit von der Textil- und Bekleidungsindustrie
Konver*   Diversifizierung in Gebieten mit großer Abhängigkeit von der Rüstungsindustrie

* Für die jüngst beschlossenen Gemeinschaftsinitiativen Retex und Konver sowie für die Aufstockung der Mittel von Now und Horizon wurde ein zusätzlicher Betrag von 0,3 Milliarden zur Verfügung gestellt.

Das Grünbuch wird allen Beteiligten zur Stellungnahme vorgelegt, d.h. den anderen Gemeinschaftsorganen (Europäisches Parlament, Wirtschaft- und Sozialausschuß..), den Mitgliedstaaten, aber auch den Regionen, den Gebietskörperschaften und den Wirtschafts- und Sozialpartnern. Die Kommission rechnet mit lebhaften Reaktionen vor Ende September 1993.

In dem Grünbuch empfiehlt die Kommission fünf Themen für künftige Gemeinschaftsinitiativen:

- Grenzübergreifende, transnationale und interregionale Zusammenarbeit und Netze (im Rahmen von Interreg und Regen)
- ländliche Entwicklung (im Rahmen von Leader)
- Förderung der ultraperipheren Regionen (im Rahmen von Regis)
- Förderung der Beschäftigung und Entwicklung von Humanressourcen (im Rahmen von Now, Horizon und Euroform)
- Bewältigung des industriellen Wandels (im Rahmen von Rechar, Resider, Retex, Konver, aber auch Prisma, Telematique und Stride in den Ziel 1-Gebieten).

Die Kommission wird auf der Grundlage der im Herbst 1993 abgegebenen Stellungnahmen entsprechende Initiativen vorschlagen.

KEG 1993i, S. 28

51

Die Europäische Investitionsbank (EIB) als weitere EU-Institution der Regionalpolitik geht hier einen bedeutenden Schritt weiter, denn sie unterstützt die Umstrukturierung der Industrie und die Modernisierung der Infrastruktur in Ost- und Mitteleuropa seit 1990 direkt, mit Darlehen an Polen, Bulgarien, die Tschechische Republik, die Slowakei, Bulgarien und Rumänien. Für diese Länder (ausgenommen Rumänien) hat sie 1992 insgesamt 320 Mio. ECU als Kredite zur Verfügung gestellt (vgl. EIB 1993, S. 52). Sie ist allerdings, wie die folgende Tabelle zeigt, nicht nur in der Regionalförderung aktiv und ihr Wirkungsraum geht weit über die EU hinaus.

Tab. 21

EIB-Leistungen 1987 - 1991

Zeitraum	Zwecke/Gebiete	Beträge (ECU)	
1987-1991	Regionalentwicklung	31,8	Mrd.
1987-1991	Infrastruktur	12	Mrd.
1987-1991	Ziele im industriellen Bereich	13,9	Mrd.
1987-1991	Umweltschutz und Lebensrahmen	8,3	Mrd.
1987-1991	energiepolitische Ziele	9,7	Mrd.
1991	Mittel- und Osteuropa	285	Mio.
1991	Mittelmeerraum	241,5	Mio.
1991	Afrika	315,6	Mio.
1991	Karibik	62,6	Mio.
1991	Pazifik	11,4	Mio.

EIB 1992

Tab. 22

Finanzierungstätigkeit der EIB nach dem Standort der Vorhaben

Finanzierungsvorlumen
(unterzeichnete Verträge)

1992: 17 032,5			1991: 15 393,3	
Mio ECU	%		Mio ECU	%
396,6	2,5	Belgien	115,6	0,8
690,8	4,3	Dänemark	538,6	3,7
1 663,9	10,3	Deutschland	1 300,1	9,0
377,5	2,3	Griechenland	366,9	2,5
3 020,6	18,7	Spanien	2 343,5	16,2
1 895,1	11,7	Frankreich	1 924,4	13,3
303,5	1,9	Irland	237,0	1,6
3 796,9	23,5	Italien	4 000,7	27,6
42,8	0,3	Luxemburg	28,6	0,2
154,4	1,0	Niederlande	175,4	1,2
1 230,3	7,6	Portugal	1 002,1	6,9
2 407,2	14,9	Ver. Königreich	2 145,0	14,8
159,2	1,0	Gleichg. Operat.	300,4	2,1
15 139,7	100,0	In der Gemeinschaft	14 477,3	100,0
252,0	28,2	AKP-ÜLG	389,5	42,5
320,8	35,9	Mittelmeerraum	241,5	26,4
320,0	35,8	Mittel-/Osteuropa (MOEL)	285,0	31,1
892,8	100,0	Außerhalb der Gemeinschaft	916,0	100,0

EIB 1993, S. 12

Die folgenden Zahlen zeigen den Zusammenhang der EIB mit den Zielen der Strukturfonds:

Tab. 23

Regionalentwicklung und Ziele der Strukturfonds

	1989	1990	1991	1992	insgesamt
Finanzierungen in der Gemeinschaft aus eigenen Mitteln (Mio ECU)	11 020	12 174	13 585	16 936	53 715
davon Regionalentwicklung	7 071	7 440	8 492	11 793	34 795
%	64	61	63	70	65
Prozentuale Aufschlüsselung der Finanzierungsbeiträge für die Regionalentwicklung:					
Vorhaben in Gebieten, die für Fördermaßnahmen der Gemeinschaft in Frage kommen	89	89	92	95	92
Einschaltungsgebiet der Strukturfonds	84	84	87	93	88
davon Ziel 1	48	46	51	54	50
davon Ziele 2 und 5b	36	38	36	39	38
Einschaltungsbiet für spezifische Maßnahmen	5	5	5	2	4
in anderen Gebieten (zusätzl. für einzelstaatliche Fördermaßnahmen in Frage kommende Gebiete sowie Projekte, die mehrere Regionen betreffen)	11	11	8	5	8

EIB 1993, S. 2

Das gesamte Finanzierungsvolumen der EIB betrug 1992 über 17 Mrd. ECU (vgl. ebd., S. 11). Im März hat der Europäische Rat die Errichtung eines Europäischen Investitionsfonds beschlossen, der Infrastrukturvorhaben im Rahmen der transeuropäischen Netze sowie kleine und mittlere Unternehmen (KMU) fördern wird. Das Anfangskapital dieses relativ selbständigen, aber mit der EIB verknüpften Fonds liegt bei 2 Mrd. ECU (vgl. ebd., S. 18).

Schließlich existiert als weiterer Darlehensgeber, überwiegend in Ziel 2- und Ziel 1-Regionen aktiv, die Europäische Gemeinschaft für Kohle und Stahl (EGKS), die von 1989 bis 1991 folgende Direkt- und Teildarlehen vergab:

Tab. 24

Entwicklung der EGKS-Darlehen

(Ausgezahlte Direktdarlehen und Teildarlehen aus Globaldarlehen)

	1989 Mio. ECU	%	1990 Mio. ECU	%	1991 Mio. ECU	%
Darlehnen insgesamt	684	100	984	100	1365	100
davon in Ziel 1 + 2-Regionen	487	71	834	85	953	70
- Ziel 1	48	7	138	14	103	8
- Ziel 2	439	64	696	71	850	62
Darlehen gemäß Art. 56	458	100	585	100	859	100
davon in Ziel 1 + 2-Regionen	366	80	472	81	603	70
- Ziel 1	8	2	2	0	58	7
- Ziel 2	358	78	470	80	545	63
Zinszuschüsse	61		69		105	

KEG 1993m, S. 121

Obwohl es sicherlich noch etwas früh für eine sichere Bewertung der Ergebnisse der Strukturfondsaktivitäten ist, können aus der Sicht der EG-Kommission einige Feststellungen als gültig betrachtet werden. Dazu gehört die Auswirkung auf den makroökonomischen Prozeß einiger Ziel 1-Staaten; "so haben die Strukturfonds z.B. in folgender Größenordnung zum BSP beigetragen:

-    3,5 % in Portugal, 2,9 % in Griechenland und 2,3 % in Irland.

Ihr Beitrag zum jährlichen Wachstum betrug schätzungsweise:

-    0,7 % in Portugal, 0,5 % in Griechenland und 0,3 % in den anderen Ziel 1-Regionen. Insgesamt hat das Wachstum in Portugal, Irland und Spanien seit 1989 über dem Gemeinschaftsdurchschnitt gelegen. Ferner dürften die Strukturfonds zur Schaffung von 120.000 neuen Arbeitsplätzen in Spanien, 8.500 in Italien und 70.000 in Portugal beigetragen haben" (Schoneweg 1993, S. 5). Diese Angaben beziehen sich offensichtlich auf den Zeitraum bis Mitte 1993, seit Januar 1989. Für die Zeit von Januar 1989 bis September 1992 liegt eine weitere Schätzung aus EU-Sicht vor. Diese besagt, daß "mit Hilfe der EU-Mittel 500.000 neue Arbeitsplätze in den weniger entwickelten Regionen geschaffen wurden"   (KEG 1992d, S. 2).

Für die Periode 1975-1988, also vor der Reform der Strukturfonds, liegen quantifizierte Schätzungen von EU-Seite über die geschaffenen bzw. gesicherten Arbeitsplätze vor. Danach hat allein der EFRE "zur Schaffung und zur Erhaltung von rund 900.000 direkten Arbeitsplätzen in der Industrie, im Handwerk und im Dienstleistungssektor und von ebenso vielen indirekten Arbeitsplätzen im Umfeld dieser Sektoren beigetragen" (KEG 1990e, S. 69). Diese Leistungen erbrachte der EFRE bei der Durchführung von mehr als 40.000 Vorhaben in allen ökonomischen Bereichen (vgl. KEG/Karte der Solidarität, S. 3).

Mit ähnlichen Schätzungsverfahren wurden auch andere Angaben gewonnen, z.B. über die seit Januar 1991 praktisch in der Ziel 1-Förderung befindlichen neuen Bundesländer und Ostberlin. Dabei erfolgen unterschiedliche Angaben. Im dritten Jahresbericht über die Strukturfonds 1991 heißt es, der EFRE werde von Mitte März 1991 bis März 1992 über 48.000 neue Arbeitsplätze mitschaffen, und mehr als 38.000 bestehende Arbeitsplätze würden gesichert werden (vgl. KEG 1993m, S. 41). Im EFRE-Bericht über das Jahr 1991 wird dagegen gesagt, es würden über 46.000 Arbeitsplätze geschaffen und über 57.000 gesichert werden (vgl. KEG 1993n, S. 77). Beide Male wird herausgehoben, daß es sich um Schätzungen der Investoren handelt.

Auch die Einkommenswirkungen der Strukturfondsaktivitäten werden von der EU beziffert. Insgesamt wird auf den doch sehr begrenzten Umfang der Mittel verwiesen, denn bezogen auf die Bruttoinlandsinvestitionen in der EU betrugen die Finanzierungsmittel für Investitionen durch die Strukturfonds im Zeitraum

1983 bis 1985 nur 0,25 % (Schoneweg 1991, S. 796), im Jahr 1989 nur 0,5 % (KEG/Karte der Solidarität, S. 8). Zugleich war jedoch dieser Anteil 1983 bis 1985 in Griechenland mit 3 %, in Irland und im Mezzogiorno mit 2 % und in Großbritannien mit 0,5 % regional differenziert deutlich größer, und er betrug 1989 5 % bis 7 % der Bruttoinlandsinvestitionen in Portugal, Griechenland und Irland (vgl. Schoneweg 1991, S. 796). Bezüglich des (wahrscheinlich oft über-schätzten) realen Umfangs der Strukturfondsmittel weist Schoneweg darauf hin, daß die jeweiligen nationalen Ausgaben für die Kohäsion ein Vielfaches der EU-Mittel ausmachen; so betragen die Ausgaben der EU-Strukturfonds für Unter-nehmens- und Infrastrukturinvestitionen in Fördergebieten weniger als ein Zehntel der nationalen Investitionen in diesen Regionen (vgl. ebd., S. 796). In diesem Kontext ist auch die Anmerkung zu verstehen, daß die tatsächlichen Wirkungen der Fonds auf das regionale Gefälle recht begrenzt bleiben werden, auch nach der Verdopplung der Mittel: "In Wirklichkeit dürften die von der Beteiligung der Gemeinschaft ausgehenden Multiplikatoreffekte am wichtigsten sein" (KEG/Karte der Solidarität, S. 8). Die Strukturfonds haben nach Ansicht der EG-Kommission von 1989 bis 1992 zur Steigerung des BIP in Portugal und Griechenland um 4 % bzw. 2,6 % beigetragen (vgl. KEG 1992d). Ihr Beitrag zum BSP umfaßte nach 1989 folgende Anteile:

- 3,5 % in Portugal
- 2,9 % in Griechenland
- 2,3 % in Irland.

Zugleich betrug ihr Beitrag zum jährlichen Wachstum schätzungsweise:

- 0,7 % in Portugal
- 0,5 % in Griechenland
- 0,3 % in den übrigen Ziel 1-Regionen
  (vgl. Schoneweg 1993, S. 5).

Auch der Anteil der Strukturfondszahlungen an den Gesamtinvestitionen ist nach 1989 erheblich weiter gewachsen. Er lag 1992 bei

- 17,5 % in Griechenland
- 13,6 % in Portugal
- 13,7 % in Irland
  (vgl. Heinemann 1993, S. 13).

Die Kommission, sicherlich reagierend auf Kritik über den Umfang der Lei-stungen der Nettozahler, also der wohlhabenden Länder, die letztlich die Struktur-fonds finanzieren, verweist auf Rückwirkungen der in den Förderregionen getätig-ten Investitionen. Danach bleiben diese Investitionen nicht ohne Folgen in den anderen Mitgliedstaaten, vermutlich aufgrund der Chancen, die der Binnenmarkt den Investoren bzw. der Ökonomie der wirtschaftlich stärkeren Länder auch im Kontakt mit den schwächeren Regionen bietet. Nach Schonewegs Einschätzung führen 100 ECU, die in Portugal investiert werden, in den anderen Mitgliedstaaten zu Ausfuhren von etwa 45 ECU.

100 ECU, in Griechenland, Irland, den Förderregionen Italiens oder Spaniens investiert, führen seiner Ansicht nach in den anderen Mitgliedstaaten zu Ausfuhren in Höhe von 15 bis 35 ECU (vgl. Schoneweg 1993, S. 5). Diese Schätzungen werden zumindest in der Tendenz durch Berichte bestätigt, wonach die realen Importe von z.B. Portugal und Spanien von 1986-1990 stärker gestiegen sind als die realen Exporte, bei gleichzeitiger Zunahme des Gewichts der EU-Länder als Handelspartner (vgl. IWD Nr. 20 vom 16.5.1991, S. 6).

Die makroökonomische Bedeutung der Leistungen der Strukturfonds für 1992 und als Prognose für 1993 zeigt die folgende Tabelle, in der auch der 1993 ins Leben getretene Kohäsionsfonds berücksichtigt ist:

Tab. 25

Makroökonomische Bedeutung der Fondsinterventionen[1]

	1992			1999[2]				
	in Mio. ECU	Struktur-fonds Prozent des BIP	Prozent der Investi-tionen	Struktur-fonds in Mio. ECU	Kohäsions-fonds in Mio. ECU	Fonds insges. in Mio. ECU	Struktur-fonds Prozent des BIP	Fonds insgesamt Prozent des BIP
Griechenland	1 875	3,1	17,5	3 200	460	3 660	4,8	5,3
Irland	864	2,3	13,7	1 500	230	1 730	3,9	3,8
Italien	1 295	0,1	0,7	2 000	-	2 000	0,2	0,2
Neue Bundesländer	1 045	0,9	1,9	2 000	-	2 000	1,6	1,8
Portugal	1 225	3,4	13,6	3 900	460	4 360	5,2	5,8
Spanien	2 617	0,6	2,6	3 750	1 450	5 200	0,7	1,0

[1] Angaben beziehen sich auf "Ziel 1-Regionen"
[2] Extrapolation für 1999

Quelle: Kommission der Europäischen Gemeinschaften

Heinemann 1993, S. 13

Als einen relevanten Aspekt für die Auswirkungen der EU-Regionalpolitik kann man die Entwicklung der Situation in den Ziel 1-Regionen betrachten. Auf der Basis ihres eigenen Zahlenmaterials hat die EU deren Veränderungen von 1980-1989 in einem Achsendiagramm dargestellt, das Einkommen (BIP/Einwohner) und Arbeitsmarkt (Arbeitslosenquote) in Bezug zum EU-Durchschnitt zeigt. Von den 22 Ziel 1-Regionen haben 13 ihre Arbeitslosenquote reduzieren können, während 9 Verschlechterungen aufweisen. 8 Regionen konnten ihr BIP je Einwohner steigern, 14 Regionen hatten ein relatives Sinken zu verzeichnen. Nur 6 Regionen hatten in beiden Bereichen positive Resultate (ausschließlich spanische Gebiete), während 7 sowohl bei der Arbeitslosigkeit als auch beim Einkommen in negativen Bereichen lagen. Bemerkenswert ist, daß in 7 geförderten Ziel 1-Regionen die Arbeitslosenquote relativ günstiger wurde, während gleichzeitig das relative BIP je Einwohner eine schlechtere Entwicklung nahm als im EU-Durchschnitt. Auch dafür dürften EU-Fondsmittel mitverantwortlich sein.

Abb. 17

Veränderungen der Position der Ziel Nr. 1-Regionen in den 80er Jahren gegenüber dem Gemeinschaftsdurchschnitt

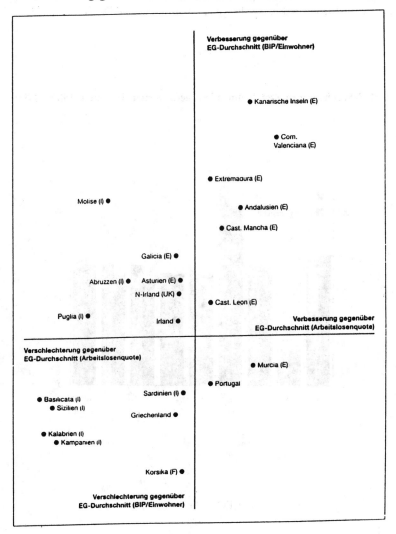

KEG 1991b, S. 50

61

Die folgenden Tabellen, die sich vor allem auf den besonders günstigen Verlauf der regionalen Disparitäten im Zeitraum 1986 bis 1991 beziehen, zeigen Entwicklungen im Vergleich der geförderten mit den nichtgeförderten EU-Regionen. Auch durch diese Zahlen wird die Komplexität der regionalökonomischen Prozesse belegt, denn einer gewissen Konvergenz des Einkommensniveaus steht bei Beschäftigung und Arbeitslosigkeit ein nicht-positiver Trend gegenüber.

Abb. 18

BIP-Wachstum in Ziel 2- und nicht geförderten Regionen, 1986 - 1990

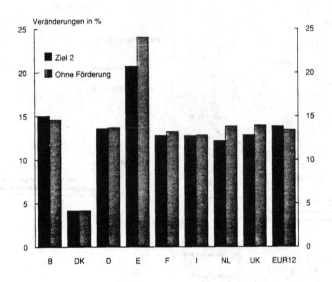

KEG 1993, S. 121

Abb. 19

**Arbeitslosenquoten in der Gemeinschaft nach
Strukturfonds-Status, 1986 und 1991**

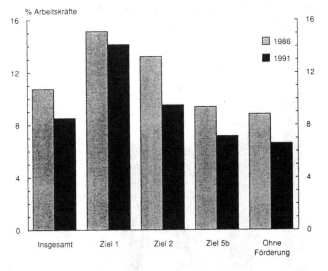

KEG 1993,
S. 122

Abb. 20

**Arbeitslosenquoten in Ziel 2- und angrenzenden Regionen
1986, 1989 und 1991**

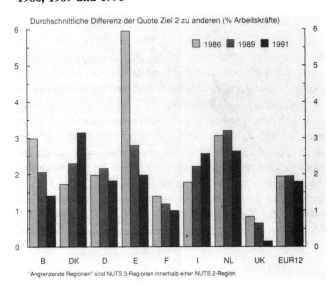

KEG 1993
S. 126

Abb. 21

Beschäftigung in wachstumsschwachen Industriezweigen nach Strukturfonds-Status in der Gemeinschaft, 1981 und 1989

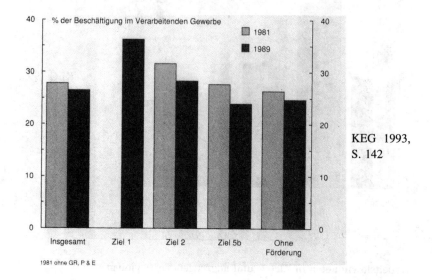

KEG 1993, S. 142

Zur eigenen Leistungsbilanz der EU-Regionalpolitik gehört auch eine 1991 vom Europäischen Parlament veröffentlichte Studie über die regionalen Auswirkungen der Gemeinschaftspolitiken. Auch hier dient das Pro-Kopf-Einkommen als Gradmesser regionaler Entwicklungsunterschiede, während im Mittelpunkt der Untersuchungen die regionalen Mittelzuflüsse aus den unterschiedlichen politischen Bereichen des EU-Haushalts stehen. Einige Aspekte jeglicher Messung von regionalen Tendenzen werden vorab reflektiert, so z.B. Mitnahmeeffekte bei Projekten und Vorhaben, die auch ohne EU-Förderung stattgefunden hätten, bei denen man diese Mittel aber dennoch aufgrund vorhandener Informationen und der Erfüllung der Förderkriterien "mitnimmt", um den eigenen Nutzen zu erhöhen, die Kosten zu senken und das Know-how zu erweitern. Meßbar ist letztlich, das wird ausdrücklich betont, nur die regionale Verteilung der Finanzströme, aber nicht der Effekt, der von diesen Zahlungsströmen ausgeht (vgl. EP 1991 a, S. 23 f.).

64

Die regionale Konzentration der EU-Ausgaben wird für folgende Zahlungsströme untersucht:

- EFRE
- ESF
- EAGFL, Abteilung Ausrichtung
- Ausgaben für Forschung und Entwicklung
- EIB-Darlehen
- EGKS-Beihilfen
- Landwirtschaftliche Garantiezahlungen.

Diese Arbeit kommt anhand der Darstellung von Verteilungen als Referenzkurven
für die genannten Politik- und Zahlungsbereiche zu folgenden Gesamtergebnissen,
wobei die absoluten Zahlen für den Zeitraum 1986-1990 zunächst die quantitativen Verhältnisse in den Ausgabenmengen verdeutlichen sollen:

Tab. 26

**Verwendung von EG-Haushaltsmitteln
für Zahlungen nach politischen Bereichen, 1986 - 1990**

Police Sector	1986	1987	1988	1989	1990	1986	1990
	Mio ECU					%	
Agricultural Policy	23 002,2	24 002,1	27 845,9	26 082,2	27 315,7	67,3	64,2
Social Policy	2 375,6	2 780,7	2 365,5	2 773,8	3 314,2	6,9	7,8
Regional Policy	2 539,9	2 664,9	3 301,7	4 113,7	4 877,2	7,4	11,5
Other Policy Sectors	1 781,3	1 770,9	2 379,3	2 747,8	3 210,4	5,2	7,5

EP 1991a, S. 22

Die beiden Achsen, die das Bruttoinlandsprodukt und die Bevölkerung nach
der Rangfolge des Pro-Kopf-Einkommens skalieren, verdeutlichen nach Erarbei-
tung der jeweiligen thematischen Referenzkurve, ob die spezifischen Ausgaben die
regionale Ungleichheit vermindern (links von der 45°-Diagonale) oder verstärken
(rechts von der 45°-Linie). Deutlich positiv werden bei dieser Perspektive die
regionalen Zuflüsse aus den folgenden Bereichen bzw. Instrumenten gesehen:

- die EFRE-Gesamtausgaben 1986-1990
- die EFRE-Ausgaben für Infrastruktur und Industrie 1986-1987
- die Leistungen des ESF 1986-1989

- die Investitionsbeihilfen des EAGFL, Abteilung Ausrichtung 1986-1987
- die Konzentration der EIB-Gesamtdarlehen 1985-1987
- die Vergabe der EIB-Kredite für Infrastruktur und Industrie 1986-1987
- die Regionalverteilung der GAP-Garantiezahlungen 1985-1989, teilweise auch für den Zeitraum 1986-1989.

Eindeutig negativ, d.h. die regionalen Disparitäten verschärfend, wirken folgende Zahlungsströme von EU-Mitteln:

- die regionale Konzentration der FuE-Beiträge 1983-1990
- die Verteilung der EGKS-Darlehen und der EGKS-Beihilfen im Zeitraum 1986-1989
- in der Agrarpolitik z.B. die EG-Garantiezahlungen für Zucker
  (vgl. dazu insgesamt EP 1991a, S. 33 ff.).

Um das Verfahren zu veranschaulichen, hier einige der Diagramme:

Abb. 22

**Konzentration der Investitionsbeihilfen des EFRE,
Gesamtbetrag 1989 - 1990, EG (12)**

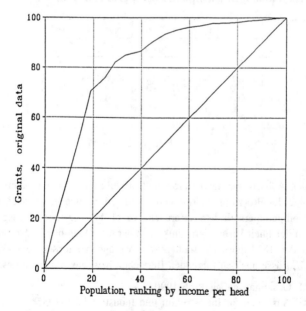

EP 1991a, S. 34

66

Abb. 23

Verpflichtungen des Europäischen Sozialfonds,
geänderte Zahlen, 1986 - 1989, EG (12)

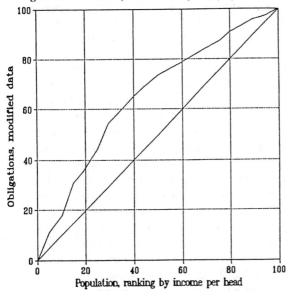

EP 1991a, S. 39

Abb. 24

Regionale Konzentration der FuE-Verträge,
Beiträge der Kommission 1983 - 1990, EG (12)

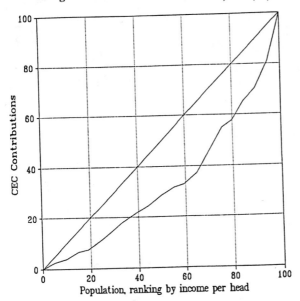

EP 1991a, S. 42

67

Die These der Autoren, daß in den letzten Jahren auch die Garantiezahlungen des EAGFL, als größter Posten im EG-Haushalt, "in gewisser Weise dem regionalen Einkommensgefälle entgegenwirken" (ebd., S. 58) ist schwer nachzuvollziehen, zumal kurz davor festgestellt wird, daß "70 % der Garantieausgaben oder gut 40 % des gesamten EG-Budgets dem regionalpolitischen Anliegen der Gemeinschaft eher entgegenwirken" (ebd., S. 53). Festzuhalten ist allerdings, daß insbesondere für die regionalpolitischen Instrumente mit den größten Finanzleistungen - EFRE, ESF, EIB - eine sehr positive Bilanz in der regionalen Verteilung gezogen werden kann, während manche anderen Verteilungen eher neutral oder negativ wirken. Dabei sind die Zahlungsmengen für FuE, der EGKS und der Ausrichtungsabteilung des EAGFL nicht sonderlich groß, ihre Effekte bleiben begrenzt. Für die Garantiezahlungen des EAGFL gilt das nicht, deshalb sollten diese in Zukunft näher auf ihre regionalen Folgen untersucht werden. 1989 gingen von den knapp 26 Mrd. ECU der Garantiezahlungen ca. 19 Mrd. an die Länder Bundesrepublik, Frankreich, Italien, Niederlande und Großbritannien (vgl. ebd., S. 68), der Rest verteilte sich auf Belgien, Dänemark, Griechenland, Spanien, Irland, Luxemburg und Portugal. Sicherlich hat seit 1989 eine begrenzte Erhöhung des Stellenwertes von sog. Südprodukten gegenüber den im Norden vorwiegenden Agrargütern eingesetzt (vgl. ebd., S. 53, 58), diese fällt jedoch nicht so stark ins Gewicht, daß man von einer wirklichen Kertwende sprechen könnte.

4. Zur Kritik der EU-Regionalpolitik

4.1 Kritische Einschätzung der eigenen Möglichkeiten durch die EU

Im Zusammenhang mit Erörterungen über die Wettbewerbsfähigkeit der ökonomisch weniger starken und stabilen EU-Regionen werden die Möglichkeiten der eigenen Politik kritisch eingeschätzt. Die EU schätzt selbst, daß für die Steigerung des ökonomischen Wohlstands einer Region von 50 % auf 70 % des EU-Durchschnitts das jährliche Wirtschaftswachstum 20 Jahre lang zwei Prozent über dem Gemeinschaftsdurchschnitt liegen müßte (vgl. KEG 1992d, S. 8). Im Vierten Periodischen Bericht werden vergleichbare Berechnungen für das Wirtschaftswachstum und die Arbeitslosigkeit vorgenommen, die zu folgenden Ergebnissen führen.

Tab. 27

Wachstum des BIP pro Kopf

Gewünschte BIP-Steigung (in % des EU-Durchschnitts)	Erforderliche Wachstumsrate (jährlich) (über dem EU-Durchschnitt)	Dauer in Jahren
70 auf 90	1,25 %	20
70 auf 90	1,75 %	15
50 auf 90	1,75 %	20
50 auf 70	2,25 %	15

KEG 1991b, S. 41

Tab. 28

Voraussetzungen für regionale Konvergenz: Wirtschaftliches Wachstum

Veränderung im Index des BIP pro Kopf (EUR 12 = 100)		Zeitraum (Jahre)		
		10	15	20
von (A)	nach (B)	Erforderliche Abweichung des regionalen Wachstums vom EG-Durchschnitt		
50	70	3 ½	2 ¼	1 ¾
50	90	6 - 6 ½	4 - 4 ½	3
70	90	2 ½	1 ¾	1 ¼

KEG 1991b, S. 93

69

Tab. 29

Voraussetzungen für regionale Konvergenz:
Wachstum der Beschäftigung

Veränderung der Arbeitslosenquoten (%)		Zeitraum (Jahre)		
		5	10	15
von (A)	nach (B)	Erforderliches Beschäftigungswachstum (in % pro Jahr)		
20	15	2 ¼	1 ½	1 ½
20	10	3 ½	2 ¼	1 ¾

KEG 1991b, S. 93

Tab. 30

Senkung der Arbeitslosenquote

Senkung der Arbeitslosenquote (in Prozent)	Erforderliches Beschäftigungswachstum (jährlich)	Dauer in Jahren
20 auf 15	2,25 %	5
20 auf 15	1,5 %	10
20 auf 10	3,5 %	5
20 auf 10	2,25 %	10
allgemein um 5	1,25 %	15
allgemein um 5	2,25 %	5

KEG 1991b, S. 42

Die Entwicklung der Erwerbstätigkeit in den EU-Staaten 1980-1990 macht deutlich, daß ein solches Beschäftigungswachstum äußerst selten vorkommt. Es ist auch historisch gesehen kaum nachgewiesen worden (vgl. ebd., S. 42).

Tab. 31

Entwicklung der Erwerbstätigkeit in den Mitgliedstaaten
1980 - 1990

Mitgliedstaat	Jährliche Wachstumsraten		
	1980 - 1985	1985 - 1990	1980 - 1990
B	- 0,7	0,9	0,1
K	0,7	0,6	0,6
D	- 0,6	1,1	0,2
GR	1,3	0,8	1,0
E	- 1,5	3,3	0,9
F	- 0,4	0,8	0,2
IRL	- 1,4	0,6	- 0,4
I	0,5	0,6	0,5
L	0,3	2,5	1,4
NL	- 0,9	1,6	0,3
P	- 0,7	1,2	0,2
UK	- 0,7	2,1	0,7
EUR 12	- 0,4	1,4	0,5

KEG 1991b, S. 22

Ähnlich ist das Wirtschaftswachstum zu beurteilen. Sogar in der wirtschaftlich äußerst günstigen Entwicklungsperiode von 1986-1990 konnten die vier schwächeren EU-Länder Griechenland, Spanien, Irland und Portugal ihr BIP pro Kopf nur von 66 % auf 69 % des EU-Druchschnitts erhöhen und damit die regionalen Disparitäten etwas verringern. Die EU relativiert ihre eigene Politik durch die grundsätzliche Einschätzung, daß der Abbau der Unterschiede im Einkommen und bei der Arbeitslosigkeit ein sehr schwieriger und langfristiger Prozeß ist, der nur unter günstigsten Voraussetzungen gelingen kann (vgl. ebd., S. 41 ff.), wenn überhaupt. Die Zahlen aus dem Vergleich der vier schwächsten mit den acht anderen EU-Staaten für das BIP untermauern diese These:

Tab. 32

Unterschiede in der Entwicklung des BIP pro Kopf in den Mitgliedstaaten während der 80er Jahre

Mitgliedstaat	Jährliche Wachstumsraten								BIP/Kopf (EUR 12 = 100)	
	BIP							Bevölkerung		
	1982-85	1986-90	1986	1987	1988	1989	1990	1986-90	1986	1990
GR	1,6	1,8	0,8	- 0,1	4,0	2,9	1,6	0,3	56	53
E	1,8	4,5	3,3	5,5	5,0	4,9	3,8	0,4	72	77
IRL	1,5	3,7	- 0,3	4,9	3,7	5,7	4,6	0,1	63	65
P	0,9	4,5	4,1	5,3	3,9	5,4	4,0	0,3	53	56
Insgesamt (EUR 4)	1,9	4,2	2,9	4,8	4,7	4,8	3,6	0,3	66	69
Andere (EUR 8)	1,8	3,0	2,6	2,6	3,7	3,2	2,9	0,3	100	107
EUR 12	1,8	3,1	2,6	2,9	3,8	3,4	3,0	0,3	100	100

KEG 1991b, S. 93

Alles in allem hält die EU an ihrer Gesamtkonzeption der zielorientierten Förderung mit den differenzierten Instrumenten und im Rahmen einer kontinuierlichen Mittelerhöhung fest, wobei sie, wie oben erläutert, vor allem die positiven Leistungen der Strukturfonds hervorhebt. Gleichwohl ist mit der selbst eingeleiteten Diskussion über die Langfristigkeit dieser Politik eine vorsichtige, eher pessimistische Note eingebracht worden - freilich ohne daraus essentielle Änderungsvorschläge abzuleiten. Auch für die Jahre 1994-1999 wird die Analyse der Disparitäten anhand bestimmter Kriterien ebenso fortgeführt, wie die prinzipielle Ausrichtung der Mittelvergabe (vgl. z.b. Schoneweg 1993).

Verbesserungen der relativen Situation einer Region sind nur im Verlauf sehr langer Zeiträume möglich, während sich Verschlechterungen, vor allem im Kontext von Krisen in mehreren Branchen, relativ schnell vollziehen. Diese grundlegende Feststellung Schonewegs gilt ganz besonders auch für die Geschichte der drei Erweiterungen der EU seit 1973. Mit jedem Beitrittsabschnitt nahmen die regionalen Disparitäten zu, am stärksten durch Portugal/Spanien 1986. Damit vergrößerten sich nicht nur die Zahl der Erwerbstätigen und das BIP (12 % bis 13 %), die Einwohnerzahl (18 %), die Zahl der Arbeitslosen (30 %), das Territorium der EU und die Zahl der Beschäftigten in der Landwirtschaft (36 % / 36 %). Zugleich verdoppelte sich das Problem der rückständigen Regionen, denn in der 12er EU lebt ein Fünftel der Bevölkerung in diesen Gebieten. Keine der Regionen der beiden Staaten erreichte auch nur das Durchschnittseinkommen der erweiterten Gemeinschaft. Zusätzlich bestand (und besteht) in Portugal und Spanien ein erhebliches innerstaatliches regionales Einkommensgefälle, und in Spanien war die Arbeitslosigkeit nahezu doppelt so hoch wie der EU-Durchschnitt (vgl. Schoneweg 1991, S. 779). Mit dieser Einschätzung wird von einem leitenden Mitarbeiter der Generaldirektion Regionalpolitik der Umfang und die enorme Aufgabe, vor der die EU-Regionalpolitik auf lange Sicht steht, definiert. Es ist nicht zu bestreiten, daß es sich hier um ein Problem großen Ausmaßes handelt, das mit einfachen oder kurzfristig angelegten Mitteln und Wegen nicht zu lösen ist.

4.2 Neoliberale, subsidiaritätsorientierte Kritik

Die nach wie vor dominierende Strömung in der Diskussion über die Regionalpolitik der EU geht von wirtschaftsliberalen Positionen aus, wie sie sich heute darstellen. Kernbegriffe dieser Konzeption sind nicht direkt antistaatliche Kategorien, man begnügt sich aber auch nicht mit der Festsetzung von Rahmenbedingungen und Regeln der Ökonomie durch den Staat (vgl. Peters 1981, S. 294). Die aktuellen Leitlinien wirtschaftsliberaler Politik beziehen sich auf Angebotspolitik und Deregulierung. Angebotspolitik beinhaltet die Ausrichtung der staatlichen Einnahmen- und Ausgabenpolitik auf die Wünsche der Anbieter, d.h. der Unternehmer; Kosten- und Lohnsenkungen, Reduktion der Sozialausgaben, Steuersenkung zugunsten von Gewinnen, Abbau von Umweltauflagen, Privatisierung öffentlicher Leistungen gehören z.b. zum Instrumentarium der neoliberalen Angebotspolitik (vgl. Zinn 1992, S. 57). Auch der Abbau von Verwaltungsapparaten ("lean management"), die Flexibilisierung der Arbeitszeit und der Arbeitsverträge und -verhältnisse gehören in diesen Zusammenhang. Deregulierungsmaßnahmen können in diese wirtschaftspolitische Richtung eingeordnet werden, haben aber oft auch eine eigene Qualität. Hier sind zu nennen:

- Rückzug des Staates aus verschiedenen Branchen und Infrastruktursektoren
- Privatisierung möglichst aller Sektoren der Wirtschaft
- Abbau von Sozialleistungen
- Beseitigung staatlicher Regelungen und Vorgaben für die Ökonomie
- Pauschalkritik an sozial-, beschäftigungs- und umweltpolitischen Regelungen
- Durchsetzung des freien Marktmechanismus in Binnen- und Außenwirtschaft, möglichst global und über alle Grenzen hinweg
- Negation der Rolle des Staates zugunsten der Betonung von Eigeninitiative, Selbstverantwortung und Beachtung des Subsidiaritätsprinzips, sofern politische Aktivitäten staatlicher Organe unvermeidlich sind
(vgl. ebd., S. 27).

In diesem Sinne diskutiert z.B. Weise (1993) die EU-Regionalpolitik. Er hält offenbar den neuen Haushaltsansatz für die Regionalpolitik von 1994-1999 für zu hoch und fordert, "den Mut aufzubringen, gegebenenfalls Zahlungen zu reduzieren oder einzustellen" (ebd., S. 165). Gleichzeitig beobachtet er einen überzogenen administrativen Aufwand sowie eine sehr dominante Stellung der Kommission, die sich zum "Bruch des Subsidiaritätsprinzips" (ebd., S. 162) ausweitet, sobald es um die Festlegung der Fördergebiete (diese nimmt die Kommission vor, bzw. letztlich der Ministerrat) und die Gemeinschaftsinitiativen (die direkt zwischen den Trägern und der Kommission abgewickelt werden können, ohne weitere Beteiligung nationalstaatlicher Instanzen oder Ebenen) geht (vgl. ebd., S. 162).

Der häufigste Bezugspunkt neoliberaler Kritik an der Regionalpolitik der EU ist das Subsidiaritätsprinzip, das in den Maastricht-Vertrag über die Europäische Union als neuer Artikel 3b aufgenommen wurde. Dieser lautet: "Die Gemeinschaft wird innerhalb der Grenzen der ihr in diesem Vertrag zugewiesenen Befugnisse und gesetzten Ziele tätig. In den Bereichen, die nicht in ihre ausschließliche Zuständigkeit fallen, wird die Gemeinschaft nach dem Subsidiaritätsprinzip nur tätig, sofern und soweit die Ziele der in Betracht gezogenen Maßnahmen auf Ebene der Mitgliedstaaten nicht ausreichend erreicht werden können und daher wegen ihres Umfangs oder ihrer Wirkungen besser auf Gemeinschaftsebene erreicht werden können.

Die Maßnahmen der Gemeinschaft gehen nicht über das für die Erreichung der Ziele dieses Vertrages erforderliche Maß hinaus." (Vertrag über die Europäische Union 1992, S. 83)

Dieses Prinzip soll nach Ansicht vieler Autoren einer Supranationalisierung und Zentralisierung entgegenwirken und die jeweiligen Entscheidungsmöglichkeiten der mittleren, unteren und untersten Ebenen - z.b. Kommunen, Regionen, Kreise - erhalten und in bisher nicht der EU zugeordneten Bereichen oder Themen die Erledigung dem jeweils betroffenen Mitgliedstaat überlassen (vgl. Platzer 1993, S. 99 f.).

Selbstverständlich ist das Subsidiaritätsprinzip kein einheitliches, endgültig definiertes Modell der Zusammenarbeit der EU-Staaten bzw. der europäischen Integration. Döring hat - aus einer neoliberalen und subsidiaritätsorientierten Perspektive - das Verhältnis zwischen der EU-Regionalpolitik und diesem Prinzip einer ausführlichen Analyse unterzogen und dabei zunächst die kontroversen Ansätze von EU und einzelnen Staaten in Bezug auf Subsidiarität als allgemeine Konzeption herausgearbeitet:

Abb. 25

Zusammenfassende Darstellung des unterschiedlichen Verständnisses von Subsidiarität

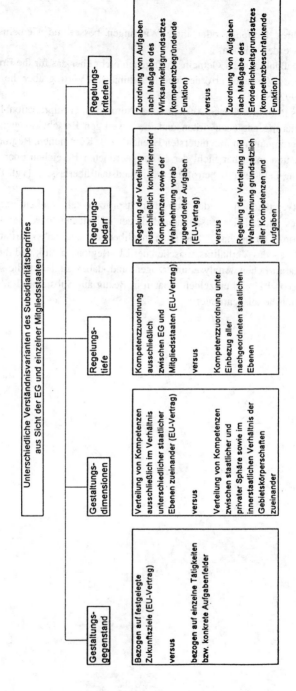

Döring 1993, S. 39

Seine detaillierte Untersuchung der EU-Regionalpolitik entsprechend der seit dem 01.01.1989 gültigen Systematik führt ihn zur Gegenüberstellung von subsidiaritätskonformen Elementen mit jenen, die der Subsidiarität seiner Ansicht nach widersprechen (und offenbar dominieren letztere):

Abb. 26

Zusammenfassender Überblick der subsidiaritätskonformen und -fremden Elemente der gegenwärtigen EG-Regionalpolitik

```
                    ┌─────────────────────────────┐
                    │   EG-Regionalpolitk unter   │
                    │  Subsidiaritätsgesichtspunkten │
                    └─────────────────────────────┘
```

| Elemente, die mit dem Subsidiaritätsprinzipien im Einklang stehen | Elemente, die dem Subsidiaritärtsprinzip widersprechen |

onzentration der Fördermittel auf die Regionen mit dem größten ntwicklungsrückstand relativ zum EG-Durchschnitt

taffelung der Fördersätzer in Abhängigkeit von der regionalen roblemintensität und dem Wohlstandsniveau des etreffenden Mitgliedsstaates

emühen um finanzielle Eigenbeteiligung der Mitgliedsstaaten n EG-Fördermaßnahmen zwecks Aktivierung des eigenen elbsthilfepotentials

örderung gemeinschaftlicher Projekte und Koordination itgliedsstaatlicher Maßnahmen mit grenzüberschreitenden Wirkungen

larktkonformer Charakter einzelner Interventionsinstrumente :.B. die Vergabe von Darlehn durch die EIB zu einem ostendeckenden Zinssatz)

Bestimmung von Fördergebieten und Fördersätzen durch die EG sowie die mangelnde Übereinstimmung von Förderinhalten und Förderinstrumenten verhindern eine weitgehend an den eigenen Präferenzen der Mitgliedsstaaten orientierte Regionalförderung

Tendenziell uniforme regionalpolitische Problemlösungen widersprechen dem Erfordernis einer sachnahen und problemadäquaten Politik

Vielzahl von EG-Förderbestimmungen und deren Detaillierungsgrad stehen einer unter Verhältnismäßigkeitsaspekten möglichst einfachen Umsetzung von Maßnahmen entgegen

"Partnerschaftliche" Delegation von Teilkompetenzen durch die EG sowie geringe Mitsprachemöglichkeiten der und direkter Zugriffe auf die nachgeordneten Ebenen widersprechen einer aus föderativer Sicht gewünschten, bürgernahen Politik vor Ort im Sinne der Selbstbestimmung und Eigenverantwortlichkeit der jeweils unteren Einheiten

Unzureichende Übereinstimmung des räumlichen Wirkungskreises regionalpolitischer Maßnahmen auf EG-Ebene mit dem Kreis der Kosten- und Entscheidungsträger

Eine neben dem Wettbewerbsziel auch am Ausgleichsziel orientierte Beihilfenkontrolle

Intransparenz der politischen Entscheidungsfindung im Rahmen der Beihilfenaufsicht

Döring 1993, S. 80

77

Die komplexeste Kritik aus neoliberaler Sicht hat bisher Schäfers (1993) vorgetragen. Seine umfassende Analyse, die in erster Linie ergebnisorientiert ist, führt zusammengefaßt zu folgenden Erkenntnissen:

1. Im Zusammenhang mit allen Arten von Maßnahmen treten immer wieder Fehlplanungen, Realisierungsprobleme und Durchführungsrückstände auf.

2. Die Bewertungs- und Begleitungspraxis auf der Ebene der Kommission ist unzureichend.

3. Die Angaben der EU zu den makroökonomischen Auswirkungen der Kohäsionspolitik sind unrealistisch und überhöht, weil der gleichzeitige Mittelentzug über die Einnahmeseite des EU-Haushalts nicht berücksichtigt wird. Mit diesem Ressourcenentzug wird aber die Einkommensposition des privaten Sektors geschwächt, d.h. die Finanzierungsmöglichkeit und -bereitschaft von Investoren in den peripheren Ländern und Regionen wird vermindert; bei näherer Betrachtung zeigt sich, daß Spanien im Jahr 1989 seine kohäsionspolitischen Zuflüsse aus dem EG-Haushalt vollständig selbst finanziert hat.

4. Die EU-Darlehensvergabe (z.B. durch die EIB) kann dazu beitragen, daß an sich notwendige wirtschaftpolitische Korrekturen unter Mißbrauch dieser Darlehen unterlassen werden.

5. Der reale Betrag von Mitnahmeeffekten im Kontext der EU-Förderung ist nicht feststellbar. In vielen Fällen dürften aber Vorhaben mit EU-Mitteln gefördert werden, die auch ohne diese Hilfe durchgeführt worden wären.

6. Durch die EU-Mittel könnten sog. Subventions-Unternehmer und -Unternehmen entstehen, denen es weder um innovative Technologie oder wirtschaftliche Entwicklung geht, sondern nur um die Profitsteigerung durch die Strukturfondsmittel.

7. Die Kohäsionspolitik stört so insgesamt den Regelkreis von Innovation und Diffusion in den peripheren Regionen, d.h. der Anpassungs- und Aufholprozeß wird eher behindert als gefördert.

8. Die Mechanismen im Entscheidungs- und Umsetzungsverfahren bedingen häufige Unklarheiten, Verzögerungen und Verhaltensprägungen.

9. Das System unterstützt nicht nur die Tendenzen zu einer "rent-seeking-mentality" bei den Unternehmen, sondern auch eine "transfer-seeking-mentality" bei den Gebietskörperschaften der Randgebiete.

10. Am Negativbeispiel der 80er Jahre, Griechenland, läßt sich zeigen, daß eine Kongruenz der nationalen Wirtschaftspolitik mit den kohäsionspolitischen Anforderungen hergestellt werden muß, wenn die regionalen Disparitäten zwischen den Staaten reduziert werden sollen. Irland, Portugal und Spanien

als Positivbeispiele beruhen darauf, daß sie ausländische Direktinvestitionen und Produktivitätszuwächse mit EU-Mitteln und nationaler Wirtschaftspolitik als gleichgerichteten Instrumenten erreichten.

11. Theoretische Begründungsmuster der EU für ihre Regional- und Strukturpolitik sind nicht stichhaltig. Es läßt sich nicht beweisen, daß die Peripherie der Verlierer des Integrationsprozesses sein muß.

Handelsliberalisierung wirkt hinsichtlich der Wohlfahrtseffekte in den Regionen angleichend, d.h. der Anpassungsprozeß der schwächeren Gebiete funktioniert - über den Marktmechanismus. Daher ist eine Kohäsionspolitik mit erheblichen Mitteln und einer Vielzahl von Instrumenten nicht zu legitimieren, sofern es um das Ziel der ökonomischen Annäherung im Wohlstandsniveau der Regionen geht (vgl. zu diesen Thesen Schäfers 1993, S. 143 ff.).

Schäfers ist nicht nur der Ansicht, daß die Erfolgsaussichten der Kohäsionspolitik eher schlecht sind, er betrachtet diese Politik auch als Gefahr und Hindernis für die EU-Erweiterung, weil das Besitzstandsdenken der derzeitigen Peripheriestaaten hier erheblich hemmend wirken könnte (vgl. ebd., S. 14 ff.).

Waniek (1992) beurteilt die "Setzung eines Wettbewerbsrahmens für Regionalbeihilfen positiv" (ebd., S. 169), nennt aber ebenfalls aus vorherrschend neoliberaler, aber mehr ordnungspolitischer Perspektive ähnliche Kritikpunkte wie Döring (1993) und Schäfers (1993):

- eine ökonomisch nicht gerechtfertigte Überzentralisierung,
- Tendenzen zur Unitarisierung und Uniformierung regionaler Problemsituationen und Lösungsansätze,
- Effizienzverluste aufgrund der Beteiligung der EU an regionalen Entwicklungsprogrammen,
- eine nicht ausreichende Koordinierungs- und Ordnungsfunktion der Regionalpolitik und der Beihilfenaufsicht,
- Konsistenzprobleme mit anderen gemeinschaftlichen Fachpolitiken sowie mit nationalen Wirtschaftspolitiken und
- verfassungsrechtliche Bedenken bezüglich der Beschränkung nationalstaatlicher Regionalpolitiken (ebd., S. 169 f.).

Auch der Hinweis auf die Verknüpfung von Privatisierungs- Deregulierungs- und Entbürokratisierungsstrategien mit dem Ausbau einer "Regionalpolitik ohne Geld" (bei der Know-how-Transfers, nicht Geldbeträge, im Vordergrund stehen) (vgl. ebd., S. 173) fügt sich in die neoliberal-subsidiaritätsorientierte Strategie ein (vgl. auch BDI 1992, S. 30 f.).

Haß (1993) wendet sich, ebenfalls im Rahmen dieses Paradigmas, gegen den Versuch, die Regionalprobleme durch den "Einsatz von immer mehr Geld zu bewältigen" (ebd., S. 18). Großangelegte Programme zerstören nach seiner Auffassung den Anreiz der Regionen zur Selbsthilfe und behindern den Wettbewerb der Regionen (vgl. ebd., S. 18). Auf dieser Basis entwickelt er eine Kritik am bestehenden Förderkonzept (gültig ab 01.01.1989), die folgende Aspekte heraushebt:

- das Förderkonzept sollte wirtschaftsnäher ausgerichtet werden (z.b. sollte die soziokulturelle Infrastruktur nicht mehr gefördert werden),
- die Förderung sollte auf weniger als 42 % der EU-Bevölkerung konzentriert, die Indikatoren klarer formuliert und die Beteiligungssätze der EU erheblich gesenkt werden,
- die Zahl der Gemeinschaftsinitiativen sollte vermindert werden und ihre Mittel reduziert werden,
- die Erfolgskontrolle sollte makroökonomisch auf eine solide und meßbare Grundlage gestellt werden,
- gemäß dem Subsidiaritätsprinzip sollten Fördergebiete, Fördermittel und die Instrumente von Bund, Ländern und EU gemeinsam und nicht allein durch die EU-Behörden festgelegt werden (vgl. ebd., S. 19 ff.; ähnlich Spiekermann u.a. 1988, S. 43 ff.).

Ridinger (1992) stellt fest, daß der gewünschte Erfolg der Regionalpolitik der EU bisher ausgeblieben ist, trotz eines hohen Mitteleinsatzes. Er führt die Defizite auf Schwächen des Systems und auf Mängel bei der Umsetzung der Vorschriften zurück. Folgende Schwächen führt er an:

- zu große Regelungsdichte der Verordnungen,
- Beihilfekontrolle gegenüber den reicheren Staaten und dennoch gleichzeitige Regionalförderung (z.B. im Rahmen von Ziel 2) an diese Länder durch die EU,
- zu große Anzahl von Gemeinschafsinitiativen,
- Inflexibilität und Koordinierungsdefizite,
- ungenügende Kenntnis der regionalen Besonderheiten durch die EU-Ebenen,
- mangelhaftes Wissen über die aktuell und künftig die Regionalentwicklung bestimmenden Faktoren (vgl. Ridinger 1992, S. 60 f.).

Gelegentlich finden sich auch Argumentationen, die sich aus ganz anderen Motiven gegen eine Beihilfenkontrolle durch die EU bzw. weitreichende Kompetenzen der EU in der Regionalförderung der Staaten richten. Zimmermann (1990) verweist darauf, daß die Verringerung der Eigenförderung die internationale Position einer Region schwächen kann, "denn jeder Teilraum der EG muß seinen maximalen Beitrag leisten, um den Gesamtraum der EG im weltwirtschaftlichen Konkurrenzkampf zu stärken" (ebd., S. 40).

Forderungen nach mehr Subsidiarität, dem Abbau der Befugnisse der Kommission, der Einschränkung der Gemeinschaftsinitiativen, der Erhöhung der Eigenbeteiligung von Maßnahmeträgern, der deutlichen Reduzierung der Mittel (z.B. für die Ziele 3 bis 5), der Reduktion der Förderziele und einer Diskussion über ein grundlegend anderes System bilden die Essenz der Studie von Franzmeyer u.a.

(1993, S. 108 ff.).

Allerdings kommen hier noch weitere Aspekte ins Spiel, die die Klassifizierung der Arbeit als neoliberal-subsidiaritätsorientiert nur zum Teil zulassen:

- die Berücksichtigung von Umweltvorhaben und Umweltauswirkungen bei der EU-Regionalpolitik,
- die Etablierung einer autonomen regionalen gebietskörperschaftlichen Ebene in den EU-Staaten,
- die Organisation komplexer Finanzausgleichssysteme,
- die Aufwertung der Funktionen des Europäischen Parlaments

(vgl. ebd., S. 115 ff.).

Die neoklassische Kritik arbeitet natürlich auf der Folie eines eigenen Modells von Regionalpolitik. Dieses Modell, das sich nicht zuletzt aus den Determinanten des Föderalismus (vgl. Eser, 1991) herleitet, führt oft zu der Befürwortung eines Finanzausgleichssystems (vgl. z.B. Zimmermann 1990, S. 39; Franzmeyer u.a. 1993, S. 119), das an die Stelle der jetzt gültigen Programmkonzeption treten sollte (vgl. Ridinger 1992a, S. 139). Der entscheidende Vorteil eines Finanzausgleichssystems wird darin gesehen, daß mit seiner Hilfe ein effizienter Wettbewerbsprozeß der Mitgliedsländer um Standortentscheidungen von Unternehmen und Arbeitnehmer in Gang gesetzt werden könnte (Waniek 1992, S. 171).

Das Modell impliziert außerdem ein Zurückdrängen des Einflusses der EU-Institutionen, insbesondere der Kommission, auf die Regionalpolitik (vgl. Zimmermann 1990, S. 39; Ridinger 1992, S. 81 ff.) bei gleichzeitigem Ausbau der Kompetenzen und der Verantwortung der regionalen Entscheidungsträger (Ridinger 1992, S. 81; Haß 1993, S. 21), entweder durch eine enge Partnerschaft zwischen EU, Staaten und Regionen, wie sie von Haß (1993, S. 21) vorgeschlagen wird, oder durch eine grundsätzliche Verlagerung der Kompetenzen, in allen wesentlichen Fragen, auf die Regionsebene, so daß schließlich nur noch "gewisse Restbestände an inhaltlicher Mitbestimmung auf EG-Ebene" (Ridinger 1992a, S. 139) verbleiben.

Eine der konsequentesten modelltheoretisch-systematischen Konzeptionen für dieses Konzept bietet Döring (1993) an. Er bestimmt nicht nur die Verteilung der Aufgaben innerhalb des öffentlichen Sektors sowie zwischen dem privaten und dem öffentlichen Sektor, sondern entwickelt auch eine strikt subsidiaritätsbezogene Strategie, die in kurz- bis mittelfristige Ziele einerseits sowie langfristige Absichten andererseits gegliedert ist. Dabei bleibt für die Ebene der EU am Ende nur noch die Aufgabe der Beihilfenkontrolle (vgl. z.B. BDI 1993a), und die Koordination mitgliedstaatlicher Maßnahmen, es gibt keine EU-Regionalpolitik mehr im heutigen Sinne, d.h. mit Zuständigkeiten der EU-Ebene für Planung, Durchführung und Systementwicklung. Die folgende Übersicht zeigt dieses Modell.

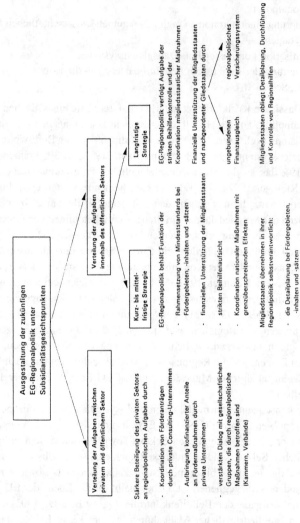

Abb. 27

Möglichkeiten einer stärkeren Berücksichtigung des Subsidiaritätsprinzips in der EG-Regionalpolitik

Ausgestaltung der zukünftigen EG-Regionalpolitik unter Subsidiaritätsgesichtspunkten

Verteilung der Aufgaben zwischen privatem und öffentlichem Sektor

Stärkere Beteiligung des privaten Sektors an regionalpolitischen Aufgaben durch

- Koordination von Förderanträgen durch private Consulting-Unternehmen

- Aufbringung kofinanzierter Anteile an Fördermaßnahmen durch private Unternehmen

- verstärkten Dialog mit gesellschaftlichen Gruppen, die durch regionalpolitische Maßnahmen betroffen sind (Kammern, Verbände)

Verteilung der Aufgaben innerhalb des öffentlichen Sektors

Kurz- bis mittel-fristige Strategie

EG-Regionalpolitik behält Funktion der

- Rahmensetzung von Mindeststandards bei Fördergebieten, -inhalten und -sätzen

- finanziellen Unterstützung der Mitgliedsstaaten

- strikten Beihilfenaufsicht

- Koordination nationaler Maßnahmen mit grenzüberschreitenden Effekten

Mitgliedsstaaten übernehmen in ihrer Regionalpolitik selbstverantwortlich:

- die Detailplanung bei Fördergebieten, -inhalten und -sätzen

- die Durchführung und Erfolgskontrolle einzelner Fördermaßnahmen

Langfristige Strategie

EG-Regionalpolitik verfolgt Aufgabe der strikten Beihilfenkontrolle und der Koordination mitgliedsstaatlicher Maßnahmen

Finanzielle Unterstützung der Mitgliedsstaaten und nachgeordneter Gliedstaaten durch

ungebundenen Finanzausgleich

regionalpolitisches Versicherungssystem

Mitgliedsstaaten obliegt Detailplanung, Durchführung und Kontrolle von Regionalhilfen

Döring 1993, S. 130

82

Dörings Vorschlag bedeutet eine föderalistische Ausgestaltung der wesentlichen Methoden der Regionalpolitik der EU, mit der dezentralen Bestimmung von Fördergebieten, Förderinhalten und Fördersätzen. Die regionale Selbstbverantwortung soll auch im Rahmen der Beihilfeaufsicht berücksichtigt werden, auf der EU-Ebene werden die Informations- und Koordinationsaufgaben verstärkt; eine spezifische Variante besteht in Dörings Vorstellungen zu einem "regionalpolitischen Versicherungssystem" (Döring 1993, S. 107 ff.), das dazu dienen soll, das Abgleiten bestimmter Kommunen, Regionen oder Staaten in den Zustand von Problemregionen zu verhindern (vgl. ebd., S. 107 f.).

Als institutionelle und politische Voraussetzungen für eine wirksame Anwendung des Subsidiaritätsprinzips führt Döring an:

- ein Anknüpfen an die von Ridinger (1992, S. 89 ff.) festgestellten politisch-administrativen Denzentralisierungstendenzen in den Mitgliedstaaten der EU, zugunsten eines Prozesses der regionalpolitischen Dekonzentration,
- eine nachhaltige Ausstattung der nachgeordneten Ebenen mit finanziellen Mitteln (vgl. auch Franke 1989, S. 266, der Finanzautonomie bzw. Eigenwirtschaftlichkeit der - konkurrierenden - Regionen fordert), zu der die Autonomie der Einnahmen- und der Ausgabenverfügung gehören muß,
- eine institutionelle Absicherung des Subsidiaritätsprinzips im Prozeß der föderalen Aufgabenverteilung,
- bei Gehältern der EU-Beamten, der Wiederernennung bzw. -wahl von Kommissionen, Parlamentariern und Richtern auf EU-Ebene restriktiv zu verfahren und der EU keine eigenen Steuerquellen zuzugestehen,
- alle Verordnungen und Richtlinien der EU von der Zustimmung der nationalen Parlamente abhängig zu machen, wobei diese in ihrem Votum frei bleiben (vgl. Döring 1993, S. 114 ff.).

Während Dörings Modell sich auf die Hierarchie EU/Staaten/Regionen konzentriert, entwickelt Schäfers (1993) eine eher an wirtschaftspolitischen Zielen orientierte Reformvorstellung für die EU-Regional- und Strukturpolitik. Er befürwortet zwar ebenfalls eine stärkere Ausrichtung am Subsidiaritätsprinzip, d.h. die Hinwendung zu einer dezentralen Entscheidungstruktur. Er geht aber davon aus, daß für das Aufholen der Peripherie die ökonomischen Rahmenbedingungen in diesen Gebieten ausschlaggebend sind und deshalb Sanktionsmechanismen erforderlich erscheinen, die die geförderten Staaten zu einem wachstums- und kohäsionskonformen Mitteleinsatz bewegen (vgl. Schäfers 1993, S. 190 ff.).

Aus dem Blickwinkel dieses neoklassischen Ansatzes ergeben sich konkrete Anforderungen an die Wirtschaftspolitik in den peripheren Staaten: Abbau der Staatsverschuldung, Zinssenkung, steuerliche Entlastung der Unternehmen, staatliche Ausgaben vor allem als Anreiz zur Auslösung privater Investitionen, Flexibilisierung von Wettbewerbs-, Arbeits-, Sozial- und Umweltrecht im Sinne der Flexibilität der Unternehmen, Sicherung geringer sozialer Produktionskosten, zwecks Erhaltung eines zeitlichen Vorsprungs für private Investoren, Kostenorientierung der Lohnpolitik unter Berücksichtigung der jeweiligen sektoralen und regionalen Anforderungen mit adäquater Gestaltung der Tarifverträge, langfristige und stabilitätsorientierte Ausrichtung der Geldpolitik (vgl. ebd., S. 193 f.).

Schäfers fordert weiter, im Rahmen einer Übertragung der Verantwortung für die Kohäsionspolitik auf die nationale Ebene, weg von der EU, ein System mit folgenden Elementen zu etablieren:

"1. Koppelung der Transferleistungen an makroökonomische Indikatoren.

2. Bildung von Anreizen für die peripheren Mitgliedstaaten, besondere Wachstumsanstrengungen zu unternehmen.

3. Entpolitisierung der Kohäsionspolitik durch eine Regelbindung (z.B. durch einen Indikator aus Staats-, Steuer- und Konsumquote sowie Inflationsrate, H.A.).

4. Wachstumsabhängige Förderung der Peripherie" (ebd., S. 195).

Schäfers ist der Meinung, daß ein derartiger Förderrahmen einen fruchtbaren Wettbewerb um die Kohäsionsmittel verstärken und einen Aufholprozeß der schwächeren Regionen wahrscheinlicher machen würde, als es die derzeitige Kohäsionspolitik (vgl. ebd., S. 197) tut.

4.3 Kritik aus ökologisch-sozialer Perspektive

Die ökologische und die soziale Kritik an der Regionalpolitik der EU sind eigentlich nicht zu trennen. Dennoch werden in der Literatur Schwerpunkte gesetzt, die es erlauben, beide Aspekte als eigenständige Diskussionsstränge darzustellen.

Die ökologische Beurteilung befaßt sich mit den grundsätzlichen Fragen des Zusammenhangs von Struktur-/Regionalpolitik mit der Umwelt, aber auch mit einzelnen Projekten. Einerseits wird bemängelt, daß mit der Reform von 1989 die Möglichkeit ungenutzt blieb, mit Hilfe dieser Politik umweltorientierte Ziele anzuvisieren; der Umweltschutz spielt aus dieser Sicht in den Verordnungen eine untergeordnete Rolle, es gibt weder Bevorzugungen für umweltverträgliche Produktionsverfahren noch Umweltverträglichkeitsprüfungen für die beantragten Projekte (vgl. Götzmann/Seifert 1991, S. 56).

Wesentlich weiter geht die grundlegende Einschätzung der EU-Regionalpolitik von Weizsäcker (1992). Er betont die ökonomischen Triebkräfte, die durch die Strukturfonds ausgelöst bzw. verstärkt wurden. Die EU, "als eine Wirtschafts- und Wachstumsgemeinschaft gegründet" (ebd., S. 36), bedeutete durch ihren Wachstumsförderungsgrundsatz "für die Umwelt von Anfang an eine zusätzliche Gefahr" (ebd.). Das hat sich aus seiner Perspektive in den schwachen Regionen direkt auch durch die Regionalpolitik gezeigt, denn der dort mit Fördermitteln beschleunigte Strukturwandel brachte mehr Straßen, mehr Industrie, eine mechanisierte Landwirtschaft und Infrastrukturen für den Tourismus, und alle diese Entwicklungen verschlechtern die Umweltsituation (vgl. ebd., S. 35 f.). Trotz der vielen, nach 1973 erlassenen Richtlinien über die EG-Umweltpolitik, die z.B. folgende Themen betreffen: Gewässerschutz, Lärm, SO_2, Vogelschutz, Trinkwasser, Abfall, Umweltverträglichkeitsprüfungen, Agrar-Umweltpolitik, Gentechnik, Umweltinformation (vgl. ebd., S. 38 ff.) - tragen von der EU finanzierte Programme der Strukturfonds immer wieder massiv zur Umweltzerstörung bei. Das geschieht, obwohl in der seit dem 1. Juli 1987 rechtsgültigen Einheitlichen Europäischen Akte (Bestandteil des EWG-Vertrages) eine Priorität für den Umweltschutz gegenüber den anderen EU-Politiken festgelegt wird: "Die Erfordernisse des Umweltschutzes sind Bestandteil der anderen Politiken der Gemeinschaft" (EWG-Vertrag Art. 130r, in: Läufer 1990a, S. 81). Weder dieser Artikel noch die umfassenden EU-Umweltaktionsprogramme haben diese negativen Auswirkungen der Strukturfonds auf die Umwelt bisher verhindern können. Entwässerungen von Feuchtgebieten, Staudammprojekte und landwirtschaftliche Intensivierung stehen seit langem auf der Tagesordnung. Lediglich sechs Prozent der investierten Strukturfondsmittel fließen in den Umweltschutz, die Kontrollen der EU im Rahmen der Programmabwicklung der Fonds sind unzureichend, die entsprechenden Abteilungen schlecht ausgestattet. Man überläßt offensichtlich den lokalen Instanzen und den Projektträgern vor Ort das Thema Umwelt; deren Interesse scheint in dieser Hinsicht gering zu sein (vgl. Hutter u.a. 1993, S. 262 ff.), es geht ihnen möglicherweise in erster Linie um die Finanzmittel und den ökonomischen Prozeß; es scheint noch immer oberste Maxime in den benachteiligten Regionen zu sein, Umweltauflagen und Umwelttechnologien als negative Kostenfaktoren zu sehen, anstatt die darin liegenden Zukunftschancen für die eigene Volkswirtschaft bzw. den einzelnen Betrieb zu erkennen (vgl. Strübel 1992, S. 150 ff.).

Hier einige Beispiele für die Problematik der Umweltschädigung durch die Strukturfonds:

- "Bei Ausbaggerungsarbeiten im Hafen von Thessaloniki sollte anfallender Schlamm trotz negativer Wirkungen für Flora und Fauna im Meer abgelagert werden.

- In einem Stahlwerk in derselben Stadt wurde der nach dem Einbau von Spezialfiltern angesammelte Staub zunächst in einem Raum des Unternehmens gelagert und schließlich schichtweise auf umliegende Grundstücke verteilt.
- In Sachsen-Anhalt war vor der Durchführung einer Investition die Frage der Abwasseraufbereitung zu klären. Die Bereitstellung der Mittel erfolgte jedoch ohne eine entsprechende Verpflichtung.
- In einem Zuschußantrag für ein Bergbauvorhaben in Spanien wurde erklärt, daß die Investition ohne negative Auswirkungen sei. In Wirklichkeit waren hiermit jedoch die Abholzung einer riesigen Waldfläche und die Verschmutzung großer Wassermengen verbunden.
- Ein Unternehmen in Großbritannien, das nicht mit einer Kläranlage ausgestattet war, bemühte sich, zur Vermeidung der Wasserverschmutzung belastetes Wasser in ehemaligen Kohlestollen zu speichern. Hierdurch entstand allerdings eine erhebliche Gefährdung des Grundwassers."
(Hutter u.a. 1993, S. 271 f.).

Noch wesentlich größere Ausmaße haben z.B. die zerstörerisch wirkenden Großplantagen mit Eukalyptusbäumen in Portugal, die nicht nur die Böden und die übrige Vegetation vernichten, sondern auch zum Verlust vieler kleinbäuerlicher Existenzen führen. Die einheimische Korkindustrie Portugals, ökologisch angepaßt und mit langer Tradition verknüpft, stagniert als Folge davon. Zusätzlich hat die EU die weltwirtschaftlich in einer tiefen Krise befindliche Papierproduktion in Portugal (deren Perspektiven höchst ungewiß sind) mit großen Summen mitfinanziert. In Griechenland wurde mit Strukturfondsmitteln ein großer Teil des Naturparks Prespa zerstört und damit gleichzeitig die EU-Vogelschutzrichtlinie mißachtet. Durch den Bau von Fischzuchtstationen und eines Staudamms wurde der Naturpark praktisch "hinfällig", denn die griechische Regierung ließ in der Region 60.000 Räume fällen, Wege wurden asphaltiert und Bäche reguliert. In Griechenland kam es auch zur Finanzierung einer Umweltverträglichkeitsstudie in einem Feuchtgebiet, wegen eines Fischprojekts. Die Prüfung sprach sich gegen das Projekt aus, dieses wurde aber zwei Jahre später von einer anderen EU-Abteilung mit drei Millionen ECU unterstützt. In Einzelfällen werden auch (lokale) Umweltverträglichkeitsprüfungen durchgeführt, die nicht alle Umweltaspekte berücksichtigen. Bemerkenswert ist auch die häufig anzutreffende Ausweichstrategie: Wird eine Maßnahme wegen ihrer Umweltauswirkungen nicht gefördert, greifen die Mitgliedstaaten einfach auf andere Mittel und Projekte zurück und unterlaufen so die Umweltstandards der EU (vgl. dazu Frühauf/Giesinger 1992, S. 142 ff.). Zur Liste der Umweltsünden, die mit Strukturfondsleistungen unterstützt wurden, gehören auch in Spanien riesige Eukalyptusplantagen, die das Grund-

wasser absenken und das Land unfruchtbar machen, in anderen Ländern Fisch-
zuchtanlagen, die ökologisch wertvolle Salz- und Süßwassergebiete zerstören
sowie Autobahnschneisen, die durch Naturschutzregionen geschlagen werden; zu
den finanziell und politisch bedeutendsten Projekten zählt eines der gigantischsten
Vorhaben der Geschichte Griechenlands: die Umleitung des Acheloos, des läng-
sten Flusses Griechenlands. Es verstößt zwar gegen zahlreiche Bereiche der EU-
Gesetzgebung, darunter gegen das Ziel der Strukturfonds, vor allem die schwächeren Regionen zu fördern (denn es leitet das Wasser weg vom armen Westen zum
reicheren Osten des Landes, um dort Mais- und Baumwollplantagen zu bewäs-
sern), dennoch wird über die EU-Mittel aus dem Regionalfonds offen diskutiert;
in einer ersten Phase erwartet man von der EU 200 Mio. DM; insgesamt soll das
Projekt acht Mrd. DM kosten (vgl. Fischer 1993).

Für Frühauf/Giesinger (1992) belegen alle diese Prozesse und Beispiele, daß
die Umwelt in den geförderten Regionen den rein ökonomischen Interessen
weitgehend schutzlos ausgeliefert ist: "Die Regional-Entwicklungs-Pläne dienen
ausschließlich der Wirtschaft. Nicht ein einziger der über 300 in Brüssel vor-
gelegten Pläne ist ökologisch ausgerichtet, und so gesehen kommt die Verdoppelung der Ausgaben für die Strukturfonds einer Verdoppelung der Umweltgefähr-
dung gleich. Die mit besten Absichten eingerichteten europäischen Strukturfonds
bleiben auch in Zukunft der Motor für die systematische Zerstörung der Umwelt
in den Randgebieten" (ebd., S. 150). Zusätzlich erscheint es ihnen unwahrscheinlich, daß dieses Opfer der Natur helfen könnte, die regionalen Wohlstandsunter-
schiede zu überwinden (vgl. ebd.).

Von den europäischen Umweltverbänden wird außerdem bemängelt, daß bisher
kein Bericht der Kommission über die Umweltdimension der Regionalpolitik
vorgelegt wurde. Kritisiert wird nicht nur die daraus folgende Abwesenheit von
Transparenz und öffentlicher Kontrolle, sondern auch die Schwerpunktsetzung der
Förderung für den Bau von Straßen, Autobahnen, Flughäfen und Hochgeschwin-
digkeitsstrassen der Bahnen (vgl. EURES 1991, S. 17).

Die vor allem sozial motivierte Kritik an der Regionalpolitik der EU bezieht
sich einerseits auf den zu geringen materiellen Umfang, der einen regionalen
Konvergenzprozeß gar nicht schaffen kann. Dazu wird z.B. der Mac-Dougall-
Bericht von 1977 herangezogen, der für die damalige Neunergemeinschaft 2,7 %
des BIP für das Anheben der schwächeren Regionen auf den Durchschnitt der EU
als erforderlich ansah. Unter Berücksichtigung der nach diesem Zeitpunkt erfolgten Beitritte der Länder Griechenland, Spanien und Portugal - alle mit einem
großen Anteil erheblich zurückgebliebener Regionen - könnte man heute den
notwendigen Betrag mit 4 % des EU-BIP veranschlagen. Bei einem für 1988
festgestellten Gesamt-BIP von ca. 4 Billionen ECU müßten dann jährlich ca. 154
Mrd. ECU für die ausgleichende Regionalhilfe verwendet werden, um wenigstens

die wirtschaftlich unterdurchschnittlichen Regionen auf ein mittleres Niveau zu bringen (vgl. Kühne 1989, S. 31 ff.; vgl. auch die neuere Schätzung durch die EG-Kommission selbst, in der für ein Aufholen der Ziel 1-Gebiete von über 50 Mrd. ECU jährlich ausgegangen wird; vgl. Bundesrat 1992a, S. 32 f.). Vergleicht man diese Einschätzung mit den realen Zahlen für 1993 (ca. 14 Mrd. ECU) oder auch mit dem für 1999 geplanten Aufwand (ca. 27-28 Mrd. ECU), zeigt sich nach Kühnes Auffassung sofort der weite Abstand zwischen einem echten Regionalausgleich und den finanziellen Leistungen der EU-Regionalpolitik (vgl. Kühne 1989, S. 33). Die für ein (auch nur annäherndes) Erreichen der Ziele viel zu niedrige Budgetierung dieses Politikfeldes ist einer der zentralen, auch von anderen festgestellten Schwachpunkte (vgl. z.B. Götzmann/Seifert 1992, S. 54 f.; Marx 1992, S. 181, Kastning 1990, S. 193). Die Existenz bzw. reale Funktion der Regionalpolitik werden ebenfalls als sehr anfechtbar angesehen. Während 1980 noch verdeutlicht wurde, die EU habe keinerlei konkrete Vorstellungen über Mittel und Maßnahmen, um das Konvergenzziel zu erreichen, so daß sie "nicht mehr als eine symbolische Geste" darstelle, die "dazu beiträgt, die wirklichen Dimensionen des Konvergenzproblems zu verhüllen" (so der EU-Parlamentarier F.C. Delmotte, zit. nach Albrecht/Faber 1983, S. 216; ähnlich zur Kompensations-, Integrations- und Legitimationsfunktion der EU-Regionalpolitik Kastning 1990, S. 199 f.), hat sich die sozial engagierte Kritik nach der Entwicklung zu einer systematischen und finanziell relevanten Regionalpolitik der Einordnung und Funktionsbestimmung zugewandt.

Unter den real vorhandenen Bedingungen des Kontrastes zwischen Wachstumszentren und abgelegenen schwächeren Regionen werden letztere von Wachstumsrückschlägen in den ersteren langfristig und zugleich erheblich geschädigt; unter dieser Prämisse und bei dem als wesentlich zu gering erkannten Umfang kann die Regionalpolitik nur abmildern, nicht gestaltend/verändernd wirken - so Kühne (1989, S. 34). Wenn Regionalpolitik monetäre Transferleistungen für die wirtschaftliche Stärkung bzw. die Kompensation von Agglomerationsvorteilen erbringt, so kann sie Erfolge nach Ansicht von Götzmann/Seifert nur bei bestimmten Betriebstypen zeitigen (dieser Gedanke wurde bereits im ersten Kapitel erläutert): Betriebe mit eher einfachen Produktionsformen, weniger qualifizierten Arbeitskräften, in einem wenig verflochtenen regionalökonomischen Umfeld, die selbst kaum interregionale Wachstumsimpulse entfalten können. Wenn diese regionalökonomische, quasi im Selbstlauf eintretende Tendenz dann noch ergänzt wird durch eine EU-Gesamtstrukturierung auch der nationalen Regionalbeihilfen, so können möglicherweise auch in den schwächeren Staaten öffentliche Aufträge nicht mehr gezielt an die eigene Industrie vergeben werden; schließlich besteht damit die Gefahr der Marginalisierung und Typisierung dieser Staaten und ihrer

Regionen als Zulieferregionen im Rahmen der internationalen Arbeitsteilung (vgl. Götzmann/Seifert 1991, S. 55).

Die nach 1988 vorgenommene erhebliche Erhöhung der Mittel, die Programm-finanzierung und die Partnerschaft aller Beteiligten werden von den sozialorien-tierten Kritikern im allgemeinen begrüßt (vgl. z.B. Gabriel 1990, S. 292; Albers 1993, S. 24). Hieran anknüpfend gibt es Positionen, die der EU-Regionalpolitik unter bestimmten Bedingungen eine real ausgleichende, Disparitäten verhindernde Funktion zutrauen. So erörtert Kühne die Möglichkeit, die langfristigen Kon-junkturzyklen bzw. Wachstumsraten durch Nachfragestimulierung im Sinne von Keynes, gekoppelt mit einer regionalen Standortplanung zu beeinflussen; Ergebnis dessen könnte sein, "daß Multiplikatorwirkungen nicht nur in zentralen Wachs-tumsräumen, sondern auch in den abgelegeneren Regionen unmittelbar zum Tragen kommen" (Kühne 1989, S. 34). Busch diskutiert ein Divergenzmodell und eine Ausgleichshypothese und kommt zu dem Ergebnis, die Nivellierungstenden-zen seien überwiegend. Dafür macht er drei Prozesse verantwortlich:

1. Das in den Peripherregionen entstehende Überangebot an Arbeitskräften senkt die Lohnstückkosten auf ein unterdurchschnittliches Niveau, was wiederum die rentabilitätsorientierte Kapitalinvestition stimuliert.

2. Der in den schwächeren Ländern notwendige Kapitalvorschuß ist relativ gering; dadurch wirkt sich die vergleichsweise höhere Rentabilität investi-tionsfördernd aus, und das Wachstum allgemein wird relativ stärker be-schleunigt.

3. Das Wirtschaftswachstum kann hier auch deshalb besonders rasch steigen, weil mit Hilfe des Rückgriffs auf in anderen Ländern bereits vorhandenes Know-how produziert wird; die Kostoneinsparungen für Forschung und Entwicklung wirken sich ebenfalls gewinnsteigernd und wachstumsfördernd aus.
(vgl. Busch 1991, S. 126 f.)

Massivere Kritik ist hinsichtlich der Öffentlichkeits- und Mitwirkungsebene, vor allem aus gewerkschaftlicher Sicht, vorgetragen worden. Gabriel fordert eine stärkere Einbeziehung der Strukturpolitik in den gesellschaftlichen Diskussions-prozeß sowie eine Verankerung der gesellschaftlichen Gruppen an der Steuerung dieses Politikbereiches; gemeint ist eine institutionelle und politische Aufwertung der Gewerkschaften (vgl. Gabriel 1990, S. 292 f.). Dieser Autor sieht reale Entwicklungschancen für die ökonomisch schwächeren Regionen nur dann, wenn dort ein selbsttragender Aufstiegsprozeß einsetzt; er betrachtet das als durch die EU-Regionalpolitik nicht gesichert. Denn auch in den schwächeren Staaten verstärkt sich eher das Zurückbleiben der ländlichen Gebiete, während sich

Wirtschaft und Bevölkerung in den Zentren bzw. Metropolen konzentrieren (vgl. ebd., S. 94). Die Kritik am bisherigen Stand der Mitwirkung/Mitbestimmung durch die Gewerkschaften hat insbesondere der Europäische Gewerkschaftsbund aufgegriffen und konkretisiert in Forderungen überführt. Die im Rahmen der Reform vom Sommer 1993 vorgesehene, national differenzierte Integration der Wirtschafts- und Sozialpartner in das Partnerschaftsprinzip (vgl. KEG 1993i, S. 19) hält der EGB für zu undeutlich und fordert, die Gewerkschaften auf regionaler und nationaler Ebene in die Programmplanung, die Begleitung der Durchführung und die Auswertung einzubeziehen. Darüber hinaus fordert der EGB (was natürlich zugleich als Kritik zu verstehen ist) die institutionalisierte Teilnahme am ESF-Ausschuß sowie am Beratenden Ausschuß für die Entwicklung und Umstellung der Regionen, das Recht auf Vorschläge zur Programmplanung und eine Konsultation durch die Kommission vor der Abfassung der Jahresberichte der Strukturfonds, der Halbzeitbilanzen und der periodischen Dreijahresberichte über die Situation der Regionen (vgl. EGB 1993, S. 2). Die Mitwirkung der Sozialpartner wird auch für alle Phasen der Umsetzung der EU-Gemeinschaftsinitiativen gefordert (vgl. EGB 1993a). Alles in allem ist die sozialorientierte Kritik der Gewerkschaften bzw. von diesen nahestehenden Autoren zunehmend auf die regionale Ebene ausgerichtet, wobei der Trend zu mehr sozialpartnerschaftlicher Kooperation stark geworden ist. Forderungen zur Stärkung regionaler Autonomie werden zunehmend mit einer größeren Kooperationsbereitschaft mit anderen gesellschaftlichen Kräften verknüpft (vgl. Albers 1993, S. 186).

4.4 Kritische Gesamteinschätzung

Die beiden zentralen Argumente, die von der EU selbst gebracht werden, um die begrenzten Effekte der EU-Regionalpolitik zu erklären, waren:

1. Regionale Disparitäten von Wirtschaftswachstum und Arbeitslosigkeit auf internationaler Ebene können nur in sehr langfristigen und zugleich aufwendigen Prozessen reduziert werden.

2. Die regionalökonomischen Unterschiede innerhalb der EU konnten bisher trotz erheblicher Fördermittel vor allem auch deshalb kaum abgebaut werden, weil die Gemeinschaft ständig gewachsen ist. Denn mit jeder Beitrittswelle haben sich bisher die regionalen Disparitäten verschärft, weil sowohl 1973 (Irland), als auch 1981 (Griechenland) und 1986 (Spanien/Portugal) Länder mit wirtschaftlich unterdurchschnittlicher Stärke beitraten, die einen deutlichen Rückstand gegenüber den sechs Gründerstaaten aufwiesen.

Beide Thesen besitzen nach meiner Ansicht einen hohen Wahrheitsgehalt und können einen wesentlichen Teil des Problems verstehen helfen. These 1 wird nicht nur empirisch durch die EU-Entwicklung untermauert, sondern auch durch grundlegende Aussagen der Theorie der langen Wellen, bezogen auf die Regionalentwicklung (vgl. z.b. Marshall 1987, Läpple 1987) sowie durch die von diesen Autoren untersuchten räumlichen Einheiten. Theorie und Empirie der langfristigen Raumentwicklungen belegen immer wieder, daß sich Wirtschaftswachstum - in Abhängigkeit von vielen konjunkturellen, strukturellen, kulturellen und politischen Faktoren - räumlich und zeitlich differenziert entwickelt. Dabei bilden sich regelmäßig Systeme aus, die vom Gegensatz Zentrum-Peripherie (international/national/regional) bestimmt sind, wobei im Verlauf der Entwicklung neue Zentren alte Zentren und neue Randgebiete die vorherigen ablösen können. Wenn also z.b. Spanien und Portugal nach 1986 ein überdurchschnittliches Wachstum aufweisen, so heißt das noch nicht, daß dieser relative Aufstieg eines Teils der EU-Peripherie sich automatisch fortsetzen wird, denn die Situation der Wirtschaft in Gesamteuropa hat sich nach 1989 fundamental geändert, und gerade diese beiden Staaten müssen mit der neuen mittel- und osteuropäischen Konkurrenz in Industrie und Handel rechnen. Nimmt man diese regionalökonomische Ungewißheit der Entwicklung zusammen mit der Produktzyklus-Hypothese (vgl. Schätzl 1993, S. 194 ff.) und dem anerkannt auch durch EG-Mittel mitbewirkten überdurchschnittlichen Wachstum dieser beiden Länder, so wird die Triftigkeit der EU-Selbsteinschätzung ihrer eigenen Regional- und Kohäsionspolitik relativ einsichtig. Das Argument der Langfristigkeit wird für die EU-Peripherie unter den Bedingungen des verschärften gesamteuropäischen Wettbewerbs und der zusätzlichen schweren konjunkturellen und strukturellen Krise zu Beginn der 90er Jahre noch stärker evident werden.

These 2, die sich etwas von der regionalökonomischen weg, hin zur regionalpolitischen Dimension des Problems bewegt, hat ebenfalls recht große Evidenz. Mit der Zunahme der regionalen Disparitäten durch die Beitritte hat sich die Problemlage materiell und finanziell qualitativ verschlechtert. Vor dem Hintergrund einer ohnehin wohl nicht ausreichenden Mittelsubstanz kann also die Zunahme der schwächeren Regionen und Bevölkerungsteile als Erläuterung dafür dienen, daß trotz zunehmender Förderbeträge für die schwächeren Gebiete deren wirtschaftlicher Rückstand kaum zu kompensieren war.

Von der EU wird schließlich eine weitere Aussage gemacht, mit der die relativ begrenzten Erfolge der europäischen Regionalpolitik begründet werden können. Hier wird der im Vergleich zu den nationalen Ausgaben für regionale Wirtschaftsförderung nur einen Bruchteil darstellende, relativ geringfügige Betrag zur Sprache gebracht, mit dem die Gemeinschaft Regionalförderung betreibt. Auch dieses Argument, zur schwachen finanziellen Ausstattung der EU-Regionalpolitik, ist einsichtig und hebt einen der wichtigsten Punkte für die Erfolgsbilanz hervor. Zieht man dazu die eigenen Statistiken der EU sowie der Gemeinschaftsaufgabe "Verbesserung der regionalen Wirtshaftsstruktur" (GRW) heran, so ergibt sich ein frappierendes Bild im Verhältnis von Aufwand und Ergebnis. Von 1986 bis 1990 wurden durch die GRW mit 5 Mrd. DM insgesamt ca. 626.000 Arbeitsplätze geschaffen bzw. gesichert. Das entspricht Fördermitteln von ca. DM 8.000 pro Arbeitsplatz (vgl. Deutscher Bundestag 1990, S. 14). Dagegen hat die EU im Zeitraum 1975-1988 mit insgesamt ca. 48,5 Mrd. DM Fördermitteln etwa 870.000 Arbeitsplätze geschaffen bzw. gesichert (vgl. KEG 1986b, S. 4 f.). Damit wären pro Arbeitsplatz knapp 56.000 DM durch die EU ausgegeben worden, also 700 Prozent des Aufwands, den die GRW auf nationaler Ebene betrieben hat. Diese Differenz allerdings ist so gewaltig, daß sie nicht allein durch den grundsätzlich erforderlichen, wesentlich höheren Aufwand für die Schaffung von Arbeitsplätzen in wirtschaftlich schwächeren Gebieten (umfangreiche Basisinvestitionen in die Infrastruktur) zu begründen ist. Für diesen eklatanten Unterschied müssen zur Erklärung auch andere Faktoren herangezogen werden, z.B. das Versickern von Mitteln, die geringe Produktivität, unzureichendes Tempo in der Anwendung und Umsetzung der Förderrichtlinien - alle diese Aspekte bleiben aber mehr oder weniger spekulativ. Die Frage der Wirksamkeit stellt sich massiv. Gleichzeitig möchte ich auf die Problematik einer komparativen Analyse hinweisen, bei der die Situation eines hochentwickelten Landes mit umfangreichem Investitionsvolumen mit den schwächeren, investitionsgehemmten Ländern und Regionen verglichen wird. Auch dürften die Mitnahmeeffekte der GRW der Bundesrepublik eine sehr viel bedeutendere Rolle spielen als in den Ziel 1-Regionen der EU im Rahmen der EU-Kohäsionspolitik. Aufgrund der erheblichen Differenz in der Anreiz- und Auslöserfunktion für Investitionen, der sich zwischen der Regionalförderung der Bundesrepublik und den Beihilfen der EU gezeigt hat, kann aber das Argument der zu geringen EU-Mittel nicht ohne weiteres akzeptiert werden.

Für die neoliberale, weitgehend an privatwirtschaftlichen Interessen ausgerichtete Kritik der EU-Regionalpolitik können die folgenden Aussagen als bezeichnend angesehen werden:

1. Der EU stehen nicht zu geringe, sondern zu hohe Geldsummen für diesen Bereich zur Verfügung. (Geldthese)

2. Die Kompetenzen der EU für die Struktur- und Regionalpolitik sind entschieden zu stark, die regionalen/subsidiären Entscheidungsmöglichkeiten viel zu schwach ausgeprägt. Das führt u.a. zu einer zu großen Regelungsdichte durch die EU, einer Behinderung der nationalen regionalen Wirtschaftsförderungsmaßnahmen, zu Überzentralisierung, Uniformierung, schlechter Koordination und Systemfehlern. (Kompetenzthese)

3. Der Subventions- und Umverteilungscharakter des EU-Fördersystems produziert (u.a. durch Mitnahmeeffekte, Konservierung überholter Strukturen, Verfahrenshindernisse) eine Subventionsmentalität in den benachteiligten Regionen, die sich gegen innovative Investitionen richtet. Damit steht sie nicht nur dem regionalen Ausgleich (zumindest teilweise) im Wege, sie könnte sogar als Politik eingestuft werden, die die regionalen Ungleichheiten durch schwere Systemmängel verschärft. (Subventionsthese)

Die Geldthese hat grundsätzlich keine Berechtigung, denn in einem öffentlich kontrollierten System der Mittelvergabe, unter Beteiligung unterschiedlicher privater und staatlicher Instanzen, muß davon ausgegangen werden, daß die Mittelverwendung insgesamt (sicherlich nicht hundertprozentig) rational erfolgt und ihre Folgen quantifizierbar sind. Beide Bedingungen sehe ich als erfüllt an, denn

1. hat die wiederholte Reform des Systems zunehmende Kooperationschancen und eine Zunahme der involvierten Institutionen gebracht, die alle an einer sinnvollen Mittelverwendung interessiert sind, und

2. ist durch die Statistik zur Schaffung und Erhaltung von Arbeitsplätzen durch die EU-Mittel belegt, daß die Gelder Wirkungen bringen, die den benachteiligten Gebieten und ihren Bewohnern dienen.

An Punkt 2. schließt sich allerdings die Erkenntnis an, daß die Geldthese eine relativ richtige Tendenz beinhaltet: Die Produktivität, die Erfolgsquote der EU-Mittel ist im Verhältnis zum Resultat zu gering. Die EU vergibt hier zu hohe Summen pro geschaffenem oder gesichertem Arbeitsplatz, die rechnerische Leistungsfähigkeit ist, verglichen mit nationalen Regionalbeihilfen, bisher recht schwach.

Die Kompetenzthese halte ich für gerechtfertigt, sofern sie sich auf Aspekte bezieht, die von der EU aus eine oder mehrere Entscheidungsstufen "nach unten" abgegeben werden könnten. Das könnte z.B. für Projekte gelten, über die sich mehrere Staaten oder Regionen verständigen, die dann auch selbst das entsprechende Konzept entwickeln und umsetzen, wobei die EU nur noch begleitend und bewertend agiert. Im Ansatz ist das durch die Reform von 1993 möglich gemacht worden.

Die Kompetenzthese geht aber am Wesen des Problems vorbei, wenn z.B. kritisiert wird, daß die EU die Fördergebiete EU-weit festlegt. Denn das geschieht, um ein Unterlaufen (und damit faktisch auch die vergebliche Verausgabung der Gelder der EU) des Planes zu verhindern, der die problembeladenen Regionen positiv beeinflussen soll. Wenn etwa die ökonomische Situation in bestimmten Regionen eines Landes, die national als schwach gelten, immer noch weitaus besser ist als in den stärksten Regionen der ärmeren Länder, so sollte es dem reicheren Land nicht ohne weiteres möglich sein, diese eigenen Regionen materiell zu fördern. Denn diese Förderung vertieft den Abstand zwischen den Staaten und macht die EU-weiten, systematischen Fördermaßnahmen zunichte, obwohl sie von nationalen Standpunkten aus regionalpolitisch zweckmäßig erscheinen mag. Die Kompetenzthese ist letztlich eine nationale These, die häufig im Kontext einer Ablehnung der Vertiefung der europäischen Integration auftaucht. Ich sehe auch nicht, wie die bisher vorgetragene subsidiaritätsorientierte Kritik an der EU-Regionalpolitik aus diesem nationalen Denkmuster ausbricht. So zielt Dörings Subsidiaritätsmodell langfristig darauf, den Mitgliedstaaten die detaillierte Planung, die Durchführung und die Kontrolle aller Regionalhilfen zu überlassen (vgl. Döring 1993, S. 130). Damit wird an eine bundesstaatliche Europäische Union nicht im geringsten gedacht. Ich halte das Subsidiaritätsprinzip, so wie es überwiegend konzipiert wird, für ein ideologisches Modell. Es zielt anscheinend darauf, der "Basis", den jeweiligen unteren politischen Einheiten, die Entscheidungen zu überlassen und gleichzeitig die "oberen Instanzen" in ihren Kompetenzen zu beschneiden. Bleibt zu fragen, wie sich z.B. die Übertragung der regionalpolitischen Kompetenzen der EU zu den Staaten auf die Mitbestimmungsmöglichkeiten der Regionen (die teilweise erst durch die EU entstanden sind!) auswirken würde, in den mehrheitlich zentralistischen, nicht föderalistisch organisierten Ländern der EU. Die ideologische Essenz dieses Prinzips zeigt sich aber verstärkt bei einer sozialökonomischen Analyse. Wenn die gesellschaftlich/ökonomisch untersten Einheiten in der EU Adressat möglichst ausgeprägter Entscheidungsbefugnisse sein sollen, dann könnte es sich hier z.B. um die Betriebe oder Unternehmen vor Ort handeln, die Projektträger sind. Jedenfalls sehe ich nicht, daß in der Subsidiaritätsdiskussion verlangt wird, möglichst viele Kompetenzen auf die Regional- oder Gemeindeparlamente als unterste demokratische Organe der Bevölkerung zu verlagern. Gefordert wird vielmehr eine Kompetenzreduktion der zentralen Exekutive (EG-Kommission) zugunsten der weniger zentralen Exekutiven auf Staaten- oder Länder- oder Regionsebene. Subsidiarität wird folglich nicht als Demokratisierungs- oder Partizipationsprinzip gefaßt, sondern als eine Forderung, die die politischen Entscheidungen über die Regionalbeihilfen wieder näher an die regionale oder lokale Wirtschaft heranführt. Leider entspricht das Modell in diesem administrativ-hierarchischen Denken dem derzeitigen Systemmechanismus der EU-Regionalpolitik, die weitgehend von Exekutiven und Regierungen und wenig von demokratisch gewählten Parlamenten konzipiert, umgesetzt und reformiert wird. Schließlich muß das Prinzip der Subsidiarität am inhaltlichen Prinzip der Demokratie und der Partizipation gemessen werden. Unter diesen Voraussetzungen ist es, ökonomisch analysiert, besonders ideologisch. Es fordert zwar die Orientierung an den unteren Einheiten (Unternehmen/Kommunen/Regionen usw.), interessiert sich aber nicht für die innere demokratische, partizipative Struktur dieser Einheiten. Subsidiarität über die Investitionsentscheidung muß demgemäß bei Leitungsorganen in privaten oder staatlichen Institutionen verbleiben, eine innere Veränderung von Beteiligungsstrukturen wird nirgends erörtert. So verhüllt das Subsidiaritätsprinzip, auf den ersten Blick eine demokratische Triebkraft, den Fortbestand nichtdemokratischer innerer Verhältnisse und Mechanismen in den sog. nachgeordneten Institutionszusammenhängen vor allem durch die Nichtdiskussion der möglichen Kompetenzen legislativer Organe und der geltenden Hierarchieprinzipien in den Unternehmen. Logische Konsequenz davon ist, daß das Subsidiaritätsprinzip vor allem aus neoliberaler und wirtschaftsnaher Perspektive vorgetragen wird, während gewerkschaftliche oder allgemein partizipationsbezogene Modelle in die Regionalentwicklung Kooperation, Innovation und Demokratisierung als Handlungsleitfäden einbauen (vgl. z.B. FGAT 1991).

Die Subventionsthese verkennt die materielle Situation in den schwächeren Ländern der EU. Hier sind nicht nur die Geldmittel für Investitionen äußerst knapp, auch die Geldbeschaffung ist teuer und erschwert. Zudem erreichen die EU-Mittel aus den Strukturfonds ganz erhebliche Anteile am BIP bei Staaten wie Portugal und Griechenland. In vielen Fällen wären die entsprechenden Investitionen hier ohne die EU-Gelder einfach nicht möglich gewesen, und bei entsprechender Gestaltung von Auflagen und Kriterien lassen sich Subventionsmentalitäten doch abbauen oder ganz vermeiden. So sollte etwa die Förderung von perspektivlosen Branchen und Produktgruppen ebenso unterbleiben wie eine wiederholte Nutzung von Geldern der EU durch dieselben Träger in kürzeren Perioden. Die Orientierung auf innovative Industrien, die angemessene Verknüpfung von Eigenkapital, Darlehen und Zuschüssen sollte die Fremdfinanzierung durch die EU begrenzen, und es sollte auf eine nationale Wirtschaftspolitik hingearbeitet werden, die damit übereinstimmt. Die Subventionsthese wird aus den ökonomisch starken Ländern an die schwächeren gerichtet, sicherlich auch in Verbindung mit der Geldhypothese. So muß - denkt man auch an die Subsidiaritätsforderung - die Frage erlaubt sein, ob die neoliberale Kritik darauf ausgerichtet ist, den reicheren Ländern wieder mehr Geld für eine eher nationale regionale Subventionspolitik zu sichern, indem man den ärmeren Staaten weniger Mittel zukommen läßt, die EUweite Regionalpolitik zurückschraubt und so für die nationalen Unternehmen der Zugriff auf regionale Fördermittel (bzw. Subventionen) erleichtert wird. Möglicherweise ist die neoliberale Kritik - und dadurch würde sie sich selbst als zutiefst ideologisch ausweisen - selbst aktiver Faktor im Rahmen eines EU-weiten Subventionswettlaufs, obwohl sie sich häufig gegen Subventionen ausspricht und für eine globale Deregulierung argumentiert. Eine ihrer zentralen Maximen, Kostenreduzierung für die Unternehmen, ist natürlich auch dadurch realisierbar, daß staatliche Regionalbeihilfen für Investitionen gewährt werden, so daß der finanzielle Eigenaufwand sinkt.

Die wesentlichen Kritikpunkte an der EU-Regionalpolitik waren aus ökologischer Sicht:

1. Eine dezidierte, tragfähige Umweltverträglichkeitsprüfung der einzelnen Programme und Projekte findet nicht statt.

2. Die Förderung unterstützt umweltverträgliche Produktions- und Leistungsverfahren nicht explizit und bringt sich damit um die Chance, umweltgestaltend und ökologisch positiv zu wirken.

3. Die fundamentale Ausrichtung am Wachstum der Wirtschaft verschlechtert die Umweltsituation automatisch und quasi unausweichlich.

4. Für zahlreiche, auch längerfristig angelegte und kostenaufwendige Projekte läßt sich direkt nachweisen, daß die Mittel aus den Strukturfonds zur Zerstörung der Umwelt verwendet werden.

Diese Kritik halte ich insgesamt für zutreffend. Sie geht mir aber in verschiedenen Aspekten nicht weit genug in die Tiefe des ökologischen Problems, das zugleich auch eine politische und gesellschaftliche Herausforderung darstellt. Eine ökologisch begründete Kritik der EU-Regionalpolitik muß heuzutage auch ganz grundsätzliche Zusammenhänge reflektieren, wenn sie ihre eigenen Alternativen begründen will. Zu dieser Reflexion gehört auch die Erkenntnis, daß der Markt allein nicht fähig ist, das Problem der Umweltzerstörung (und damit auch die Frage der Reproduktion der Wirtschaft und der Gesellschaft, die auf der Natur aufbaut) zu lösen (vgl. Kapp 1987, S. 171). Das bedeutet für die EU-Regionalpolitik, daß sie als marktfördernde Politik (die die Wettbewerbsbedingungen der schwächeren Marktteilnehmer, also der benachteiligten Regionen, verbessern will) in einem fundamentalen Dilemma steckt. Dabei fördert sie nämlich immer dann auch die negative Entwicklung der Umwelt, wenn sie Marktprozesse fördert, die nicht erwiesenermaßen dem Erhalt der natürlichen Lebensgrundlagen dienen - und das ist wohl auch nach der Reform vom Sommer 1993 noch keine Bedingung zur Gewährung von Mitteln. Denn die nunmehr vorgegebene Erörterung der Umweltfolgen kann auf regionaler oder lokaler Ebene erfolgen und entzieht sich damit möglicherweise der Kompetenz der EU. Große Teile der EU-Strukturpolitik gehen weiterhin an der erforderlichen Umgestaltung staatlicher Anreize zugunsten einer ökologisch nachhaltigen Wirtschaft vorbei (vgl. Brown, u.a. 1992, S. 133) weil diese Politik in erster Linie auf die Parameter der Marktwirtschaft, nicht der Nachhaltigkeit setzt. Eine ökologische Grundlegung für die Regionalpolitik der EU sollte nicht nur alternative und weniger destruktive Technologien fördern und Recycling unterstützen, sie sollte einer fundamentalen Richtlinie folgen: Es darf keine Nettoschädigung der Umwelt mehr geben. Das impliziert natürlich bereits solche oft genug diskutierten Axiome wie das Verursacherprinzip, die Einhaltung der erlaubten Schadstoffwerte usw., geht aber darüber weit hinaus. Ein Unternehmen müßte nämlich bei Durchsetzung dieses Prinzips einen Umweltschaden direkt bei der Umwelt kompensieren: "Beispielsweise müßten Unternehmen, die ein Einkaufszentrum bauen und deswegen ein Stück Wald roden wollen, anderswo eine entsprechende Fläche aufforsten" (vgl. ebd., S. 144). Dieses Modell, angewandt auf alle öffentlichen und privaten Investitionen, würde sicherstellen, daß diejenigen, die aus wirtschaftlicher Entwicklung Vorteile oder Gewinne ziehen, einen Teil dieser Erträge für die Erhaltung der natürlichen Systeme investieren müssen, so, wie Gläubiger von Investoren ihr Geld zurückverlangen können (vgl. ebd., S. 144). Für die europäische Regionalpolitik wäre die Sicherung dieses Kriteriums verfahrenstechnisch kein besonderes Problem, es ist als Auflage leicht in die Fondsverordnungen zu integrieren. Ergänzt durch ein umfassendes System von Ökosteuern - z.B. für die Verstärkung der Energieeffizienz oder zur Reduktion der Anwendung fossiler Brennstoffe im Kontext geförderter Projekte - könnte eine solche Regionalpolitik helfen, die Umweltzerstörung aufzuhalten. Allerdings dürfte eine derartig weitreichende Transformation dieser Politik nur gelingen, wenn politisch, volkswirtschaftlich und betriebswirtschaftlich Demokratisierungs- und Partizipationsprozesse in Gang gesetzt werden, die eine konkrete Umsetzung dieser Vorstellung praktikabel machen könnten (vgl. Kapp 1987, S. 172; Brown u.a. 1992, S. 175, 177, 187 f.).

Die vor allem sozial ausgerichtete Kritik der EU-Regionalpolitik umfaßt diese Aussagen:

1. Die materiellen Mittel der EU für den regionalen Ausgleich sind bei weitem unzureichend.

2. Die EU-Regionalpolitik kann (deshalb) nur abmildernd wirken, die regionalen Ungleichheiten aber nicht gestaltend ausgleichen.

3. Öffentlichkeit, Transparenz und Partizipationschancen der Bevölkerung sind in diesem Politikbereich äußerst gering ausgeprägt.

4. Die Kohäsionspolitik sollte nicht nur den fairen Wettbewerb der Regionen fördern, sondern vor allem die Steigerung der regionalen Autonomie, insbesondere die endogene Regionalentwicklung anstreben.

Diese vier Thesen sind m.E. nicht zu bestreiten, sie legen aber teilweise Maßstäbe an, deren Hintergrund nicht offengelegt wird. Das gilt speziell für die dritte und vierte These.

Die Mitwirkungschancen dürften bei diesem Politikfeld u.a. auch deshalb so gering sein, weil Regionalpolitik noch mehr als andere Politiken als "Sache von

Experten" angesehen wird. Bedeutender sind jedoch die Vorgaben, die sich aus der Funktionsweise der EU-Institutionen und deren Folgen für die Umsetzung der Programme, die Bewilligung der Mittel usw. ergeben. Das Demokratiedefizit besteht in folgenden Aspekten:

- Höhe der Mittel, Funktionsweise und Fördergebiete werden in Verordnungen bestimmt, die von den Exekutiven der Staaten bzw. deren Vertretern auf EU-Ebene, festgelegt werden, nicht jedoch von demokratisch gewählten Parlamentariern;
- Aufbau, Konzipierung, Realisierung und Bewertung der gemeinschaftlichen Förderkonzepte werden von Verwaltungen bzw. Exekutiven auf allen Stufen des Zusammenhangs EU/Staaten/Regionen/Kommunen beschlossen und in die Praxis umgesetzt, nicht von legislativen Souveränen auf den verschiedenen Stufen;
- über geförderte Projekte bzw. Vorhaben wird keine Öffentlichkeit hergestellt, die Einflußnahme der Bevölkerung ist weitgehend ausgeschlossen, politische Diskussionen laufen in verschiedenen administrativen und exekutiven Organen und Gremien sowie Ausschüssen, aber nicht in der demokratischen öffentlichen Sphäre. Es besteht keine Verpflichtung, Projekte (auch bei größerem finanziellem Umfang) zu veröffentlichen;
- die Bevölkerungen der Regionen haben daher keine Möglichkeit, entweder direkt oder durch ihre parlamentarisch-demokratischen Repräsentanten auf die Gestaltung und Entwicklung der Regionalpolitik der EU einzuwirken.

Das Konzept der endogenen Regionalentwicklung ist insofern sinnvoll, als es auf die optimale Entfaltung der Potentiale eines Gebietes orientiert und damit auf die Stärkung der eigenen Kräfte setzt. Zugleich kann diese Konzeption in einer stark arbeitsteiligen Ökonomie und Gesellschaft mit internationaler Verflechtung nur einen relativen Vorzug genießen. Denn keine Region kann vollständig autonom und zugleich autark existieren, es bestehen systematische Knappheiten spezifischer Art, die Vernetzungen, d.h. interregionalen Austausch erfordern. Dieser Austausch kann Ungleichheiten fördern, er kann sie auch - wenn der Tausch nicht grundsätzlich ungleich ist - überwinden helfen. Konzepte der endogenen Entwicklung allein haben viele Vorzüge; sie unterstützen Überschaubarkeit, Lebensqualität vor Ort, Besinnung auf die eigenen sozialen und ökologischen Ressourcen, den Kooperationsgedanken, Innovation und qualitatives Wachstum im Sinne einer "Zunahme breiter und vielfältiger Handlungschancen der innerregional Handelnden" (FGAT 1991, S. 30).

Damit sind die normative Steuerung durch die Politik, die wirtschaftliche Tätigkeit, aber auch die sozioökonomischen und soziokulturellen Aktivitäten einer Region gemeint. Das zentrale Stichwort der endogenen Regionalentwicklung ist kein hierarchisch-administratives Modell wie z.B. das Subsidiaritätsprinzip, sondern eine soziale und ökonomische Mischstruktur. Branchenvielfalt, unterschiedliche Betriebsgrößen und Unternehmensstrukturen, breit gefächerte Infrastruktur (z.b. auch im öffentlichen Verkehrswesen), vielfältige Qualifizierungsmöglichkeiten, produktionsorientierte Dienstleistungen stehen zunächst im Mittelpunkt. Wettbewerbsfähigkeit und Kooperation mit überregionalen Märkten werden nicht negiert, aber es wird betont, daß Entscheidungskapazitäten in wichtigen Bereichen nicht nur außerhalb, sondern auch in der Region selbst liegen sollten. Ungünstig beurteilt werden privatwirtschaftliche Strukturen, die durch das Vorhandensein weniger Großbetriebe (deren Zentralen nicht in der Region liegen) und eine Vielzahl abhängiger Zulieferunternehmen gekennzeichnet sind. Strukturanpassungen und Krisen der Konjunktur produzieren unter diesen Voraussetzungen häufig negative Kreisläufe. Diese lassen sich vermeiden, wenn innerregionale Mischstrukturen nicht nur in der ökonomischen Vielfalt, sondern auch in den Entscheidungskapazitäten existieren (vgl. zu diesem Konzept FGAT 1991, S. 30 f.). Einer regionalisierten Strukturpolitik wird in diesem Modell im Rahmen der regionalpolitischen Gesamtkonzeption ein hoher, aber nicht allein ausschlaggebender Stellenwert beigemessen. Dieser Ansatz beruht auf der Förderung des regionalen, kooperativen Dialogs, dessen Träger erst das regionale Entwicklungspotential mobilisieren können. Zentrale Relevanz gewinnen hierbei die Gestaltungsmöglichkeiten, die diese Träger (z.B. Gewerkschaften und andere Organisationen) im Prozeß der Entwicklung, Umsetzung und Auswertung der Vorhaben aktiv wahrnehmen können. Sofern von einer Verlagerung der regionalpolitischen Verantwortlichkeit in die Regionen die Rede ist, könnte man dafür auch ohne weiteres von Subsidiarität sprechen. Es geht jedoch bei diesem Modell um eine zentral und regional angelegte Systematik, die inhaltlich folgenden Zielen gleichzeitig entspricht:

- Ausbau der finanziellen und organisatorischen Kompetenzen der EU für die Regionalförderung;
- Integration von Industrie- und Regionalpolitik auf der Ebene der EU;
- Regionalisierung der Strukturpolitik mit gleichberechtigter Beteiligung aller gesellschaftlichen Gruppen;
- Orientierung aller Maßnahmen an einer Strukturkonzeption, deren kennzeichnendes Merkmal eine (noch nicht detailliert ausgearbeitete) Arbeitnehmerorientierung ist (vgl. Ziegler 1993, S. 42 ff.; DGB v. 6.10.93).

Wenn als hervorstechende Merkmale der neoliberalen Kritiken und Vorstellungen zur EU-Regionalpolitik die Ablehnung des finanziellen und organisatorischen Ausbaus sowie der Subventionierung bei Propagierung des administrativ-hierarchischen Subsidiaritätsmodells angesehen werden können, im Rahmen einer politischen und ökonomischen Politik- und Gesellschaftskonzeption, deren Stichworte Deregulierung, Abbau von staatlichen Kompetenzen und Leistungen, volle Entfaltung der Marktkräfte sind, so stellen sich die Dinge hier völlig anders dar. Es wird nicht nur eine kreative Regional- und Strukturpolitik der EU im beschriebenen Sinn gefordert, diese wird auch in einem quasi holistischen Zusammenhang gestellt, der alle politischen Bereiche der EU und ihrer Staaten berührt. Regional-, Industrie- und Technologiepolitik, eine ökologische Modernisierung, die Durchsetzung einer umfassenden Politik der Arbeitnehmerrechte und sozialer Entwicklung, die qualitative Verbesserung der Arbeits- und Lebensbedingungen, eine Wende in der Umweltpolitik, die solidarische Hilfe für die Länder Mittel- und Osteuropas sowie die Entwicklungsländer und eine Demokratisierung der EU, insbesondere durch die Aufwertung des Europäischen Parlaments (vgl. DGB v. 6.10.93) fließen in einem Programm zusammen, das die Stärkung der Europäischen Union als erstes Ziel hat, nicht den Abbau der Kompetenzen zugunsten der Staaten.

Ich sehe einen wesentlichen Vorzug dieses Ansatzes in der Verknüpfung des Ausbaus sowohl EU-weiter als auch regionaler Kompetenzen mit einem inhaltlichen Konzept, das seine Ziele - die Orientierung an den regionalökonomischen Interessen der Arbeitnehmer - offen ausweist, also jegliche ideologische Scharmützel vermeidet.

Problematisch erscheinen mir zwei Aspekte:

1. Die regionalen Folgen der Sach- und Fachpolitiken der EU (Agrarpolitik, Technologiepolitik usw.) werden weder in der Analyse noch in der Strategie erörtert, d.h. ihre durchaus relevanten regionalen Auswirkungen bleiben der Diskussion entzogen.

2. Das (überwiegend konservativ besetzte) Subsidiaritätsprinzip wird zwar gelegentlich als "schwammige Formel" (Gesterkamp 1993, S. 41) bezeichnet, es erfolgt aber keine politiktheoretische Auseinandersetzung (vgl. z.B. Stewing 1992), die den demokratischen, partizipativen Gehalt der unterschiedlichen Vorstellungen von Subsidiarität herausarbeiten könnte. Dasselbe gilt leider auch für den Regionsbegriff, der scheinbar völlig neutral ist, in den vergangenen Jahren aber auch immer wieder antidemokratisch und im Sinne eines "Miniatur-Nationalismus" (Platzer 1993, S. 101) instrumentalisiert wurde.

Insgesamt ist der Trend Europas zur Europäischen Union nach dem politischen Niedergang des alten Hegemons, der UdSSR, eine unübersehbare und wohl auch unaufhaltsame Kraft geworden (vgl. z.B. Münch 1993, S. 235 ff.). Deshalb sind politische Vorstellungen, für welches Fachgebiet auch immer, heute nicht mehr ohne eine Berücksichtigung der weiteren Entwicklung der Europäischen Union

denkbar. Die qualitativ neue Attraktivität dieser internationalen und supranationalen Institution zeigt sich aktuell vor allem in den Bestrebungen der Regierungen Österreichs, Schwedens, Finnlands und Norwegens, ihr zum Jahresbeginn 1995 beizutreten.

Vor diesem Hintergrund der Erweiterung und Vertiefung der europäischen Integration müssen zwei weitere Problembereiche der EU-Regionalpolitik erörtert werden: Die Theoriedefizite und die nicht sehr deutliche Begründung für die Regionalförderung. Defizite und Unklarheiten in der Legitimation dürften auch Ursache für die sehr widersprüchlichen Einschätzungen in der Literatur sein. Während Schäfers (1993; S. 18 ff.), vom neoliberalen Standpunkt aus argumentierend, eher die interventionistischen Begründungssätze der EU hervorhebt, klassifiziert Marx (1992, S. 37 ff.) die EU-Regionalpolitik als neoliberal und funktionalistisch begründet. Beide Sichtweisen haben einiges für sich, obwohl sie sich gegenüberstehen. Sie reflektieren eigentlich das zweigleisige Denkmodell der EU bezüglich der regionalen Disparitäten und deren Abbau. So war z.B. in dem großen Forschungsprojekt über die Gewinne des Binnenmarktes (vgl. Cecchini 1988) von den regionalen Folgen der völligen Bewegungsfreiheit für Kapital, Dienstleistungen, Güter und Menschen keine Rede, d.h. hier wurde voll in den Schemata des klassischen Wirtschaftsliberalismus gedacht und gerechnet; dieser vertritt regionalökonomisch die These der automatischen Nivellierung bei Sicherung der vollen Marktfreiheit. Dagegen wurde in der Studie von Padoa-Schioppa (1988, S. 91 ff.; 173 ff.) davon ausgegangen, daß durch die Vollendung des Binnenmarktes, die Erweiterung der Gemeinschaft und die neuen Trends der industriellen Technologien eine adäquate Regionalpolitik notwendig ist, weil die räumliche Verteilung der Gewinne "aller Voraussicht nach ungleich" (ebd., S. 91) erfolgen wird. In den Dokumenten der EU wird diese Zweigleisigkeit ebenfalls sichtbar, wenn auf die Vorteile der vollen Herstellung des Binnenmarktes und der Wirtschafts- und Währungsunion bis 2000 Bezug genommen wird. Für beide Transformationsprozesse werden der EU-Ökonomie insgesamt sehr gute Perspektiven aufgezeigt, zugleich wird aber die Förderbedürftigkeit der weniger begünstigten Regionen betont, teilweise auch auf einer gänzlich pragmatischen Ebene, der Meinung der repräsentativ befragten Unternehmen aus den jeweiligen Regionstypen:

Tab. 33

**Erwartungen der Unternehmer
hinsichtlich der Vollendung des Binnenmarktes**
(in % der Antworten)

	Rückständige Regionen	Regionen mit rückläufiger industrieller Tätigkeit	Begünstigte Regionen
Größere Chancen (a)	36	32	38
Chancen und Risiken in etwa gleich	29	37	37
Ohne Meinung	16	18	13
Größere Risiken (b)	19	14	13
Insgesamt	100	100	100
(a) : (b)	1,9 : 1	2,3 : 1	2,9 : 1

KEG 1991b, S. 72

Diese äußerst direkte Methode spricht einmal mehr für eine aktive Regionalpolitik der EU und dagegen, den Marktkräften die regionale Verteilung zu überlassen. Daß die neoliberale Position nicht nur auf der eher subjektiven Ebene von Befragungen, sondern auch durch die Realität widerlegt wird, zeigt z.B. die regionale Verteilung der ausländischen Direktinvestitionen in Spanien, gemessen nach dem 1986 erfolgten Beitritt zur EU. Diese Direktinvestitionen gingen nicht nur zu mehr als 40 Prozent in den Finanzdienstleistungssektor (eine Branche, deren völlige Liberalisierung erst mit der Vollendung des Binnenmarktes erreicht wird), sie gelangten auch räumlich äußerst disparitär nach Spanien. Wie die folgende Abbildung zeigt, wanderten 1988/89 etwa 40 % aller Direktinvestitionen aus dem Ausland nach Madrid und ca. 25 % nach Cataluna (mit dem Zentrum Barcelona), insgesamt etwa 65 %; die Ziel 1-Gebiete des Landes partizipierten an diesen, nicht durch EU-Regionalförderung unterstützten, Investitionen in geringem Umfang. Damit ist belegt, daß Investitionen, die weder von Hindernissen gestört noch durch regionale Wirtschaftspolitik gelenkt werden und somit den neoliberalen Idealvorstellungen entsprechen, keineswegs eine regionale Nivellierung oder gleichmäßige Verteilung im Raum aufweisen, sondern im Gegenteil Agglomerationstendenzen und regionale Disparitäten erheblich verschärfen.

Abb. 28

**Ausländische Direktinvestitionen in Spanien nach Regionen
(1988/89) (in %)**

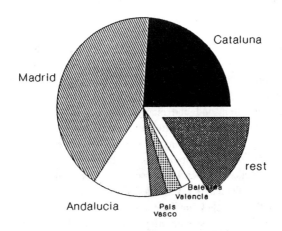

EP 1991c, S. 48

Fakten sprechen folglich dafür, sich von der neoliberalen Illusion eines Regionalausgleichs durch automatisch wirkende Marktgesetze zu trennen. Stattdessen sollten in der auch durch die EU sinnvollerweise selbst betriebenen oder wissenschaftlich geförderten Theoriedebatte weitere Projekte über die regionalen Folgen marktwirtschaftlicher Prozesse, fachpolitischer Aktivitäten und gesellschaftlicher Transformationen (z.B. in den Bereichen Arbeitswelt, Kultur, Bildung) angeregt und aus den Mitteln der Strukturfonds materiell unterstützt werden. Die Theorie der Wachstumspole, die Theorie der langen Wellen der Regionalentwicklung, die regional angewandte Regulationstheorie und das Thema einer Kulturalisierung der Regionalpolitik bieten sinnvolle Ansatzpunkte für die weitere Entwicklung einer tragfähigen Begründung einer erfolgreichen EU-Regionalpolitik für die Zukunft. Derartige Projekte sollten auch zunehmend den Komplex Umwelt/Ökologie an zentraler Stelle in ihre theoretischen Systeme einbauen und das regionalpolitisch relevante Handlungspotential für eine nachhaltige Wirtschaftspolitik thematisieren. Neoliberale, ideologisch konstruierte und vielfach von der Wirklichkeit als falsch bewiesene Ansätze sollten auch deshalb nicht als theoretische Basis der EU-Regionalpolitik herangezogen werden, weil sie diese notwendige Politik angreifen und zugleich objektiv für eine Verstärkung der regionalen Disparitäten wirksam werden. Sie unterstellen eine regionale Ausgleichstendenz, die von keiner einzigen Marktwirtschaft belegt wird.

Eine wenig diskutierte, gleichwohl für die Zukunft bedeutende Frage sind die Daten und Indikatoren, mit deren Hilfe die EU die regionalen Disparitäten mißt und auf deren Feststellung die regionalpolitische Förderpraxis beruht. Einkommen, gemessen als BIP pro Kopf, und Erwerbssituation, gemessen durch die Arbeitslosenquote sind die entscheidenden Indikatoren für Diagnose und Therapie sowie für die periodisch erfolgenden Berichte und Zwischenbilanzen. Sie orientieren auf den Kern der Ökonomie als Wohlstandswirtschaft, die Wachstum der Einkommen und Zunahme von Arbeitsplätzen an die erste Stelle setzt, zumindest als eigenen Anspruch formuliert. Es mag sein, daß damit Kernbestandteile der regionalen Ungleichheiten getroffen sind und eine erste Basis für Regionalpolitik gelegt werden kann. Die weitgehende Begrenzung auf diese beiden Hauptindikatoren führt jedoch nicht nur zur Beschränkung der Sichtweise, sie hat auch eine hemmende Wirkung für die regionalpolitischen Maßnahmen und trägt u.a. dazu bei, daß sich Widersprüche zwischen Diagnosen und Therapien ergeben, sobald man von den realen Problemen der verschiedenen Regionstypen anstatt von zwei quantitativen Meßzahlen als Grundlage ausgeht.

Im Gebiet der EU gibt es ganz erhebliche regionale Unterschiede in vielen wesentlichen Bereichen, nicht nur beim BIP und der Arbeitslosigkeit:

- im Umweltbereich
- in allen demographischen Aspekten
- im Bildungswesen
- bei Forschung und technologischer Entwicklung
- in den verschiedenen Bereichen der Arbeitswelt
- in den Wohnverhältnissen
- im Gesundheitsbereich
- bei Energieversorgung und -verbrauch
- in der industriellen Ausstattung
- in Landwirtschaft und Fischerei
- in Kultur und Lebensweise
- bei gesellschaftlichen Daten
- im Freizeitverhalten
- im Unterschied zwischen Frauen und Männern
- in den sozialen Sicherungssystemen
- in den politischen Systemen
- und in vielen anderen Sphären
  (vgl. z.B. Mermet 1993, Eurostat 1992).

Für die Etablierung der EU-Kohäsionspolitik war der Weg über die beiden Hauptindikatoren sicherlich eine relativ problemlose und von allen leicht zu akzeptierende Methode. Zudem sind damit Indikatoren gewählt worden, die sich bei erfolgreichen Entwicklungen im Investitionsbereich positiv verändern und die Entwicklung der anderen wirtschaftlichen, kulturellen und sozialen Bereiche nicht direkt touchieren. Für die Zukunft einer sich weiter integrierenden und vertiefenden EU muß aber gefragt werden, ob Regionalpolitik Ökonomismus bleiben kann und darf, in einem europäischen Zusammenhang, in dem sich die Regionen zunehmend auf einzelne Schwerpunkte konzentrieren, in dem sich Globalisierungs- und Differenzierungsmuster in allen Sphären abzeichnen, in dem nach wie vor erhebliche Armut in einzelnen Gebieten, aber auch die EU-weit vorhandenen Sozialgruppen und -schichten existieren, in dem die Umweltbelastungen sehr stark sind und in dem angesichts der heutigen Arbeitsmarktsituation nicht mehr nur die Frage nach produktiven Arbeitsplätzen zu stellen ist, sondern das Problem der Arbeitsverteilung überhaupt - unabhängig von Branche, Region und Technologie - gelöst werden muß.

In wenigen Jahren wird die EU ein Drittel ihrer Haushaltmittel für die Regionalpolitik ausgeben. Ist es denkbar, daß diese Summen nur für die Wirtschaft verwendet werden, wenn man sich die großen Unterschiede der Länder in der Altersversorgung, der Gesundheitsversorgung, dem Bildungssystem, der Umweltbelastung, den Wohnverhältnissen, der Versorgung mit öffentlichen Verkehrsmitteln, der Sterblichkeit bewußt macht? Sind für diese Probleme nicht europäische Lösungsansätze dringend erforderlich, gerade auch unter dem Aspekt einer Regionalisierung, einem Schub in Richtung auf die Autonomie der Regionen, von denen viele vieles können, aber finanziell nicht lebensfähig sind? Es kann dabei nicht um das Einebnen kultureller, historisch gewachsener Unterschiede gehen, auch nicht um Assimilation oder Angleichung der Menschen, wohl aber um eine Perspektive für die Chancengleichheit in einem demokratischen Europa, das nur dann lebensfähig ist, wenn das Demokratische auch inhaltlich mit europäischer Solidarität, mit einem Gemeinsinn über nationale und regionale Unterschiede hinweg, gefüllt werden kann. Für die europäische Regionalpolitik könnte das bedeuten, daß sie in benachteiligten Regionen z.B.

- beim Aufbau/Ausbau einer hochentwickelten Medizin hilft,
- die Einrichtung zusätzlicher Bildungsinstitute fördert,
- die Ursachen der Sterblichkeitsraten erforscht,
- die Lage der Frauen gezielt verbessern hilft,
- bei der Schaffung von Freizeiteinrichtungen Gelder zur Verfügung stellt.

Alle diese Maßnahmen wären möglich unter Beibehaltung wesentlicher, auf das Ökonomische konzentrierter Prinzipien des gegenwärtigen Fördersystems. Sie würden aber verdeutlichen, daß die Europäische Union als oberstes Ziel die Verbesserung des Lebens der EU-Bürger ansieht, daß die EU eine weitergehende Vorstellung von Gerechtigkeit und Solidarität hat (vgl. z.b. Walzer 1992; Hondrich/Koch-Arzberger 1992), die Pluralität und Gleichheit verknüpft. Für ein solches erweitertes regionalpolitisches Konzept wären natürlich nicht nur andere und weitere Basisindikatoren zu verwenden (die übrigens die EU-Statistik schon jetzt besitzt: vgl. Eurostat 1992), dann müßten auch auf EU-Ebene Vorgaben für die Verteilung der Mittel für "rein ökonomische" Bereiche und für andere gesellschaftliche, kulturelle oder ökologische Sphären gefunden werden. Mittlerweile liegt von der EU eine umfassende Übersicht über die Situation jeder einzelnen Region vor, in der wirtschaftliche, demographische, geographische, soziale, bildungsbezogene u.a. Daten und Entwicklungen verarbeitet wurden (vgl. KEG. 1993 f, 3 Bände). Aus diesen Analysen läßt sich eine wirksame regionalpolitische Strategie ableiten, die über die jetzigen Diagnosen und Therapien weit und zielgerichtet hinausgeht.

4.5 Fazit: Thesen zur Kritik der Regionalpolitik der EU

1. Die EU-Regionalpolitik beginnt 1975 in systematischer Form. D.h. sie ist insgesamt mit einem Datum verbunden, das durch eine der schwersten Krisen der Weltwirtschaft und einen tiefgreifenden Umschwung in Politik und Wirtschaft gekennzeichnet ist. Flexibilisierung der Ökonomie, Globalisierung aller Beziehungen sind zwei der Stichworte für einen Prozeß, in dem sich stabile Strukturen aufgelöst haben.

2. Die EU-Regionalpolitik ist eine reagierende, keine aktive Politik. Sie entsteht als Reaktion auf die ungleiche Verteilung materiellen Reichtums in der EG. Diese ungleiche Verteilung bestand in der EG seit ihrer Gründung, sie hat sich aber mit jeder Erweiterung wesentlich verstärkt, wobei immer einer der neuen Staaten zugleich größte Armut und am stärksten periphere Lage darstellte.

3. Zu den Begleitumständen der EU-Regionalpolitik gehört, daß sich *vor* ihrer Etablierung die regionalen Unterschiede - in den 60er Jahren vor allem - verringerten, während sie danach weiter zunahmen und/oder sich bestenfalls auf einem höheren Niveau fortsetzten.

4. Einkommen/BIP und Arbeitslosigkeit werden als Kriterien für die EU-Regionalpolitik verwendet. Das sind sicherlich wichtige Indikatoren, die politisch von großer Relevanz sind und bleiben. Wichtige qualitative Wohl-

fahrtsindikatoren wie soziale Sicherungssysteme, Versorgung mit öffentlichen Gütern (z.b. Gesundheit, Bildung usw.), aber auch "soziale Kosten" wie Umweltbelastungen, Verluste an "traditionellen Lebensformen", Vergeudung von Ressourcen werden nicht beachtet. Lebensstandard, Arbeitsbedingungen, Wohnverhältnisse, Freizeit- und Kulturmöglichkeiten sind nicht Basis der EU-Regionalpolitik. Sie beruht also auf einem ökonomisch verkürzten Ansatz.

5. Mit dieser ökonomischen Grundorientierung reflektiert sie allerdings einen Grundsachverhalt. Dieser besteht darin, daß in Marktwirtschaften und im Wirtschaftsliberalismus das Streben nach Rentabilität und Gewinn im Rahmen des nationalen und internationalen Wettbewerbs zur Konzentration der Unternehmen auf Zonen in Expansion führt, bei gleichzeitigem relativem Rückgang weniger günstig gelegener und/oder schwach strukturierter Regionen. Die "blaue Banane", der EG-Binnenmarkt und alle Prognosen, auch für das künftig nach Norden und Osten erweiterte Gebiet der EG, weisen deutlich in Richtung auf eine weitere ökonomische Stärkung des zentralen Gebiets in der EG.

6. Die Reform der Strukturfonds, die erhebliche Aufstockung der Mittel, die Differenzierung der Vergabe nach Zielen und Programmen, die Einbindung der nationalen und regionalen Instanzen in die EU-Regionalpolitik sind positive Schritte in die richtige Richtung. Dennoch ist die Höhe der Ausgaben nach wie vor viel zu gering. Die Ausrichtung auf die KMU ist noch viel zu schwach, und für eine weiter wachsende EU wird eine völlige Neu-Reform notwendig, die die Mitbestimmung der unteren Instanzen verbessert und die Kontrolle über die verwendeten Mittel verschärft, sowie das Blickfeld für die regionalen Disparitäten über die Wirtschaft hinaus öffnet.

7. Forschungs- und Technologiepolitik der EU, vor allem aber die Garantiezahlungen für die Landwirtschaft laufen den Zielen der EU-Regionalpolitik zuwider. Ein Landwirt erhält in den Niederlanden von der EG 5000 ECU, in Belgien 4500, in Griechenland weniger als 200 pro Jahr (vgl. Mermet 1993, S. 87). Die Mittel für die FuE-Förderung gehen überwiegend in die Zentren der EU, zu den großen Unternehmen, und vergrößern ebenfalls die regionalen Disparitäten. Insgesamt hebt die EU tendenziell ihre eigene Regionalpolitik durch entgegengesetzte Maßnahmen wieder auf.

8. Die EU-Regionalpolitik ist bisher frei von jeder umweltpolitischen Verpflichtung, ihre geförderten Projekte sind z.T. sogar umweltzerstörend. Das widerspricht eindeutig Art. 130r Abs. 2 im EWG Vertrag, wo es heißt: "Die Erfordernisse des Umweltschutzes sind Bestandteil der anderen Politiken der

Gemeinschaft". Jede weitere Mark bzw. ECU, die für Wirtschaftswachstum ausgegeben wird, bedeutet mehr Straßen, mehr Industrie, mehr mechanisierte Landwirtschaft, mehr Tourismus-Infrastruktur: alles zu Lasten der Umwelt.

9. Der in Maastricht beschlossene neue Kohäsionsfonds für Griechenland, Portugal, Spanien und Irland fördert Vorhaben in den Bereichen Umwelt und Verkehrsinfrastruktur, was eigentlich schon ein Widerspruch in sich ist - denn Verkehrsvorhaben zerstören immer die Umwelt. Eine Perspektive aus der derzeitigen Misere wird so auch nicht eröffnet.

10. Es gibt bisher keine Abstimmung zwischen EU-Regionalpolitik und Raumordnungspolitik. D.h., die materiellen Maßnahmen und die politisch ordnenden sind nicht koordiniert bzw. aufeinander abgestimmt. Das führt z.b. dazu, daß den Ballungsräumen keine politische Unterstützung für die Lösung ihrer Probleme zukommt, und daß die finanzielle Hilfe der EU nicht in einen EU-weiten, systematischen Ordnungsrahmen eingeordnet werden. So weist die EU zwar typische Raumtypen aus, diese entsprechen aber nicht bzw. nur geringfügig den 5 Zielen der EU-Regionalpolitik, die die Zahlungsströme steuern.

11. Aus der Sicht einer finanziellen Transferstruktur auf EU-Ebene bedeutet die EU insgesamt einen großen materiellen Gewinn z.b. für die BRD, aber auch für die anderen exportierenden Länder. Sie leistete z.b. 1987 20 Milliarden DM an die EG und erhielt aus dem EG-Haushalt 10 Milliarden an Rückflüssen. Dieses scheinbare Defizit von ca. 10 Milliarden DM wird vielfach aufgewogen durch den Export der BRD-Wirtschaft in die EU-Länder, der ohne deren EU-Mitgliedschaft erheblich geringer wäre. Die EU-Regionalpolitik erweist sich vor diesem Hintergrund nicht zuletzt als der Preis, den die ökonomisch Starken an die Schwächeren zahlen, um deren Märkte zu nutzen. Gewinner bleiben auch auf dieser rechnerischen Ebene die stärkeren EU-Gründerstaaten, insbesondere die BRD.

12. Eine wirksame und demokratische EU-Regionalpolitik kann es erst dann geben, wenn Sozialpolitik, Umweltpolitik, Wirtschaftspolitik und alle anderen EU-Politiken in einem gemeinsamen Zusammenhang stehen, der auf hohem Niveau für eine ausgleichende und wohlfahrtsstaatlich ausgerichtete Entwicklung sorgt. Dazu braucht die EU nicht nur eine Administration, sondern vor allem eine europaweite Konzeption von Verteilungsgerechtigkeit und eine Strategie, die über die bisher zentralen ökonomischen Ziele hinausgeht. Ohne einen demokratischen Überbau und eine demokratische EU-Struktur auch auf der lokalen und regionalen Stufe ist das nicht denkbar.

5. Die Zukunft der regionalen Disparitäten in Europa

Die regionalen Unterschiede in Europa haben eine lange Geschichte hinter sich gebracht. Es spricht wenig dagegen, daß man ihnen auch noch eine lange Zukunft voraussagt. Während die quasi vorgeschichtliche Dimension dieser Problematik naturgeographisch und klimatisch determiniert war, haben sich mit der Durchsetzung der Herrschaft der menschlichen Gesellschaften die politischen, ökonomischen und sozialen Faktoren auf die regionalen Unterschiede in Natur und Gesellschaft projiziert. In den unterschiedlichen Phasen und Epochen der Wirtschafts- und Sozialgeschichte kam es immer wieder zu Umgruppierungen und Neuverteilungen von relativem Reichtum und relativer Armut; deren aktuelle Verbreitung im Bereich der EU kann heute besser erklärt werden als früher, vor allem durch die jüngst wiederentdeckte Theorie der langen Wellen für die Makroökonomie in Verbindung mit der mikroökonomischen Produktzyklus-Hypothese (Schätzl 1993a, S. 193 ff.; Marshall 1987), ergänzt durch die in Kapitel 2 näher erläuterten Aspekte:

- Agglomerationsvorteile als Verflechtungszusammenhang
- gewinnorientierte Standortentscheidungen
- Flexibilisierung der Ökonomie.

Damit gibt es allerdings noch keine Theorie, die für die künftige Entwicklung der regionalen Disparitäten Anwendung finden könnte. Fest steht lediglich, daß die ungleich entwickelten Regionen der EU den gleichen Bedingungen ökonomischen Wachstums insofern ausgesetzt werden, als der Binnenmarkt ab dem 01.01.1993 einen EU-weiten Abbau von Grenzen, Kontrollen und Hindernissen gebracht hat. Heute stellt sich nicht mehr die Frage, ob durch diesen Abbau Schutzmechanismen für die schwächeren Regionen entfallen sind (so z.B. Tudyka 1975), sondern es geht um eine Analyse dessen, was Binnenmarkt, Wirtschafts- und Währungsunion sowie die für den 01.01.1995 erwartete Aufnahme von Schweden, Finnland und Österreich in die EU (d.h. eine erhebliche Markterweiterung der Ökonomie und Stärkung der politischen Kraft der EU) für die Zukunft der regionalen Ungleichgewichte bedeuten könnten. Das im zweiten Kapitel für die Erklärung abgelaufener Prozesse verwendete 4-Faktoren-Modell brachte ich als hilfreiche Anleitung für begründete Spekulationen über die Zukunft, es ist aber von einer ausgearbeiteten prognostisch anwendbaren Theorie noch weit entfernt.

Ich nehme hier zwei Abstraktionen vor. Einmal werden die möglichen Tendenzen der regionalen Unterschiede so dargestellt, als existiere keine ausgleichsmotivierte Regionalpolitik. Zum anderen konzentriere ich mich auf den ökonomischen Kern der Ungleichheiten und komme erst später zu den sozialen, politischen, ökologischen u.a. Disparitäten. Im Auftrag des Europäischen Parlaments hat das Ifo-Institut 1991 eine Untersuchung über die Folgen des Binnenmarktes '92 für die Problemregionen (Ziel 1, Ziel 2, Ziel 5b) veröffentlicht. Die empirischen und Fallstudien bezogen sich auf die endogenen und exogenen Bedingungsfaktoren regionalökonomischer Prozesse:

- Wirtschaftsstruktur
- Produktivität
- Außenverflechtung
- Arbeitsmarkt
- klassische Infrastruktur (Verkehr, Kommunikation, Energie, Flächenverfügbarkeit)
- Humankapitalinfrastruktur
- Lebensqualität
- Attraktivität für ausländische Investoren
  (EP 1991c, S. 7).

Die Arbeit führt zu der Erkenntnis, daß die Problemregionen ungünstige Voraussetzungen besitzen, die durch die Deregulierung freigesetzten Potentiale für Wirtschafts- und Beschäftigungswachstum zu nutzen; Einkommen und Beschäftigung werden sich im Vergleich zu den zentralen ökonomischen Zentren der EU in der Folge des Projekts EG '92 eher verschlechtern. Insbesondere für die Ziel 1-Gebiete lassen sich die absehbaren Tendenzen recht differenziert darstellen, wie die folgende Übersicht zeigt:

Abb. 29

Entwicklungsperspektiven[1] **der Ziel Nr. 1-Regionen**[2]

Regionen mit potentiell positiven Entwicklungsperspektiven	Regionen mit spezifischen Problemlagen und offenen Entwicklungsperspektiven	Regionen mit tendenziell sich verschärfenden Entwicklungsperspektiven
Valencia Murcia Abruzzen Molise	nationale Zentren in Portugal und Griechenland Apulien Andalusien Kanarische Inseln Irland	Kalabrien Sizilien Sardinien Basilikata Kampanien Korsika Estremadura Galicien Kastilien León Kastilien La Mancha Asturien Portugal (ohne Lissabon) Griechenland (ohne Athen, Saloniki)

[1] Bei der Einstufung wurden die Wirtschaftsstruktur (Arbeitsmarkt, Wachstum, Industriestruktur, Entwicklungsdynamik), Infrastruktur (Verkehrsanbindung, Schule, Universitäten, Flächen usw.) und die Raumlage berücksichtigt.
[2] Ceuta und Melilla und die französischen überseeischen Gebiete wurden nicht untersucht.

EP 1991c, S. 8

Für die Ziel 1-Regionen, deren Probleme sich verschärfen dürften, werden folgende Ursachen genannt:

1.   Die randliche Lage bedingt höhere Transportkosten und längere Lieferzeiten.

2.   Das Überwiegen der KMU in der Industrie bedingt einen schweren Stand gegenüber neuer, EU-weiter Konkurrenz.

3.   Die Voraussetzungen für den Aufbau von Hochtechnologie sind nicht gut.

4.   Deregulierung und Liberalisierung öffentlicher Dienste und des Beschaffungswesens dürften die Arbeitslosigkeit erhöhen.

5.   Die Infrastruktur (Verkehr/Telekommunikation/Energieversorgung) weist erhebliche Mängel auf; die Ausstattung mit qualifiziertem Humankapital und "sanften" Infrastrukturen (Freizeit/Kultur) ist ebenfalls relativ schlecht.

111

6. Diese Regionen werden sich vermutlich verstärkt auf die Sektoren mit schwacher Wirtschaftsleistung konzentrieren (Bekleidung/Nahrungsmittel usw.), die zugleich einen verstärkten Strukturwandel erleben; Folge wird ein wesentlicher Rückgang der Zahl der Arbeitsplätze sein.

7. Sofern diese Regionen potentielle Wachstumsindustrien besitzen, werden sie durch die Zunahme der Fusionen in der EU im Wettbewerb deutlich geschwächt, denn sie werden an ihren Standorten die Hauptlasten von Rationalisierungen und Modernisierungen bzw. Flexibilisierungen tragen müssen (vgl. ebd., S. 10 ff.).

Die Ifo-Analyse bringt für die Ziel 5b-Regionen etliche gleichlautende Ergebnisse wie für die Ziel 1-Gebiete; das gilt z.B. für die Punkte 2., 3., 5., und 6. Daneben wird betont, daß für diese Gebiete, ebenso wie für die Ziel 2-Regionen, die Schätzungen und Prognosen für die Zukunft im Vergleich zu den Ziel 1-Regionen nur Annäherungscharakter haben können (vgl. ebd., S. 8).

Abb. 30

Entwicklungsperspektiven der Ziel-Nr. 5b-Regionen - Auswahl

Regionen mit potentiell positiven Entwicklungsperspektiven	Regionen mit spezifischen Problemlagen und offenen Entwicklungsperspektiven	Regionen mit tendenziell sich verschärfenden Entwicklungsperspektiven
Ziel Nr. 5b-Regionen in den Großräumen: Rom, Toskana, Rhône-Alpes, Provence-Alpes, Côte-D'Azur, Piemonte, Bolzano, Trento, Veneto, Aquitaine, Bourgogne, Lorraine, Bayern, Hessen, Balearen, Madrid	Ziel Nr. 5b-Regionen in den Großräumen: Luxemburg, Marken, Languedoc-Roussillon, Midi-Pyrénées, Bretagne, Saarland, Niedersachsen, Basse-Normandie	Ziel Nr. 5b-Regionen in den Großräumen: Highlands and Islands, Rural Wales

EP 1991c, S. 9

Abb. 31

Entwicklungsperspektiven der Ziel Nr. 2-Regionen

Regionen mit potentiell positiven Entwicklungsperspektiven	Regionen mit spezifischen Problemlagen und offenen Entwicklungsperspektiven	Regionen mit tendenziell sich verschärfenden Entwicklungsproblemen
Ziel Nr. 2-Regionen innerhalb der Großräume:	Ziel Nr. 2-Regionen innerhalb der Großräume:	Ziel Nr. 2-Regionen innerhalb der Großräume:
Berlin, Ruhrgebiet, Limburg(B), Greater Manchester, Piemont, Ligurien, Toskana, Veneto, Lombardei, Latium, Nord-Pas-de-Calais, Rhône-Alpes, Provence-Alpes, Côte d'Azur, Overijssel, Groningen/Drenthe, Limburg(NL), Katalonien, Madrid	Saarland, Bremen, Umbrien, Marken, Emden, Salzgitter/Peine, Rheinland-Pfalz	Baskenland, Kantabrien, Corraine, North East Wales

EP 1991c, S. 9

Auch für die Ziel 2-Gebiete werden - im Unterschied zu Ziel 1, aber in Übereinstimmung mit Ziel 5b - für die Mehrheit der Regionen potentiell positive Entwicklungsperspektiven festgestellt, wobei das Vorhandensein moderner Industrien, guter Verkehrsinfrastrukturen und ausgeprägte FuE-Aktivitäten als ursächlich eingestuft werden (vgl. ebd., S. 8). Es wird jedoch auch auf den anhaltenden Wettbewerbsdruck und die Dauersubventionierung als Problemaspekte hingewiesen (vgl. ebd., S. 11).

In den bestehenden ökonomischen und politischen Strukturen der EU und ihrer Gesellschaften sind die potentiellen Investoren und wichtigsten Empfänger von regionalpolitischen Fördermitteln die Unternehmer. 9000 von ihnen wurden 1989 über ihre Erwartungen hinsichtlich der Vollendung des Binnenmarktes befragt. Die Antworten geben einen weitreichenden Einblick in die Empfindlichkeit der Regionen und ihre regionalen komparativen Vorteile im Kontext des Projekts EG 92. Als Ergebnisse können festgehalten werden:

1. Etwa ein Drittel aller Unternehmer erwartet vom Binnenmarkt eine Expansion, die Hälfte schätzt Chancen und Gefahren gleich ein, und etwa ein Sechstel hat eher negative Erwartungen.

2. Sowohl Industrie- als auch Dienstleistungsunternehmen sehen EG '92 als positive Angelegenheit.

113

3. Das Verhältnis der Unternehmer mit positiven Erwartungen zu denen mit negativer Einschätzung liegt in rückständigen Regionen bzw. altindustriellen Regionen bei etwa 2 : 1, in den begünstigten Regionen beträgt es etwa 3 : 1.

4. In den benachteiligten Regionen ist der Anteil der Unternehmer, die den Binnenmarkt fürchten, besonders hoch; zugleich ist die Gruppe derjenigen mit der Perspektive besserer Chancen nahezu ebenso groß wie in den Wachstumsregionen.

5. In den Gebieten mit rückläufiger industrieller Tätigkeit sind die Hoffnungen auf EG '92 am schwächsten ausgeprägt, um 6 Prozentpunkte geringer als in den schwachen Regionen.

6. Die Unternehmer in den begünstigten Regionen haben nicht nur die positivsten Erwartungen und den kleinsten Anteil mit negativer Beurteilung, sie sind auch am besten informiert über das Projekt EG '92, denn nur 13 % von ihnen sind ohne Meinung.

(vgl. dazu KEG 1991b, S. 71).

Diese Unternehmerbefragung hat regionalökonomisch sowohl analytischen als auch strategischen Charakter. Sie bildet nicht nur Sichtweisen/Einstellungen ab, die 1989 vorlagen. Sie erläutert auch das Handlungsprogramm der Unternehmer in Bezug auf den Binnenmarkt. Investitionen und die Schaffung von Arbeitsplätzen hängen unmittelbar von einer positiven Einschätzung der wirtschaftlichen Zukunft durch die Unternehmer als Investoren ab. Die unterschiedlichen Erwartungen in den drei Regionstypen sind als Prophezeiungen zu verstehen, die sich quasi selbst realisieren. Damit ist vorprogrammiert, daß die drei Regionstypen sich weiterhin disparitär unterschiedlich entwickeln werden, eine künftige Annäherung der regionalökonomischen Situation wird durch das Denken und Handeln der Unternehmer nicht induziert, im Gegenteil: Es ist belegt, daß Unternehmer in den Wachstumsregionen mehr investieren werden, diejenigen in den Krisengebieten und schwachen Räumen deutlich weniger, weil sie weniger Positives von EG '92 erwarten (vgl. ebd., S. 71).

Sehr aussagefähig für die Zukunft der Regionen in der EU ist auch die im selben Projekt erfragte Prioritätenliste der Unternehmen für die Determinanten der regionalen Wettbewerbsfähigkeit. Sie zeigt eine markante Profilierung der ökonomisch schwachen Regionen mit folgender Rangfolge:

1. Kreditkosten
2. Einkommen/Körperschaftsteuern
3. Qualifizierte Arbeitskräfte
4. Indirekte Arbeitskosten
5. Arbeitsmarktbestimmungen
6. Wirtschaftliches Wachstum
7. Verkehrsnetz
8. Energieangebot und -kosten
9. Industriepolitik
10. Wechselkurse
    (vgl. ebd., S. 90).

Stark unterschiedlich davon die beiden anderen, sehr ähnliche Prioritäten setzenden Regionstypen (rückläufige industrielle Entwicklung: RiE; begünstigte Regionen: BR; Regionen mit Entwicklungsrückstand: RE)

Tab. 34

Determinanten regionaler Wettbewerbsfähigkeit

	RiE	BR	RE
Qualifizierte Arbeitskräfte	1	2	3
Indirekte Arbeitskosten	1	1	4
Wirtschaftliches Wachstum	3	4	5
Löhne und Gehälter	4	5	13
Einkommen- und Körperschaftsteuern	5	3	2
Kreditkosten	6	6	1
Lokale Steuern	7	12	33
Wechselkurse	8	8	10
Arbeitsmarktbestimmungen	8	6	5
Mittelfristige sektorale Aussichten	10	9	12

(ebd., S. 90)

Vorhandensein bzw. positive Entwicklung dieser Faktoren werden folglich für die Zukunft der regionalen Unterschiede von sehr großer Bedeutung sein. Eine Senkung der Kreditkosten in den schwächeren Regionen, die Reduzierung der

115

Arbeitskosten in den altindustriellen und den Wachstumsregionen werden die regionale Dynamik wesentlich mitbestimmen. Das gilt mit großer Wahrscheinlichkeit nicht nur für den vollendeten Binnenmarkt, sondern auch für die bis 1999 angestrebte Wirtschafts- und Währungsunion, deren regionale Auswirkungen noch unzureichend erforscht sind (sicher scheint, daß die schwächeren Länder durch den Wegfall des Instruments der Wechselkurse und die Disziplinierung der Staatshaushalte zusätzliche "Streßfaktoren" bei der Bewältigung des Strukturwandels haben werden; vgl. ebd., S. 72 sowie Emerson/Huhne 1991, S. 129).

Schon ab 1995 werden sich mit dem Beitritt der Länder Finnland, Österreich und Schweden die regional-ökonomischen Strukturen der EU erheblich verändern. Diese (wahrscheinliche) Beitrittswelle ist nicht nur durch die Zahl von drei Ländern, die gleichzeitig beitreten, eine wesentliche Veränderung. Erstmals werden zu einem Termin drei ökonomisch starke Länder zu EU-Mitgliedern, die das regionale Gefälle nicht "nach unten" bzw. in Richtung der Peripherie verlegen (wie es 1973 durch Irland, 1981 durch Griechenland, 1986 durch Spanien und Portugal und 1990 durch die neuen Bundesländer geschah). Durch die Erweiterung der EU auf 15 Staaten werden die regionalen Einkommensdisparitäten nicht vergrößert, wie die folgende Übersicht über das BIP je Einwohner in der neuen EU-15 anzeigt; auch die Disparitäten der Arbeitslosigkeit nehmen beim nationalen Vergleichsmaßstab der 15 Länder nicht zu:

Tab. 35

BIP und Arbeitslosigkeit in einer EU-15

Land	BIP je Einwohner 1990 (in EG-KKS)	Arbeitslosenquote 1990 in %
Österreich	18 615	3,2
Finnland	20 140	3,4
Schweden	20 936	1,5
Belgien	19 091	8,1
Dänemark	19 814	7,9
Bundesrepublik	21 131	5,1
Griechenland	9 850	4,6
Spanien	14 556	11,8
Frankreich	20 207	6,7
Irland	12 819	15,0
Italien	19 187	6,5
Luxemburg	24 303	1,1
Niederlande	19 147	5,8
Portugal	10 369	3,2
Großbritannien	19 726	6,9

Eurostat 1991a, S. 10 ff.

Aus einer ausschließlich regionalwirtschaftlichen Perspektive hat die Erweiterung zunächst sehr positive Folgen, denn diese drei Länder werden auch finanziell erhebliche zusätzliche Beiträge für den Ausbau der materiellen Mittel für die schwächeren und problembeladenen Regionen in den Haushalten der EU einbringen. Überdies haben sie zwar auch innerhalb ihrer eigenen Staatsgrenzen weniger stark entwickelte Gebiete - die skandinavischen Staaten vor allem im Norden, Österreich vor allem das Burgenland - aber sie dürften aufgrund ihrer eigenen Möglichkeiten nicht allzu hohe Summen aus der EU-Struktur und Regionalförderung erwarten. Nutznießer dieser neuen Geldmittel könnten für einen gewissen Zeitraum die gegenwärtigen Ziel 1-, Ziel 2- und Ziel 5b-Gebiete werden. Es ist jedoch absehbar, daß mittelfristig dieser Beitrittswelle starker Länder die Aufnahme einer Gruppe schwächerer Länder folgen dürfte, möglicherweise zunächst die sog. osteuropäischen Reformstaaten Ungarn, Polen und Tschechische Republik. Mit dieser mittelfristig sehr wahrscheinlichen Erweiterung würde erneut die geographische und ökonomische Peripherie wachsen, die auf umfangreiche Mittel der EU angewiesen wäre, um die Benachteiligung gegenüber den dann vielleicht 15 EU-Staaten aufzuholen bzw. um die weitere Vergrößerung des Abstands zu verhindern. In dieser nicht sehr fernen Situation werden weitreichende Umlenkungen von Mitteln der EU-Regionalpolitik, weg von den heute problematischen Regionen, in diese neuen Länder erforderlich sein, wenn die Kohäsion als Ziel weiter verfolgt werden soll. Verteilungspolitisch bedeutet also der Beitritt zum Januar 1995, soweit es um die EU-Regionalpolitik geht, eine Vorbereitung der Union auf die materiellen Probleme, die die Aufnahme mittel- und osteuropäischer Staaten mit sich bringen wird. Damit ist natürlich auch längerfristig davon auszugehen, daß der Themenkomplex Regionale Disparitäten/Regionalpolitik ein Kernbestandteil der EU-Politik und ihrer Struktur bleiben wird.

Eine breit angelegte Untersuchung, getragen vom Zusammenschluß von sieben renommierten Wirtschaftsforschungsinstituten in Frankreich, Italien, Holland, Großbritannien, Österreich und der Bundesrepublik, hat auf der Basis einer Auswertung von EUROSTAT-Daten die Entwicklung demographischer und ökonomischer Prozesse der EU-Regionen für einen überschaubaren Zeitraum - bis 1997 - prognostiziert. Die Daten zu Bevölkerungsentwicklung, Erwerbsbevölkerung, Beschäftigungswachstum, Arbeitslosigkeit wurden regional aufbereitet, so daß Prognosen, insbesondere durch den Vergleich der Jahre 1991 und 1997 möglich scheinen. Diese Studie (ERECO, 1993) führt u.a. zu Voraussagen für die regionale Lage und den regionalen ökonomischen Wandel sämtlicher Regionen (NUTS 2) der Europäischen Union. Die folgenden Tabellen und Karten bieten einen Einblick in die sehr realistisch angelegte Arbeit.

Abb. 32

Wandel der Wertschöpfung je Einwohner 1985 - 1997

1991-97

1985-91

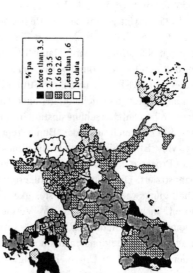

% pa
■ More than 3.5
▦ 2.7 to 3.5
▨ 1.6 to 2.6
▩ Less than 1.6
□ No data

ERECO 1993, S. 6

118

Abb. 33

Entwicklung der Arbeitslosigkeit 1991 - 1997

1991

1997

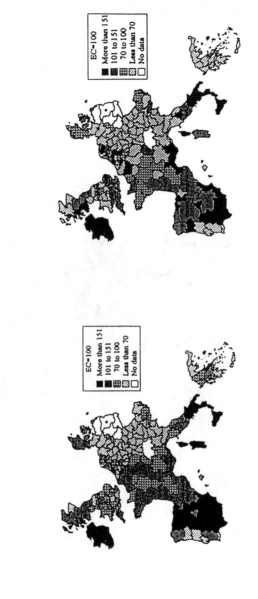

Ereco 1993, S. 12

119

Die Synthese dieser 178 Regionen umfassenden Untersuchung besteht in der Erstellung einer Rangfolge des ökonomischen Potentials für das Jahr 1997:

Abb. 34

Rangfolge des ökonomischen Potentiales 1997

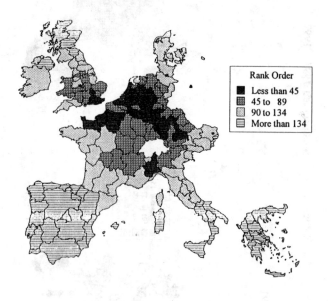

ERECO 1993, S. 16

Diese Darstellung bedeutet eine pauschale Bestätigung der "Blauen Banane" (vgl. Kapitel 2) für das Jahr 1997, bezogen auf die dann angenommene reale Wirtschaftskraft; sie zeigt deutlich andere Gruppierungen als die Karte davor, die sich auf die relative Wirtschaftsentwicklung der Regionen konzentriert. Beim Wirtschaftspotential werden sich die Rangpositionen der 10 stärksten und 10 schwächsten Regionen von 1991 bis 1997 nur geringfügig verschieben, wie die folgende Tabelle sichtbar macht:

Tab. 36

Ökonomisches Potential der Regionen-Rangfolge

Region	Change	1991	1997
Bruxelles	0	1	1
Greater London	0	2	2
Noord-Brabant	0	3	3
Wien	1	5	4
Limburg	- 1	4	5
Ile de France	0	6	6
Berlin (West)	0	7	7
Hamburg	1	9	8
Karlsruhe	1	10	9
Düsseldorf	- 2	8	10
Attiki	0	169	169
Thessalia	0	170	170
Anatoliki Makedonia	0	171	171
Sterea Ellada	0	172	172
Algarve	0	173	173
Dytiki Ellada	0	174	174
Peloponnisos	0	175	175
Voreio Aigaio	0	176	176
Kriti	0	177	177
Notio Aigaio	0	178	178

ERECO 1993, S. 17

In den mittleren Rängen gibt es nach Ansicht von ERECO mehr Veränderungen im Wirtschaftspotential der Regionen:

Tab. 37
Veränderungen im ökonomischen Potential der Regionen

Region	Change	1991	1997
Nord-Pas de Calais	4	50	46
Oberbayern	3	43	40
Rhône-Alpes	3	87	84
Limousin	3	69	66
Stuttgart	2	29	27
Zuid-Holland	2	30	28
Champagne-Ardenne	2	79	77
Leicestershire, Northamptonshire	2	80	78
Basse-Normandie	2	15	13
Münster	2	28	26
Lincolnshire	2	105	103
Auvergne	2	83	81
East Anglia	2	61	59
Düsseldorf	- 2	8	10
Limburg	- 2	13	15
Greater Manchester	- 2	45	47
Freiburg	- 2	66	68
Tübingen	- 2	37	39
Kassel	- 2	68	70
West Midlands (Country)	- 2	27	29
Köln	- 2	20	22
Schleswig-Holstein	- 3	102	105
Braunschweig	- 3	92	95
Drenthe	- 3	59	62
Merseyside	- 3	77	80
South Yorkshire	- 3	82	85
Bremen	- 7	24	31

ERECO 1993, S. 18

Insgesamt wird aber auch in diesen Regionen die Reihenfolge in der Wirtschaftskraft wenig verändert. Fazit von ERECO (1993) ist somit, daß sich mittelfristig die regionalen Disparitäten in der wirtschaftlichen Leistungskraft innerhalb der EU nicht wandeln werden; obwohl z.b. Baden-Württemberg in der aktuellen zyklischen Krise erhebliche Probleme hat, wird es nach Ansicht der Autoren aufgrund seiner hervorragenden ökonomischen Ausstattung und Bedingungen auf absehbare Zeit seine Position in den Reihen der dominierenden Regionen behalten (vgl. ebd., S. 18). Dagegen ist die Einschätzung derjenigen altindustriellen, im Niedergang befindlichen Gebiete, die sich noch nicht auf fortgeschrittene und rentable Produktgruppen umgestellt haben (wie z.b. der Rhein-Ruhr-Raum), mittelfristig schlecht.

Eine ebenfalls sehr komplex angelegte Arbeit von Schmidt/Sinz (1993) gelangt, vermittelt über ein Ursachen-Wirkungs-Modell der regionalen Wettbewerbsfähigkeit, ebenfalls zu der Aussage, daß die "Blaue Banane" äußerst stabil ist und auch die nähere Zukunft prägen dürfte (vgl. ebd., S. 610).

Abb. 35

Ursachen-Wirkungs-Modell der regionalen Wettbewerbsfähigkeit

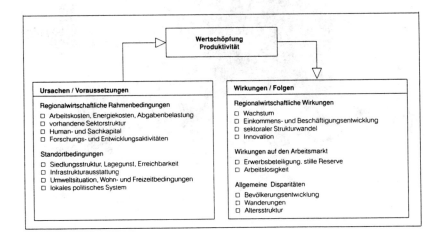

Schmidt/Sinz 1993, S. 595

123

Schmidt/Sinz (1993) belegen aber nicht nur die höchstwahrscheinliche Fortdauer des Zentrum-Peripherie-Gefälles, sondern auch eine teilweise Lösung der Wirkungen von den Ursachenkomplexen der Wettbewerbsfähigkeit, insbesondere als länderspezifisches Differenzierungsmuster. Konsequenz ist, daß bei günstigen Wettbewerbsbedingungen negative reale Wettbewerbsfähigkeit auftritt, und daß trotz ungünstiger Voraussetzungsfaktoren gute Wettbewerbsergebnisse vorkommen; der erste Fall gilt z.B. öfter für Regionen in Frankreich und der Bundesrepublik, der zweite weitgehend für Spanien und Portugal (vgl. ebd., S. 606).

Abb. 36

Ursachenkomplex Wettbewerbsfähigkeit

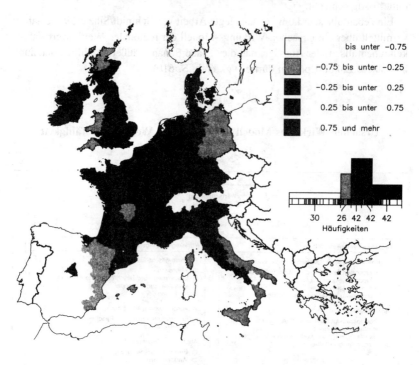

Schmidt/Sinz 1993, S. 607

Abb. 37

Wirkungskomplex Wettbewerbsfähigkeit

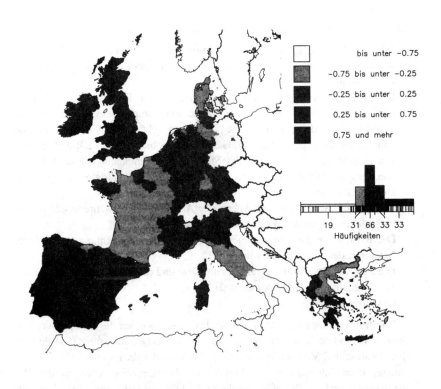

Schmidt/Sinz 1993, S. 607

Mit dem Projekt "Zukunftsstandorte in Westeuropa" (Empirica 1993a; Wirtschaftswoche vom 08.01.93), gemeinsam durchgeführt vom Bonner Forschungs-
institut Empirica und der Wirtschaftswoche, werden die zukunftsträchtigen Stärken
und Mängel der europäischen Regionen dargestellt. Als wichtigste Standortfaktoren bestimmte man:

- Qualifikationspotential
- Wachstumsdynamik
- Lebensqualität
- Verkehr/Fühlungsvorteile
- Kosten.

Anhand der folgenden Indikatoren wurde die Standortqualität gemessen:

- "Das Qualifikationspotential einer Region ergibt sich aus der Zahl der Forschungszentren, der Naturwissenschaftsstudenten und der Altersstruktur der Bevölkerung.
- Um den Faktor Verkehr bewerten zu können, benutzte Empirica ein Modell mit Straßen-, Schienen- und Flugverbindungen. Ein Computer errechnete, wieviele Menschen von der jeweiligen Region aus in acht Stunden erreicht werden können. Für den Spezialindikator Güterverkehr - hier sind nur Landverbindungen ausschlaggebend - wurde das Straßen- und Schienenmodell noch einmal durchgespielt. Dritte Meßgröße: der Anteil der Beschäftigten im privaten Dienstleistungsgewerbe.
- Sozialproduktwachstum und Abbau der Arbeitslosigkeit während der letzten sechs Jahre zeigen die Wachstumsdynamik der Region.
- Die Kosten für die Unternehmen steigen mit der Verdichtung der Räume. Indikator: das Sozialprodukt pro Kopf.
- Die Zahl der Hotelbetten, Krankenhausplätze und der Grad der Luftverschmutzung signalisieren die Lebensqualität."
(Empirica 1993a, S. 2).

Durch eine europaweite Umfrage bei Investoren wurden die fünf Faktoren zu einer Gesamtbilanz zusammengefaßt; die Wachstumsdynamik erhielt 0,34 Punkte, Qualifikation und Verkehr jeweils 0,22, Kosten und Lebensqualität jeweils 0,11 Punkte; zusätzlich wurden u.a. Lohnkosten, Energiepreise, Chancen im EU-Binnenmarkt und die Betroffenheit durch die Öffnung Osteuropas berücksichtigt (vgl. ebd., S. 2).

Zentrales Resultat der Studie ist, daß die zentralen Regionen der EU, mit einer leichten Verschiebung des Schwerpunktes nach Osten - bedingt durch die Ostöffnung - die besten Chancen im gesamteuropäischen Markt haben. Weder die EFTA-Staaten noch die nördliche oder südliche Peripherie werden in einem "paneuropäischen Wirtschaftsraum" besondere Entwicklungsaussichten vorfinden:

126

Tab. 38

Die 10 besten Investitionsstandorte in Westeuropa

	Gesamt- wert	Quali- fikation	Verk.	Dynamik	Kosten	Lebens- qualität
1 Gelderland	41,9	46	52	27	75	25
2 Hannover	46,2	28	16	28	181	63
3 Elsaß	54,1	11	13	76	160	51
4 Oberbayern	56,1	27	9	57	228	34
5 Salzburg	56,4	16	81	48	168	2
6 Overijssel	57,4	55	78	43	84	38
7 Noord-Holland	58,2	99	6	42	162	26
8 Lothringen	59,9	31	35	40	112	175
9 Nord-Pas de Calais	63,8	39	10	59	93	206
10 Lombardei	64,7	49	33	17	197	170
Gewicht in %	100	22	22	34	11	11

Wirtschaftswoche vom 8.1.1993

Greift man aus diesem Komplex den Zusammenhang von Raumentwicklung und Erreichbarkeit der Regionen heraus, zeigt sich ebenfalls die bevorzugte Situation der zentralen Regionen Europas, aktuell und in Zukunft, wie aus den folgenden Karten hervorgeht.

Durch die geplante Erstellung der Hochgeschwindigkeitsbahnen der EU werden sich zwar leichte Dezentralisierungseffekte schon 1995 und verstärkte Kompensationen im Jahr 2015 einstellen. Dennoch werden die Verkehrshindernisse der Peripherie (Irland, Norden von Großbritannien, früheres DDR-Gebiet, Griechenland, südlichstes Italien/Sardinien/Korsika, Portugal/Spanien) auch langfristig lediglich gemildert, nicht abgebaut.

Abb. 38

Durchschnittliche Reisezeit zu 194 wirtschaftlichen Zentren, 1991

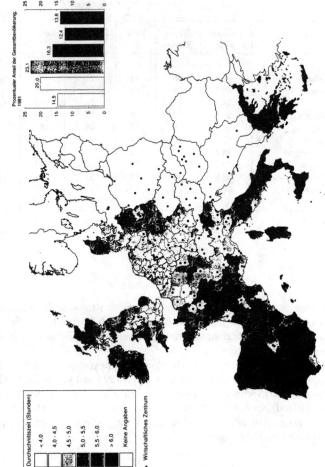

Europäische Kommission 1994, S. 111

Abb. 39

Lage zum nächsten Haltepunkt der Hochgeschwindigkeitsbahn 2015 - kombinierte Verkehrsmittelbenutzung -

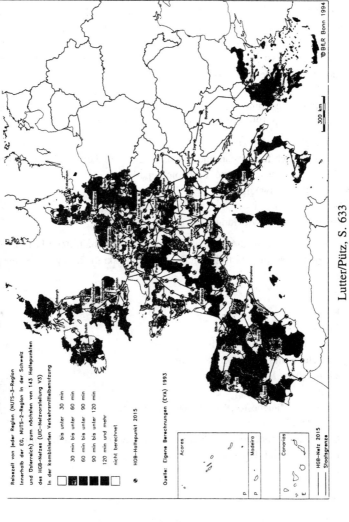

Lutter/Pütz, S. 633

Schöns (1993) Analyse des Städtesystems in Europa untermauert ebenfalls die These vom Vorteil der zentralen Regionen. Er arbeitet die treibenden Determinanten der städtischen Entwicklung auf dem Kontinent heraus (Internationalisierung/-Globalisierung der Wirtschaft; Informationstechnologien; Verkehrstechnologien) und prognostiziert, daß die metropolitanen Regionen die größten Wachstumsimpulse verzeichnen und damit schon jetzt als Gewinner der künftigen Wirtschafts- und Raumstruktur festzustehen scheinen; eine Partizipation an diesem Expansionsprozeß ist überwiegend lediglich den Mittelstädten in der Nähe von Metropolen zuzutrauen, als Folge der anhaltenden Kern-Rand-Wanderung (vgl. ebd., S. 642).

Eine Hierarchisierung der Großstadtregionen Europas ist Bestandteil der ERECO-Studie von 1993. Ausgehend von den Kriterien

- multinationale Unternehmen
- wissenschaftlich-technische und planerische Aktivitäten der Kommunalpolitik im Sinne "Wissenschaft und Technologiepark"
- Hochschulen/Universitäten
- Flughafenaktivitäten
- Forschung und Entwicklung

entsteht eine Rangfolge dieser Schlüsselregionen innerhalb der EU (plus Österreich); danach ist die wirtschaftliche Anziehungskraft in dieser Reihenfolge verteilt:

1. Paris
2. London
3. Mailand und München
4. Brüssel, Madrid und Berlin
5. Barcelona und Frankfurt am Main
6. Turin, Rom, Hamburg
7. Lyon
8. Glasgow, Manchester, Kopenhagen, Stuttgart
9. Düsseldorf
10. Lissabon, Birmingham, Rotterdam, Athen, Bologna, Wien, Köln
11. Lille, Marseille, Utrecht
12. Dublin
13. Cardiff
   (ERECO 1993, S. 28).

Die Stadtanalyse von ERECO besteht daneben in einem Sektoren- und Branchenmodell, das eine mittelfristige Prognose, ebenfalls bis 1997, erlaubt. Beschäftigungs- und Wertschöpfungsentwicklung werden auf der Basis der Tendenzen in

130

Landwirtschaft, Industrie/Energie, Bauwirtschaft, privaten Dienstleistungen und öffentliche Dienstleistungen für die unterschiedlichen Stadtregionen prognostiziert. Die beiden folgenden Tabellen zeigen das Verfahren am Beispiel der "Growth Cities" und der "Declining Cities":

Tab. 39

Wirtschaftsaktivitäten in Wachstumsstädten, 1991 - 1997

	Employment			Gross Value Added		
	1991 '000	1991 share per cent	1991-97 growth per cent pa	1991 Ecu bn 1985 prices	1991 share per cent	1991-97 growth per cent pa
Agriculture	48.2	0.5	- 0.9	1.1	0.3	0.6
Energy & Manufacturing	2028.4	21.3	- 0.3	85.6	23.7	1.7
Construction	628.1	6.6	0.6	16.8	4.7	1.4
Market Services	4802.6	50.4	1.9	208.6	57.8	3.4
Non-Market Services	2020.6	21.2	1.7	48.9	13.5	1.9
Total	0527.8	100.0	1.3	361.0	100.0	2.7

ERECO 1993, S. 31

Tab. 40

Wirtschaftsaktivitäten in schrumpfenden Städten

	Employment			Gross Value Addes		
	1991 '000	1991 share per cent	1991-97 growth per cent pa	1991 Ecu bn 1985 prices	1991 share per cent	1991-97 growth per cent pa
Agriculture	44.1	0.5	- 2.7	0.7	0.3	0.2
Energy & Manufacturing	2317.7	24.2	- 2.8	66.6	26.4	0.1
Construction	524.5	5.5	- 0.8	12.5	5.0	0.5
Market Services	4988.8	52.1	0.2	136.4	54.1	1.8
Non-Market Services	1698.6	17.7	0.2	35.8	14.2	0.8
Total	9573.7	100.0	- 0.6	252.0	100.0	1.2

ERECO 1993, S. 32

131

Ergebnis der Analyse ist eine Gruppierung der größten Städte im Untersuchungsgebiet:

Abb. 40

Gruppierung von Großstädten

ERECO 1993, S. 31

Der Kern der "Blauen Banane" bleibt demnach gekennzeichnet von Wachstumstädten (Berlin, Hamburg, Paris, Lille, Utrecht) und stabilen Städten (München, Frankfurt am Main, Stuttgart, Düsseldorf, Mailand, Amsterdam, Rotterdam). Die Arbeit bestätigt eine gewisse Verlagerung der attraktiven Großstadtregionen nach Osten, denn die meisten britischen Großstädte werden der Gruppe im Niedergang zugeordnet; hier besteht Übereinstimmung mit den vorgestellten Projekten von Empirica 1993a / Wirtschaftswoche v. 08.01.93.

Zusätzlich zu den genannten Kriterien hat ERECO (1993) auch das Potential hinsichtlich der marktorientierten Dienstleistungen als zentralen Faktor entdeckt und dieses Merkmal bei einer Prognose der Zukunftschancen mittelgroßer Städte in der EU (plus Schweiz) angewandt. Die Voraussage für diesen Bereich sei hier ebenfalls dokumentiert, weil sie einen interessanten Einblick in die differenzierten Möglichkeiten regionalökonomischer Analyse und Prognose vermittelt:

Tab. 41

Mittelgroße Städte: Gewinner und Verlierer in den 90er Jahren

		Change in rank 1991-971	Market service potential rank in 1997	Multi-national firms	Techno-pole activity	University functions	Airport activity	Research and technology activity
Lens	Loser	- 1	12	6	5	6	6	7
Breda	Loser	- 1	15	5	5	6	6	5
Haarlem	Loser	- 2	31	5	5	6	6	4
Derby	Loser	- 2	77	5	5	6	6	7
Dundee	Loser	- 1	153	5	5	6	6	6
Hull	Loser	- 3	83	6	3	6	6	6
Stoke on Trent	Loser	- 2	81	6	5	6	6	7
Cadiz	Loser	- 1	146	5	5	6	4	7
Middlesbrough	Loser	- 2	110	5	5	6	6	7
Plymouth	Loser	- 1	07	5	5	6	5	6
Livorno	Loser	- 1	108	5	5	6	6	7
Leicester	Loser	- 2	65	5	5	6	4	7
Trieste	Winner	2	121	5	4	4	4	4
Bordeaux	Winner	2	113	4	4	3	4	3
Nantes	Winner	2	96	5	3	4	4	3
Metz	Winner	2	32	5	2	5	6	3
Nürnberg	Winner	3	69	4	3	4	5	3
Zurich	Winner	2	74	2	2	3	2	2
Clermont Ferrand	Winner	3	85	4	4	5	6	4
Lausanne	Winner	3	76	4	5	4	6	4

ERECO 1993, S. 36

Während auch hier recht viele britische Städte im Loserbereich liegen, ist die Struktur der Winner-Mittelstädte heterogener. Von den acht genannten liegen nur vier im Bereich der "Blauen Banane", Clermont Ferrand und Triest befinden sich am Rand des "Sunbelt" und Bordeaux und Nantes befinden sich außerhalb dieser beiden oft beschriebenen Wachstumszonen der EU, aber immer noch in einem der wirtschaftlich hochentwickelten Staaten. Sogar auf der Ebene der Mittelstädte bestätigen sich also die mehrfach geschilderten Tendenzen eines relativen Niedergangs britischer Städte und Regionen bei gleichzeitig weiterer positiver Perspektive für im Zentrum gelegene Gebiete.

Empirica hat in einer weiteren Studie von 1993 (Empirica 1993) einen prognostischen Vergleich der Investitionsgunst von Produktionsstandorten in West- und Osteuropa vorgenommen, auf der Basis einer Datenbank über mehr als 400 Regionen in EU, EFTA, Mittel- und Osteuropa. Sieben Standortfaktoren unterzog man einer empirischen Analyse:

- Arbeitskräftepotential
- Kosten
- Produktionsdichte
- Lebens- und Umweltqualität
- Verkehr/Marktpotential
- Forschungsbesatz
- Private Dienstleistungsdichte
  (vgl. ebd., S. 4).

Die analysierten 414 Regionen wurden in vier Grundtypen eingeteilt, wobei sich folgende Klassifizierung ergab:

Tab. 42

Prognostische Regionstypen

Grundtyp	Regionen insgesamt	davon in Westeuropa	Mittl- u. Osteuropa[*]
- Kostengünstige Produktionsstandorte	198	74	124
- Hoffnungsträger im Hochpreissegment	97	97	-
- Mischtyp	81	81	-
- Verlierer mit mangelhaftem Standortprofil	23	13	10

[*] Von den 414 Regionen werden 15 - die GUS Republiken, Radom Hrvatska (Kroatien), Shquiperi (Albanien) - in einer Fehlgruppe ausgewiesen.

Empirica 1993, S. 5

Zu den 198 kostengünstigen Standorten, die geringe Lohnkosten, aber auch noch andere Standortvorteile bieten, gehören:

- Bratislava, Slowakei
- Zapadocesky, Tschechien
- Gyor-Sopron, Ungarn
- Poznan, Polen
- Cluj, Rumänien
- Estonija (Estland)
- Norte, Portugal
- Jämtland, Schweden
- Ireland (Irland)
- Burgenland, Österreich
(ebd., S. 6).

Gute Erreichbarkeit, Forschungskapazität und qualifizierte Arbeitskräfte zählen zu diesen weiteren Vorteilen. Besonders attraktiv ist das Dreieck mit den Eckpunkten Bratislava, Gyor und Burgenland.

Vor allem für distributions- und kommunikationsorientierte Unternehmen bleiben die "Hochpreisregionen" weiterhin wettbewerbsfähig, weil sie zwar keine besonderen Kostenvorteile, aber ein angemessenes Preis-Leistungs-Verhältnis bieten.

Beispiele sind:

- Hannover, Deutschland
- Köln, Deutschland
- Gelderland, Niederland
- Limburg, Belgien/Niederlande
- Alsace, Frankfreich
- Nord-Pas-de-Calais, Frankreich
- Lombardia, Italien
- Zürich, Schweiz
- Zug, Schweiz
- Salzburg, Österreich
(vgl. ebd., S. 6).

80 Standorte, denen ein konkretes Profil fehlt, die weder eindeutig dienstleistungs- noch klar produktionsorientiert sind, werden als "Mischtyp" definiert, so z.B.:

- Thüringen, Deutschland
- Lüneburg, Deutschland
- Rhone-Alpes, Frankreich

- Prov.-Alpes-Cote d'Azur, Frankreich
- Emilia-Romagna, Italien
- Veneto, Italien
- Navarra, Spanien
- Soer-Troendelag, Norwegen
- Uppsala, Schweden
- Uudenmaa (Nyland), Finnland
  (vgl. ebd., S. 7).

23 Regionen, bei denen das Preis-Leistungs-Verhältnis nicht stimmt, werden als Verlierer bezeichnet; sie sind entweder zu teuer oder billig, haben dann aber außer den geringen Kosten nichts weiter zu bieten. Das gilt u.a. für:

- Makedonia, Griechenland
- Peloponnisos, Griechenland
- Galicia, Spanien
- Alentejo, Portugal
- Piotrkow Trybunalski, Polen
- Jelenia Gora, Polen
- Severocesky kraj, Tschechien
- Fejér, Ungarn
- Caras-Severin, Rumänien
- Tecuci (Galati), Rumänien
  (vgl. ebd., S. 7).

Fazit ist, daß die Zukunft für Produktionsstandorte abgesteckt ist: "Absehbar bis ins zweite Jahrzehnt des kommenden Jahrtausends bietet der Osten mehr als der Westen" (ebd., S. 4). Etwa 80% der Regionen mit unterdurchschnittlichem Kostenniveau liegen, bezogen auf den gesamten Kontinent, in Mittel- und Osteuropa (vgl. ebd., S. 5).

Die Erforschung der besten Investitionsstandorte in Osteuropa war bereits 1992 Ziel einer gemeinsam von Empirica und Wirtschaftswoche durchgeführten Untersuchung, in deren Rahmen 155 Regionen auf der Basis von 25 Indikatoren überprüft wurden. Die Analyse von Entwicklungsniveau plus heutiger Wachstumsdynamik ergab 16 Zukunftsregionen in diesem Raum.

- Gyor-Sopron, Ungarn
- Csongrad, Ungarn
- Westböhmen (Pilsen), CSFR
- Südböhmen (Budweis), CSFR
- Poznan (Posen), Polen
- Veszprém, Ungarn

- Wroclaw (Breslau), Polen
- Lovec, Bulgarien
- Cluj (Klausenburg), Rumänien
- Constanta, Rumänien
- Lublin, Polen
- Tallinn (Reval), Estland
- L'vov (Lemberg), Ukraine
- Odessa, Ukraine
- Nizhny Novgorod, Rußland
- Krasnoyarsk, Rußland
  (Empirica 1992, S. IV).

Diese haben folgende gemeinsame Merkmale, die ihre Attraktivität bestimmen:

- "Sie liegen mit wenigen Ausnahmen im Westen ihres Landes, manchmal unmittelbar an der Staatsgrenze. Der Wirtschaftsaustausch mit dem höher entwickelten Nachbarland, der Kontakt über die Grenze hinweg und das ausländische Fernsehen haben daher schon zu kommunistischer Zeit die Menschen vom Nutzen der Modernisierung überzeugt.
- Die Verkehrsanbindung ins Ausland - von Györ zum Wiener Flughafen, von Tallinn (Reval) nach Finnland, von L'vov (Lemberg) in der Westukraine nach Polen und in die Slowakei - ist ein zusätzlicher Standortvorteil.
- All diese Regionen waren auch unter den Kommunisten Industriestandort, aber keine Zentren der Schwerindustrie. Deshalb gibt es dort keine gravierenden Umweltschäden.
- Viele Wachtumsinseln haben eine Wirtschafts- und Industrietradition, die lange vor der kommunistischen Herrschaft begann.
- In Städten wie Poznan (Posen) und L'vov (Lemberg) - auch in geographisch begünstigten Handelszentren wie Constanta und Lovec - hat sich über Generationen eine bürgerliche Wirtschaftsmentalität gehalten, die heute den Investoren zugute kommt. Hier gründen mehr Leute Unternehmen als anderswo, weil sie noch wissen, was Selbständigkeit ist. Im Stadtbild heben sich Györ oder Tallinn (Reval) bis heute von der Plattenbau-Tristesse Osteuropas ab - Wohnorte, die auch Westler nicht abschrecken.
- In diesen Regionen gibt es eine relativ ausgeprägte Forschungsaktivität. Die kommunistischen Regime haben Studenten und Wissenschaftler oft fern von den großen industriellen Zentren konzentriert."
  (Empirica 1992, S. III f., vgl. auch Wirtschaftswoche v. 16.10.92, S. 78)

Diese Standortanalyse, die über die Faktorenuntersuchung hinaus auch auf einer Befragung von 55 Experten aus diesen Ländern bestand, ist durch ihre regionalisierte Orientierung auf die Provinz, weg von den Metropolen, besonders aufschlußreich. Die Metropolen sind teuer, von Monokulturen determiniert, haben keine neue Wachstumsdynamik (vgl. Wirtschaftswoche v. 16.10.92). Deshalb liegen die besten Investitionstandorte in Osteuropa quer zu den Zentren des realsozialistischen Zentralismus.

Tab. 43

Die besten Investitionsstandorte in den osteuropäischen Ländern

Estland:	Tallin
Rußland:	Nischnij
	Nowgorod
Polen:	Posen
Tschechische Republik:	Westböhmen
Ukraine:	Lviv
Ungarn:	Györ
Rumänien:	Cluj
Bulgarien:	Lovech

WirtschaftsWoche Nr. 43 / 16.10.1992

Im Frühjahr 1994 scheint die Situation schon erheblich klarer erkennbar. So hat z.B. in der Bundesrepublik ein Drittel aller Unternehmen die Absicht, Produktion ins Ausland zu verlagern. Zielländer dieser Produktionsverlagerung wären, in dieser Verteilung:

Tschechische Republik	45,6 %
Portugal	9,7 %
Ungarn	7,3 %
Polen	6,9 %
Schweiz	6,5 %
Frankreich	6,2 %
Großbritannien	2,8 %
Baltikum	2,8 %
Italien	2,4 %
Spanien	2,4 %

(Manager-Magazin 3/94, S. 84).

Als Grund für den Verlagerungswunsch steht in der Regel der Kostenfaktor an erster Stelle, gefolgt von der Verfügbarkeit qualifizierter Arbeitskräfte und den steuerlichen und sonstigen Abgaben (vgl. ebd., S. 86). Es handelt sich bei diesen Verlagerungen jedoch um Prozesse, die kaum mit der realen Kraft der osteuropäischen Volkswirtschaften vermittelt sind. Produktionsverlagerungen in diese Regionen sind zunächst einmal grundsätzlich positiv, weil sie Arbeitsplätze für die Bevölkerung schaffen. Daneben ist zu beachten, daß diese Investitionen in sehr arme Regionen, verglichen selbst mit den wirtschaftlich schwächsten Ländern der EU, gehen; diese werden durch die Verlagerung von Produktionsstätten nicht einfach wohlhabend werden. Vergleichbare Prozesse deuten sich im Abwenden von Produktionsstätten aus dem früheren Zonenrandgebiet in die westlichen Kreise der früheren DDR an (vgl. DIE ZEIT v. 01.04.94, S. 26). Aus der Perspektive des Abbaus regionaler Disparitäten im nationalen Vergleich sind diese Investitionen in den Regionen Mittel- und Osteuropas sicher zu begrüßen, denn sie bringen Beschäftigung und Einkommen in Länder, die durch hohe Arbeitslosigkeit und niedrige BIP-pro-Kopf-Werte gekennzeichnet sind. Allein der Vergleich der Wirtschaftskraft der hier genannten Länder macht das deutlich:

Tab. 44

Vergleich BIP / Arbeitskosten pro Stunde

Land	BIP pro Kopf	Arbeitskosten
Tschechische Republik	2.536 Dollar	3 - 4 DM
Portugal	9.537 Dollar	8 DM
Ungarn	3.500 Dollar	4 - 5 DM
Polen	2.045 Dollar	2 - 3 DM
Schweiz	23.408 Dollar	27,75 DM
Frankreich	23.408 Dollar	27,75 DM

Manager-Magazin 3/94, S. 84 ff.

Zum Vergleich: **BIP in KKP 1991**

Bundesrepublik Deutschland   15.743
alte Länder   18.338
neue Länder   5.262
(Wegner 1993, S. 22).

Die Kehrseite dieses sicherlich positiven Effekts ist, daß im Falle einer reinen Verlagerung, also Verlegung eines Standortes, die regionalen Probleme der verlassenen Regionen durch den Verlust von Arbeit und Einkommen, d.h. hier durch die Zunahme der regionalen Disparitäten in der alten Bundesrepublik, vergrößert werden. Das gilt natürlich nicht für eine Neuinvestition in dem kostengünstigeren Gebiet; überwiegend dürfte es jedoch, zumindest in der gegenwärtigen konjunkturellen Lage, um die Verlagerung bereits bestehender Produktionsstätten gehen, die dann von den wesentlich billigeren Arbeitskräften vor Ort betrieben werden.

Die Investitionen in diesen mittel- und osteuropäischen Ländern und Regionen sind sektoral und branchenmäßig differenziert. Überwiegend wandert die arbeitsintensive Produktion zu, Firmen der lohnintensiven Konsumgüterproduktion und rohstoffabhängige Industrie (vgl. Empirica 1993, S. 2; Manager-Magazin 3/94, S. 86); dazu gehören vor allem Autozulieferer, Bekleidungs-, Schuh- und Möbelindustrie (vgl. Manager-Magazin 3/94, S. 86). Mittelfristig dürfte es zu einer relevanten Verlagerung der Pruduktionsbasis vieler größerer und kleinerer Firmen in dieses Gebiet kommen, während Standorte für hochtechnologische Produktionen und für die marktorientierten Dienstleistungen eher im Kern der alten und neuen europäischen Wachstumszonen im Bereich der "Blauen Banane" und des Sunbelt bleiben werden.

Selbstverständlich haben auch die neuen Investitionen in diesen Ländern wieder Folgen für die Entwicklung der internen regionalen Disparitäten. Denn sie führen bisher sehr deutlich zu einer neuen Schwerpunktsetzung in den westlichen Regionen und damit gleichzeitig zu einer Benachteiligung der mittleren und östlichen Teile der betroffenen Länder. Daß dieser regionale Transformationsprozeß inzwischen auch - verstärkt durch die schwere konjunkturelle Krise in der EU - in den Wachstumsraten des BIP nachweisbar ist, zeigt die folgende Übersicht des früheren DDR-Gebietes für 1992 und 1993:

Tab. 45

Neue Bundesländer: Erholung kommt voran

	Wachstumsraten des BIP gegenüber dem Vorjahr in Prozent	
	1992	1993
Berlin-Ost	11,4	1,8
Brandenburg	5,4	4,4
Sachsen-Anhalt	10,8	5,6
Mecklenburg-Vorpommern	10,1	5,9
Sachsen	10,0	6,6
Thüringen	12,8	11,6
insgesamt	9,7	6,3

IWD vom 3.3.94, S. 3

Schon vor der vollen Öffnung der ost- und mitteleuropäischen Staaten 1988/89 läßt sich ein starkes West-Ost-Gefälle bei zentralen ökonomischen Parametern nachweisen. Dazu gehören z.b. regionale Beschäftigungskonzentrationen für Industrie, Bauwirtschaft und Dienstleistungen im Westen, während in den östlichen Landesteilen hohe Beschäftigungszahlen in Land- und Forstwirtschaft sowie Fischerei vorlagen (vgl. KEG 1992l, S. 60-62). Komplementär dazu liegen die Gebiete mit hoher Arbeitslosigkeit z.b. in den neuen Bundesländern, in Polen, der Slowakischen Republik und Ungarn überwiegend in den östlichen Landesteilen (vgl. ebd., S. 116).

Der Investitions- und Entwicklungsschub, den diese Staaten sicherlich durch die Niederlassungen aus der EU mittel- bis langfristig erfahren werden, wird sich also mit großer Wahrscheinlichkeit einmal mehr gemäß den regionalökonomischen Zentrum-Peripherie-Ansätzen bzw. in Anlehnung an die immer wieder beobachteten Distanz- und Gewinnfaktoren vollziehen. Die bestehenden regionalen Vor- und Nachteile der mittel- und osteuropäischen Regionen werden sich erheblich verstärken, weil die Investitionen aus der EU in die westlichen, der EU am nächsten gelegenen Gebiete gehen werden. Sehr schnell werden sich dort neue Agglomerations- und Fühlungsvorteile einstellen, sofern die Phase des Aufbaus von "verlängerten Werkbänken" von Großunternehmen überwunden werden und diversifizierte Ökonomien in diesen Regionen entstehen können.

Die marktwirtschaftliche Öffnung dieser Länder macht unbehinderte Auslandsinvestitionen möglich. Diese Investitionen verteilen sich regional äußerst ungleich, konzentriert auf die westlichen, zuvor schon wirtschaftlich stärkeren Regionen. Der gesamte Prozeß wird durch keinerlei raumordnerische oder regionalpolitische Vorgaben gesteuert, er erfolgt nach Gesetzen des freien Marktes, zunächst vor allem unter Kostenmotiven, später sicherlich auch mit dem Ziel der Markteroberung, sobald die Binnenmärkte dieser Länder sich kräftiger entwickeln. Diese Dynamik widerlegt einmal mehr die neoklassische Raumtheorie, wonach die freien Märkte einen räumlich ausgeglichenen Wirtschaftsprozeß gewährleisten.

Aber die Verlagerung von Industrien in die mittel- und osteuropäischen Staaten hat noch einen anderen, sehr "praktischen" und verhängnisvollen Aspekt. In dem Motiv der Unternehmen, Kosten zu sparen, stecken nicht nur Arbeits- und Lohnzusatzkosten. Darin steckt auch die Chance, Umweltauflagen sowohl der Bundesrepublik als auch der EU zu umgehen und damit hohe Summen einzusparen. Gerade im arbeitsintensiven Bereich, z.B. der Schuhindustrie, bestehen außerhalb der EU häufig - in allen Umweltfragen, Fragen des Arbeits- und Gesundheitsschutzes und natürlich auch in vielen sozialen Kostenbereichen für den Betrieb von Unternehmen - schwächere Regulierungen (oder gar keine) als in den EU-Staaten. Hinzu kommt die nach dem Zusammenbruch der zentralistischen Systeme und ihrer politischen Träger eklatante Schwäche der Arbeitnehmerorganisationen und der wenig ausgeprägten Gesetzgebung für die innerbetrieblichen Mitbestimmungsmöglichkeiten. Erst alle diese Aspekte zusammen ergeben das Kostenmotiv der Unternehmensinvestition für diese neuen marktwirtschaftlichen Regionen. Die Folgen sind Gefahren für die soziale und ökologische Situation, die diese Staaten nur abwenden können, wenn sie sich rasch den Standards der höher entwickelten EU-Länder anpassen. Denn ihre eigene Umweltsituation war schon vor 1989, durch eine unbedachte Wachstumsstrategie der Industrie bedingt, äußerst kritisch.

Bevor ich zu einem Fazit komme, möchte ich noch kurz und exemplarisch auf die Problematik der Veränderung der regionalen Unterschiede in Gebieten der neuen EU-15 ab 1995 eingehen: Österreich und Skandinavien. Die Situation Österreichs ist, wie die folgende Tabelle zeigt, recht ausgeglichen, mit der Ausnahme des Burgenlandes im äußersten Osten, angrenzend an Ungarn. Hier liegt das BIP 1988-90 nur bei 65 % des EU-Durchschnitts, und die Arbeitslosenquote beträgt für 1990-1992 4,4 %, sie wird lediglich von der Region Wien mit 5,2 % übertroffen. Dennoch ist die Situation des Burgenlandes aufgrund seiner bereits angedeuteten Lage in einem attraktiven Dreieck, bestehend aus der Region Gyor-/Westböhmen und dem Burgenland, so, daß z.B. auch die Zukunftsprognose von ERECO diesem Gebiet eine stabile Entwicklung prophezeit (ERECO 1993, S. 14).

Tab. 46

Arbeitslosigkeit und BIP in Österreich

Region	Arbeits-losenquote Ø 90-92 %	BIP je Einwohner Ø 1988-90 ECU ECU = 100	BIP je Einwohner Ø 1988-90 PPS EUR = 100
	9	10	11
EUR 12	8,7	100	100
Österreich	3,6	112	105
Ostösterreich	4,3	123	116
Burgenland	4,4	68	65
Mittelburgenland	3,9	64	60
Nordburgenland	4,3	75	70
Südburgenland	4,8	62	59
Niederösterreich	3,3	97	91
Mostviertel-Eisenwurzen	2,3	79	75
Niederösterreich-Süd	5,1	85	80
Sankt Pölten	3,1	97	91
Waldviertel	2,9	82	78
Weinviertel	2,6	65	61
Wiener Umland - Nordteil	2,9	88	83
Wiener Umland - Südteil	3,7	156	147
Wien	5,2	159	149
Südösterreich	3,7	87	82
Kärnten	3,5	91	86
Klagenfurt-Villach	3,5	114	108
Oberkärnten	3,8	80	76
Unterkärnten	3,2	62	58
Steiermark	3,8	85	80
Graz	4,0	123	116
Liezen	4,4	74	70
Östliche Obersteiermark	5,9	85	80
Oststeiermark	2,5	58	55
West- u. Südsteiermark	3,5	61	58
Westliche Obersteiermark	3,5	75	70
Westösterreich	2,8	114	107
Oberösterreich	3,3	110	104
Innviertel	2,3	69	65
Linz-Wels	4,2	168	158
Mühlviertel	2,7	49	47
Steyr-Kirchdorf	3,9	91	86
Traunviertel	2,5	90	84
Salzburg	2,6	125	118
Lungau	3,1	76	72
Pinzgau-Pongau	3,4	99	93
Salzburg u. Umgebung	2,2	140	132
Tirol	2,5	113	107
Außerfern	3,0	121	114
Innsbruck	2,3	129	122
Osttirol	3,6	78	74
Tiroler Oberland	3,5	86	81
Tiroler Unterland	2,1	111	105
Vorarlberg	1,7	115	108
Bludenz-Bregenzer Wald	1,8	99	93
Rheintal-Bodenseegebiet	1,7	120	113

Eurostat 1994

Von den österreichischen Regionen wird nur für Kärnten ein ökonomischer Rückgang in der absehbaren Zukunft vorausgesagt (vgl. ERECO 1993, S. 14). Damit dürfte sich die regionale Problematik des Landes, das in unmittelbarer Nachbarschaft zur EU bereits seit einiger Zeit mit dieser verflochten ist, eher positiv gestalten, wahrscheinlich sogar relativ unabhängig von dem für 1995 vorläufig geplanten Beitritt zur EU.

In den beiden übrigen Beitrittsländern, die vermutlich ab 1995 der EU angehören werden, Schweden und Finnland, sind die regionalen Disparitäten im BIP und bei der Arbeitslosigkeit nicht sonderlich stark. Zwar gibt es ein gewisses Gefälle im Wohlstand, das sich vom Süden zum Norden erstreckt, aber beide Länder gehören, wie Österreich, zu den wohlhabenden Staaten Europas und tragen nicht zu einer Verschärfung der regionalen Disparitäten in der zukünftigen EU bei (vgl. Europäische Kommission 1994, S. 159 ff.).

Abb. 41

Durchschnittliches BIP je Einwohner (KKP) in den EFTA-Staaten 1991

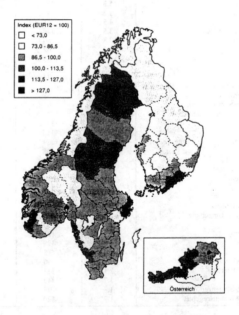

Europäische Kommission 1994, S. 159

Abb. 42

Regionale Arbeitslosigkeit in den EFTA-Staaten 1993

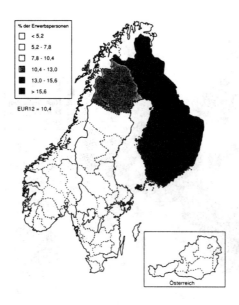

Europäische Kommission 1944, S. 159

Allerdings hat Finnland auch in Zukunft unter dem Wegbrechen des sowjetischen bzw. russischen Marktes zu leiden; seine Beschäftigungsproblematik führt dazu, daß es den Block der Regionen mit hoher Arbeitslosigkeit verstärkt.

Die mittelfristige Prognose für die Dynamik der Regionen in den 12 EU-Staaten und Österreich, die ERECO (1993) vorgelegt hat, sieht so aus.

Abb. 43

Regionale Gruppierungen

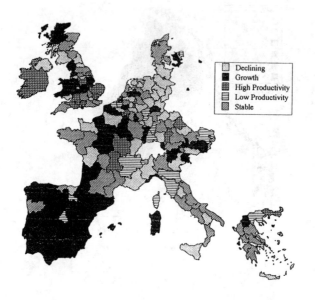

☐	Declining
■	Growth
▦	High Productivity
▤	Low Productivity
▨	Stable

ERECO 1993, S. 14

Diese Prognose impliziert eine durchaus markante Abweichung von der Blauen Banane, aber auch vom Sunbelt, denn in beiden Zonen werden hier reichlich Regionen im Niedergang sowie mit geringer Produktivität gesehen. Die hier ausgewiesenen Wachstumsregionen befinden sich zum Teil derzeit in einer nicht sonderlich guten Lage. Das gilt z.B. für die Regionen

- Alentejo in Portugal (vgl. KEG 1993f, Bd. 3, S. 20 ff.)
- Andalusien in Spanien (vgl. ebd., S. 134 ff.)
- Aquitaine in Frankreich (vgl. ebd., Bd. 2, S. 86 ff.)
- Korsika in Frankreich (vgl. ebd., S. 128 ff.)
- Clwyd, Dyfed, Gewynedd, Powis in Großbritannien (vgl. ebd., S. 270f.)
- Highlands, Islands in Großbritannien (vgl. ebd., S. 284 f.)
- Gießen in der Bundesrepublik (vgl. ebd., Bd. 1, S. 68 f.).

Aufgrund einer Breite und Vielfalt mittel- und langfristig wirksamer negativer Faktoren der regionalökonomischen Entwicklung ist eine Einstufung dieser Gebiete als Wachstumsregionen verfehlt - das beweisen die in den genannten Quellen erörterten Probleme und Hemmfaktoren.

Daher erscheint mir die Prognose in dieser dezidierten und aus EU-Sicht mikrochorologischen Form nicht möglich; es ist einfach nicht ersichtlich und nicht nachvollziehbar, daß eine Prognose in diesem detaillierten Ausmaß vorgenommen werden kann.

Andererseits kann auf der Basis des Dargelegten eine Voraussage über die regionale Zukunft der EU-Länder durchaus begründet werden. Ein erster Schritt ist möglich über die Diskussion von zwei recht global angelegten Szenarien:

"*Das düstere Szenario*
Im Mai 2020 sind die blühenden Industriestandorte Deutschlands, Österreichs, der Schweiz, Frankreichs oder Norditaliens verödet. Die Arbeitslosigkeit nähert sich der Fünfzig-Prozent-Marke. Hunderttausende von Arbeitsplätzen in der Produktion sind exportiert. Qualifizierte Arbeitskräfte, Ingenieure und Wissenschaftler büffeln russisch, tschechisch oder ungarisch und reihen sich in den großen Treck Richtung Osten ein.

Ihr Ziel: Die neuen Silicon Valleys der Produktion in der Gegend um Bratislava, in Gyor-Sopron, Estland, Westböhmen oder Posen. Dort produziert der Technologiekonzern Daimler-Benz sein intelligentes Stadtauto, Siemens die neue Super-Glasfaser, Alcatel den tragbaren 986er. Nüchtern betrachtet, kommen weite Teile der westlichen Welt kostenbezogen nicht als Produktionsstandorte in Frage." (Empirica 1993, S. 2).

Die Prognose thematisiert das Jahr 2020. Bis dahin sind es mehr als 25 Jahre, d.h. sie prognostiziert, daß sich lediglich im Osten Wandlungen - in der Form von erheblichem Wachstum von Investitionen in sehr produktiven Bereichen - einstellen werden. Es wird ignoriert, daß eine Vielzahl von hochqualifizierten Arbeitsplätzen in der Industrie aufgrund des im Westen Europas noch anderen Qualifikationsniveaus nicht exportiert werden können. Gleichzeitig ist über diesen langen Zeitraum mit einer Kostensteigerung im Osten zu rechnen, die nicht zuletzt auf einem Wiederaufleben und einer Dynamik bestimmter Bewußtseins- und Handlungssegmente in Osteuropa beruht. Es wird sich dabei sicherlich nicht um die Renaissance des klassischen Leninismus handeln, aber im Verlauf einer technologisch und tertiär orientierten Wirtschaftsentwicklung bei intensiver ökonomischer Kooperation mit den westeuropäischen Staaten werden sich Denkstrukturen und Mechanismen herausbilden, die zur materiellen Aufwertung der Ware Arbeitskraft, zur Steigerung des Selbstbewußtseins der Arbeitnehmer und zum Wunsch verstärkter Partizipation an den Ergebnissen geleisteter Arbeit führen müssen. Daher ist ein "großer Treck Richtung Osten" zwar nicht unwahrscheinlich, aber es ist zu vermuten, daß die Kostenunterschiede zwischen West- und Osteuropa eine Relativierung erfahren. Ursache dafür wird nicht zuletzt die Interaktion Osteuropas mit den neuen Bundesländern sein, in denen die Lohn- und Gehaltsentwicklung schon ca. im Jahr 2000 auf dem Niveau eines Höchstlohnlandes - der Bundesrepublik - angekommen sein wird. Es ist denkbar, daß gerade in den östlichen Staaten Europas der Kostenfaktor eine neue Gewichtung erhält. Denn sowohl ökologische als auch soziale Kosten der marktwirtschaftlichen Systematisierung (vgl. z.B. Kapp 1979) können in einem sich abzeichnenden, raschen Strukturwandel der osteuropäischen Volkswirtschaften nicht verborgen bleiben, ebensowenig wie die in den meisten EU-Staaten vorherrschenden Normen und Vorgaben für die Umwelt und die soziale Sicherung. Daher ist dieses Szenario nicht besonderes wahrscheinlich. Hinzu kommt die sehr stark anzunehmende Tatsache, daß im Jahr 2020 alle Staaten Mittel- und Osteuropas EU-Mitgliedstaaten sein werden, die sich auf nachhaltiges Wirtschaften und hohe soziale Standards bei weitgehend demokratisierten gesellschaftlichen, politischen und wirtschaftlichen Mechanismen verpflichtet haben, als sie der EU ca. im Jahr 2008 beitraten:

"Das optimistische Szenario

Im Mai 2020 ist Westeuropa die Drehscheibe des Weltmarktes. Die kostengünstige Produktion in Osteuropa ist gekoppelt mit einer im Westen hohen und im Osten steigenden Kaufkraft, mit umweltverträglichen Systemen für Hochgeschwindigkeitsreisen und Distribution, produktionsorientierten Dienstleistungen, den besten Börse- und Messeplätzen der Welt, Arbeitskräften, die über das neue Ultra-Learning neben den drei europäischen Pflichtsprachen sieben weitere beherrschen: ein Eldorado des Weltmarkts.

Alles Science Fiction? Wenn alle Beteiligten ihre komparativen Vorteile nutzen, wird möglichst viel in Osteuropa produziert, in Westeuropa befinden sich die Verteilzentren, das logistische und produktionsorientierte Knowhow und Headquarters" (Empirica 1993, S. 2).

Dieses (west)europazentristische Szenario ist um ein Vielfaches realistischer, denn bei dem Verhältnis zwischen West- und Osteuropa handelt es sich um ein regionalökonomisches und politisches Zentrum-Peripherie-Verhältnis, das aufgrund der existierenden Machtverteilungen noch viele Jahre Bestand haben wird. Allerdings ist aus der Sicht der aktuellen Bedingungen die These einer im Westen hohen Kaufkraft nicht abgesichert. Denn die sich eventuell ergebenden neuen Wachstumschancen des Westens - durch hochtechnologische Produktion, marktorientierte Dienstleistungen und Zunahme der Reproduktionstätigkeiten - werden weitgehend unter der Maxime des "jobless recovery" (Horx 1993, S. 49 f.), des Wachtums der ökonomischen Leistung mit einer reduzierten Beschäftigtenzahl, realisiert. Damit ergeben sich unter den Bedingungen einer flexibilisierten Ökonomie und Arbeitsgestaltung ernsthafte Gefahren für Nachfrage und Kaufkraft. Diese müssen bei Perpetuierung der hohen Arbeitslosenquote weiterhin absinken. Gegenläufige Trends sind möglich, z.B. durch eine erhebliche Steigerung der Einkommen von "Arbeitsplatzbesitzern", die sich in einer eventuell vorhandenen Zwei-Drittel-Gesellschaft so sehr materiell verbessern können, daß ihre Kaufkraft der Beschäftigung nahezu aller Arbeitnehmer - die aber seit ca. 20 Jahren nicht mehr möglich erscheint - entspricht.

Kernbestandteile des optimistischen Szenarios kommen der Entwicklung nahe, aber auch dieses Modell der Zukunft ist noch zu sehr auf Dichotomien ausgerichtet. Im Jahr 2020 werden die osteuropäischen Regionen längst integrierter Teil der EU-Märkte sein und als Mitglieder der EU auf allen Ebenen Gleichberechtigung besitzen. Es ist schwer vorstellbar, daß unter diesen Voraussetzungen ein ökonomisches Zentrum-Peripherie-Verhältnis bestehen bleiben kann. Zugleich ist es nicht auszuschließen, denn derartige Interdependenzen existieren nunmehr seit vielen Jahrzehnten zwischen der sog. Dritten und der sog. Ersten Welt, weil die internationalen Märkte von den USA, Westeuropa und Japan dominiert werden. Die Problematik der längerfristigen Kostendifferenzierung zwischen West- und Osteuropa wurde bereits diskutiert.

Abb. 44

Wirtschaftszentren im geopolitisch neuen Europa

Alternativszenario (3)

Dynamische Entwicklung in neuen Bundesländern und Osteuropa
läßt auf längere Sicht zusätzlich durchgehende Nord-Ost-Achse
östlich der traditionellen »Banane« entstehen.
Aufwertung speziell des Raumes zwischen diesen beiden Achsen.

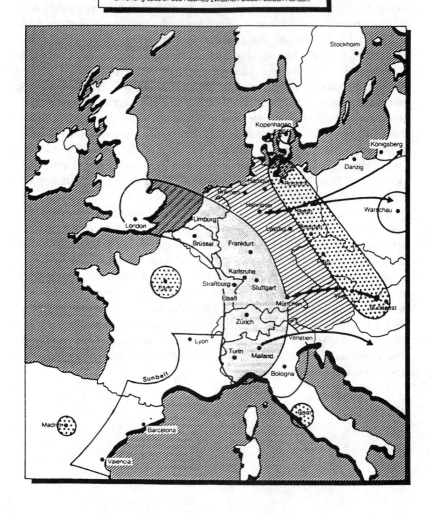

IFO-Schnelldienst 17/18 1992, S. 19
= Nerb u.a. 1992, S. 19

Das "letzte Wort" soll deshalb ein "mittlerer Weg" in der regionalökonomischen Prognostik Europas haben, der sich nicht bis zur Differenzierungsebene der einzelnen NUTS-2-Regionen begibt, sondern die prosperierenden Großregionen der Zukunft abbildet. Kernthese dieses Modells ist eine ökonomische Dynamik, die vier spezifische Großregionen als zukunftsträchtig ausweist.

- die Blaue Banane
- den Sunbelt
- eine Nord-Ost-Achse zwischen Kopenhagen und Budapest
- eine schmale Zone zwischen der Blauen Banane und dieser Achse.

Eine "immanente" Kritik dieser Prognose ist bei folgenden Aspekten angebracht.

1. Große Teile von Spanien und Italien werden ausgeklammert, Portugal und Griechenland vollständig. Damit wird diesen Regionen bzw. Staaten auch geschadet, denn die Ausblendung aus der wissenschaftlichen Analyse entspricht einem zentralistischen und überheblichen Verständnis der Geographie der Europäischen Union.

2. Die Blaue Banane ist in ihrer "klassischen" Form seit 1989 immer wieder in dieser Form dargestellt worden, obwohl mittlerweile für einige der früheren Wachstumsregionen (z.B. London) die Bedingungen deutlich schlechter geworden sind. In ihrer unvermeidlichen Grobstruktur bedeckt sie auch zahlreiche Regionen und z.B. ländliche Räume, deren wirtschaftliche Zukunft höchstwahrscheinlich keinen Fortschritt bringen wird.

3. Sie umfaßt die Schweiz, aber nur einen sehr kleinen Teil Österreichs. Damit wird die reale Aufnahmesituation von 1995 spiegelverkehrt abgebildet, obgleich es natürlich nicht falsch ist, die Schweiz den stärksten Regionen Europas zuzuordnen.

4. Die neuen skandinavischen Mitgliedstaaten werden nicht berücksichtigt. Es ist zu erwarten, daß hier durch den Beitritt der beiden skandinavischen Länder vor allem das Dreieck Kopenhagen-Stockholm-Oslo einen neuen Wirtschaftsschwerpunkt im Norden der EU bilden dürfte. Allerdings wird sich der Wettbewerb für die anderen Wachstumsbänder und -achsen hierdurch kaum, evtl. langfristig, in begrenztem Umfang, verschärfen. Denn trotz der ökonomischen Stärke und der Offenheit dieser Ökonomien bleibt der Distanzfaktor, in Verbindung mit der tatsächlichen Erreichbarkeit, ein wirksames Hindernis.

5. Einzelne Regionen, wie z.B. Piemont in Italien und Povence-Alpes-Cote d'Azur werden vermutlich in Zukunft nicht mehr zu den prosperierenden Gebieten zählen (vgl. KEG 1993l, Bd. 2, S. 122 ff.; Bd. 3, S. 156 ff.), weil ihre ökonomische Struktur relativ einseitig ist und von zusätzlichen Negativfaktoren beeinflußt wird.

6. Die neue Nord-Ost-Achse sowie die westlich davon liegende Entwicklungszone sind - wie die Blaue Banane - zu pauschal. In beiden Strukturbändern liegen mehrere Problemregionen, deren Langfristprognose nicht gut ist.

Konsequenz aus dieser Kritik ist die Empfehlung, im Einzelfall die differenzierte Darstellung von ERECO 1993 (vgl. S. 6 ff., 27 ff.) zu der zuletzt erläuterten, gröberen Arbeit hinzuzuziehen und sich dabei bewußt zu bleiben, daß sowohl die pauschalisierte Methode des Alternativszenarios als auch die konkrete Prognose für jede einzelne NUTS-2-Region der EU Fehlerrisiken beinhalten, die sich aus dem verwendeten Verfahren ergeben. Eine Untersuchung, die nur 3-4 Jahre prognostiziert, wird es dabei immer leichter haben als der Versuch, großräumige Wirtschaftsentwicklungen abzuschätzen. Zugleich besteht die Schwierigkeit für die ERECO-Studie auf der Ebene des Details, denn diese differenzierte Arbeit erfordert einen erheblich größeren Aufwand als die Szenario-Technik.

Die Frage, was Umwelt/natürliche Ressourcen mit der Thematik der regionalen Disparitäten zu tun haben, kann am Ende des 20. Jahrhunderts nur noch ignorant bzw. zynisch sein. Für das Leben der Menschen in allen Regionen der Erde - und damit Europas - stellt sich das Umweltproblem heute als wichtigstes Problem überhaupt. Die steigende Zahl von Kraftfahrzeugen, die Verschmutzung der Gewässer, die Zerstörung der Böden, die nicht zu entsorgenden Müllberge, die Zerstörung des Naturerbes und der Naturaumpotentiale sowie der industriell verursachte Wandel des Klimas sind zentrale Prozesse, die sich regional sehr differenziert umsetzen. Aber auch ohne diese globalen Aspekte ist das Umweltproblem ein bedeutender Faktor in der Strukturierung der Regionen als individuelle Einheiten mit allgemeinen, aber auch vielen spezifischen Merkmalen. Die folgende Übersicht zeigt, wie sehr differenzierte Indikatoren regionalspezifisch angewendet werden können:

Indikatoren der Umweltqualität sowie deren Begründungen

Indikatoren	Begründung
- Freifläche	"Um die Regenerationsfähigkeit des Nauturhaushaltes zu gewährleisten..."
- Waldfläche	"Sicherung des Regenerationspontentials des Naturhaushaltes"
- Gewässerfläche	"... aus Gründen des Klimas, des Biotopschutzes, der Stabilisierung der Grundwasseroberfläche..., der Landnutzung und der Erholungsnutzung..."
- Unbewirtschaftete Fläche	"natürliche Entwicklung von Vegetation und Tierwelt"
- Schutzgebiete	"Erhaltung der natürlichen Gegebenheiten"
- Moor-, Heide-, Almflächen	"ökologische und landeskulturelle Funktion"
- Landwirtschaftlich genutzte Fläche	"unterschiedliche Belastung des Naturhaushalts"
- Mögliche Grundwasser-Sammelgebiete	"steigender Wasserbedarf" und "zunehmende Gefährdung des Grundwassers"
- Auen, Überschwemmungs- und Feuchtgebiete	"wichtig für den Naturhaushalt, insbesondere den Wasserhaushalt und für ein kontinuierliches Wasserdargebot"
- Freie unbebaute Uferstreifen	"bedeutsam für Ökologie und Erholung"
- Frischluftschneisen	"zur natürlichen Verbesserung der Luftqualität"
- Wochenend-Erholungsfläche	"zur Sicherung der Erholung der Bevölkerung"
- Tages-Erholungsfläche	"zur Sicherung eines Mindestfreizeitwertes in erreichbarer Nähe zur Wohnung"
- Bebaute Fläche (Dichte ≥ 90 E/ha)	"wirkt belastend (hohe Schadstoff- und Staubemissionen, hohe Lärmbelastung)"
- Bebaute Fläche (Dichte ≥ 40 E/ha)	"engen die ökologisch wirksamsten Freiflächen unverhältnismäßig stark ein"
- Bebaute Fläche (insgesamt)	"Behinderung und Unterbrechung klimatischer, hydrologischer und biologischer Funktionszusammenhänge und Regenerationszusammenhänge"
- Verkehrsfläche	"Nachhaltige Veränderung der Grundwasserbildung, des Oberflächenabflusses, der Grund- und Oberflächenwasserqualität" und "wesentliche Störquelle für Lärm-, Staub- und Schadstoffbelastung"
- Lärmbelastete Fläche (≥ 50 dB (A))	"Reservierung größerer zusammenhängender Gebiete mit geringem Lärm"
- Wohnbevölkerung in Gebieten mit Lärmbelastung (≥ 50 dB (A)	"Schutz von Wohnungen"
- Schwefeldioxyd	keine (Verweis auf BImSchG)
- Staubkonzentration (K < 10 μm)	keine (Verweis auf BImSchG)
- Staubkonzentration (insgesamt)	keine (Verweis auf BImSchG)
- Aufwärmspanne	"Wahrung der natürlichen biologischen und chemischen Verhältnisse", "Vermeidung von Nebelbildung
- Maximaltemperatur	"Wahrung der natürlichen biologischen und chemischen Verhältnisse, "Vermeidung von Nebelbildung"
- Biologischer Zustand	keine (Verweis auf "Materialien zum Umweltprogramm" 1971)
- Nicht vollbiologisch gereinigte kommunale Abwässer	"Schutz des Grund- und Oberflächenwassers"
- Unzureichend gereinigte Industrieabwässer	"Erhaltung des biologischen Gleichgewichts und einer ausreichenden Selbstreinigung"
- Mittlerer Niedrigwasserabfluß	"Erhaltung und Erholung des Grundwasservorrates"
- Mittlerer Grundwassertiefstand	"Erhaltung des Grundwasservorrats"
- Geförderte Wassermenge mit EG-Mindestgüte	"hohe Versorgungssicherheit und Versorgungsqualität in der Trinkwasserversorgung"

Hübler u.a. 1980, S. 73

Ein typisches und in vielerlei Hinsicht ausschlaggebendes Element für Zustand und weitere Entwicklung der Umwelt ist der Energieverbrauch, vor allem der Primärenergiebedarf, gemessen pro Einwohner. Dessen Verteilung folgt in der Regel etwa der Höhe des BIP, d.h. die Länder mit der größten Wertschöpfung verbrauchen die größten Energiemengen.

Tab. 47

Primärenergiebedarf je Einwohner 1960 - 1987

(in 1000 Rohöleinheiten)

	1960	1965	1970	1975	1980	1985	1986	1987	$\bar{x}$ (1)	s (1)
Belgien	2,52	3,12	4,24	4,21	4,58	4,32	4,44	4,97	3,83	0,75
Dänemark	1,88	2,85	3,95	3,44	3,66	3,66	3,67	3,20	3,24	0,70
BRep.Deutschland	2,64	3,14	3,90	3,91	4,42	4,35	4,35	3,61	3,73	0,64
Frankreich	1,85	2,30	2,95	3,14	3,56	3,48	3,52	3,29	2,88	0,62
Griechenland	-	-	-	1,30	1,62	1,81	1,79	2,21	1,58	0,21
Großbritannien	3,27	3,55	3,78	3,54	3,52	3,57	3,64	3,83	3,54	0,15
Irland	1,09	1,42	1,99	2,03	2,42	2,51	2,59	1,83	1,91	0,51
Italien	0,92	1,45	2,12	2,31	2,50	2,47	2,50	2,43	1,96	0,58
Luxemburg	10,40	11,23	12,80	11,62	11,05	9,84	9,63	7,09	11,16	0,93
Niederlande	1,92	2,55	3,76	4,29	4,58	4,27	4,37	5,95	3,56	0,99
Portugal	-	-	-	-	1,11	1,19	1,23	1,29	1,15	0,04
Spanien	-	-	-	-	1,96	1,90	1,90	1,95	1,93	0,03
$\bar{x}$	2,94	3,51	4,39	3,98	3,75	3,61	3,64	3,47		
s	2,73	2,82	3,07	2,71	2,47	2,14	2,09	1,69		

(1) Mittelwert (x$\bar{x}$) und Standardabweichung (s) errechnet aus den Angaben für die Jahre 1960, 1965, 1970, 1975, 1980, 1985 (sofern vorhanden).

Gabriel 1992, S. 516

Da die Umweltprobleme eng vernetzt sind und eine Analyse einzelner Faktoren nur als Abstraktion möglich ist, andererseits die Zusammenhänge so komplex sind, daß die bisher vorliegenden Modelle kaum Quantifizierungen ermöglichen, greife ich einige Elemente als Indikatoren heraus. Atmosphäre, Luft, Böden, Wälder, Wasser und gesellschaftliche/politische Handlungen - das sollte dabei bedacht werden - beeinflussen sich gegenseitig direkt und indirekt, wobei die menschlichen Aktivitäten die größte Gefahr für eine weitere Verschärfung der Umweltprobleme bilden (vgl. Hauchler 1993, S. 277 ff.).

Tab. 48

CO$_2$ Emissionen pro Kopf 1987

Land	CO$_2$ Emissionen pro Kopf in KG, 1987 (ungefähre Werte)
L	6 600
D	3 300
DK	3 300
NL	2 900
B	2 900
VK	2 700
IRL	2 300
F	1 800
I	1 800
GR	1 600
E	1 300
P	800
EU-12	2 300

KEG 1991d, S. 115

Die beiden folgenden Karten zeigen, daß der Raum der Blauen Banane nicht nur bei der Bevölkerung die höchsten Zahlen ausweist, sondern auch in der Stickstoff-Emission ganz "oben" steht.

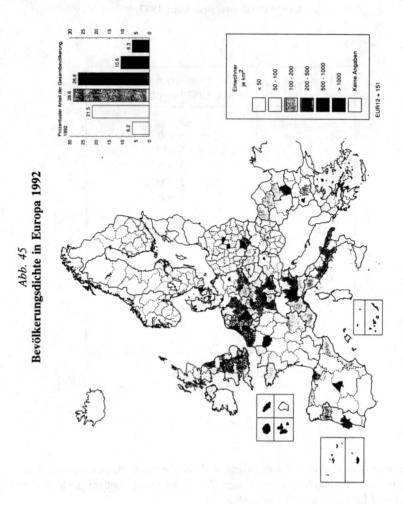

Abb. 45
Bevölkerungsdichte in Europa 1992

Europäische Kommission 1994, S. 17

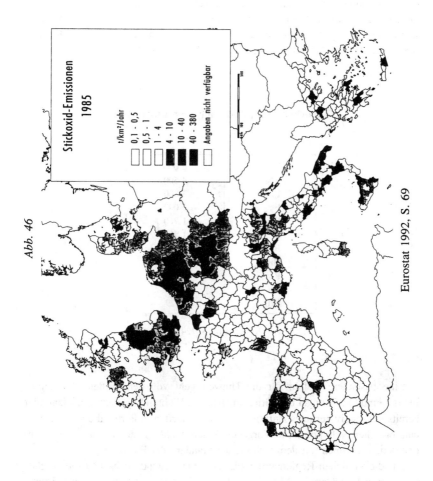

Abb. 46

Stickoxid-Emissionen
1985

t/km²/Jahr

0,1 - 0,5
0,5 - 1
1 - 4
4 - 10
10 - 40
40 - 380
Angaben nicht verfügbar

Eurostat 1992, S. 69

157

Die Mengen von städtischem Müll, Industriemüll und gefährlichem Müll zum Ende der 80er Jahre zeigen eine Verteilung, die regional äußerst ungleichmäßig ist. Hier wird auch verständlich, wieso in den Kernländern des EU-Gebietes die Umweltbemühungen relativ früher als in der Peripherie einsetzten, denn die Konzentration von Wirtschaftstätigkeit, Verkehrsaufkommen, Bevölkerungsagglomeration führt im Zentrum der EU seit ihrer Gründung zu den großen, massiven Beeinträchtigungen und Schäden an der natürlichen Umwelt und dem Leben und der Gesundheit der Menschen (vgl. KEG 1991d, S. 124 ff.).

Tab. 49

Gefährlicher Müll, Ende der 80er Jahre (1000 $)

D	6 000
UK	4 500
I	3 800
F	3 000
E	1 710
NL	1 500
B	920
GR	423
P	170
DK	90
IRL	29

KEG 1991d, S. 124

Eine besondere Gefahr für die Umwelt geht von den großen Mengen an Industriemüll in Portugal und Griechenland aus. Während Spanien und Irland hier bereits ein relativ geringes Aufkommen haben, dürften in Portugal und Griechenland entscheidende politische Vorgaben fehlen, wohl aus den bekannten Kostengründen, zusammen mit dem technischen Standard der Entsorgung.

Für die südlichen Regionen der EU, die überwiegend noch nicht die erheblichen Umweltschäden der Mitte bzw. des Nordens erlitten haben, ist das Thema Umwelt jetzt noch - zumindest in etlichen Bereichen - regulierbar. Sie leben in erheblichem Umfang von einem touristischen Image mit intakter Naturwelt, unbesiedelten Landschaften und relativ beschaulicher Lebensweise. Nicht nur, um die großen naturschutzwürdigen Gebiete zu erhalten (vgl. Eurostat 1991, S. 114 f.), sondern auch aus der Perspektive eines gesünderen Lebens für

Pflanzen, Tiere und Menschen sollte der Süden der EU versuchen, die vom Zentrum vorgelebte, für die Umwelt katastrophale Entwicklung rechtzeitig zu reflektieren und durch hohe Standards der Umweltpolitik und rasche Einführung einer umweltverträglichen Wirtschafts- und Lebensweise zu vermeiden. Ich halte es für denkbar, daß eine ökologisch-soziale Strategie der Peripherie entsteht, in der diese ihre weitere Genese nicht mehr mit dem Wachstum des Bruttosozialprodukts mißt, sondern mit dem Fortschritt der Erhaltung der Natur, mit der Senkung von Schadstoffen, der Produktion umweltverträglicher Güter, der Produktionsvermeidung schädlicher Güter, der Priorität des nichtindividuellen Massenverkehrs, der Schwerpunktsetzung auf Produktion und Konsum von Fahrrädern und anderen Möglichkeiten. Damit könnten diese Regionen nicht nur ihren Umweltvorsprung sichern, sie hätten auch eine gute Chance, ihre Wirtschaft so wachsen zu lassen, wie es der Natur gerecht wäre. Folge davon wäre allerdings, daß die regionalen Disparitäten im Umweltbereich zugunsten der peripheren Gebiete noch lange fortbestehen würden.

Für den realen Zustand der Umwelt insgesamt bietet das Ausmaß des Waldsterbens einen aussagekräftigen Indikator, denn hier werden die Wechselwirkungen von geschädigten Böden, Luftverschmutzung, saurem Regen und anderen physisch-geographischen Faktoren, die auf der gesellschaftlich bedingten Beeinflussung der Natur beruhen, ablesbar. In einer 1989 durchgeführten großen Untersuchung in allen Staaten der EU wurde festgestellt, daß 9,7 % aller ca. 1900 Untersuchungsflächen Waldschäden aufwiesen; "die am stärksten geschädigten Probeflächen fanden sich in Schottland, im Süden der Bundesrepublik Deutschland und Frankreichs sowie im Nordwesten von Italien. Auch Griechenland wies eine recht hohe Anzahl geschädigter Probeflächen auf" (KEG/GDLW 1990, S. 13).

76 %   der Bäume befinden sich auf Probeflächen mit 0 - 10 % Schäden,
11 %   auf Flächen mit 11 % - 25 % Schäden,
8 %   auf Flächen mit 26 % - 50 % Schäden,
4 %   auf Flächen mit 51 % - 75 % Schäden,
1 %   auf Flächen mit 76 % - 100 % Schäden
       (vgl. ebd., S. 13).

Bei Mermet (1993) findet sich eine Karte der OECD ohne Jahresangabe, in der die Anteile der Waldflächen, die durch Umweltverschmutzungen zerstört sind, gezeigt werden (vgl. die folgende Abbildung). Er verweist auf einen umfassenden Prozeß des Waldsterbens, der z.B. dazu geführt hat, daß in Baden-Württemberg nur noch 5 % der Tannen ohne Schäden sind; dieser Prozentsatz lag 1980 noch bei 62 (vgl. ebd., S. 61).

Abb. 47

Der Wald stirbt

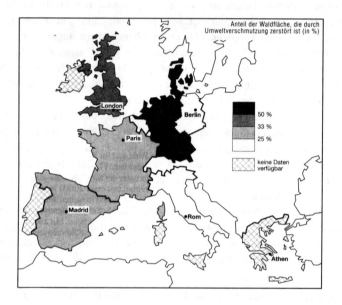

Mermet 1993, S. 61

Leider ist zu erwarten, daß sich diese Entwicklungen in Zukunft fortsetzen werden, denn die Umweltbelastungen in der EU sind, insbesondere durch den gemeinschaftsweiten Wachstumsschub nach 1985, nicht geringer geworden. Auch hier bestehen besonders große Gefahren für die vom Tourismus bevorzugten EU-Regionen, die der Erholung dienen sollen, in denen aber ebenfalls der Wald stirbt. Eine Umkehr ist nicht in Sicht, und die Prognosen über die starke Zunahme des Verkehrsaufkommens auf den Straßen, als Folge des Binnenmarktes und der Wirtschafts- und Währungsunion, lassen weitere, erhebliche Verschlechterungen befürchten. Darüber hinaus wird die aktuelle konjunkturelle Krise der Jahre 1992-

94 sich negativ auf eine vorher denkbare politische Intensivierung des Umweltschutzes und des ökologisch-sozialen Umbaus auswirken. Denn nicht nur in der
Prioritätenliste der Bevölkerungen, sondern auch bei den sogenannten Entschei-
dungsträgern der Gesellschaft hat das Thema Umwelt stark an Boden verloren
gegenüber dem Problem der Arbeitslosigkeit; so ergab eine repräsentative Befragung im März 1994, daß 65 % der Bundesbürger die Arbeitslosigkeit als das
wichtigste politische Problem mit vordringlichem Lösungsbedarf ansehen, während das Umweltproblem mit 10 % auf Rang 6 hinter Rechtsradikalismus, Asyl,
sozialer Sicherheit und Wirtschaftsentwicklung (DIE ZEIT v. 08.04.1994, S. 12)
rangiert. Es gehört heutzutage keine besondere Intelligenz mehr dazu, die Schaffung neuer Arbeitsplätze mit der Lösung vieler Umweltprobleme zu verbinden;
Voraussetzung dafür ist aber eine umfassende Strategie des Umbaus, von der in
der EU bisher keine Rede sein kann. Signifikant für die zukünftige Entwicklung
der Regionen ist sicherlich auch der Aufwand, der vor Ort betrieben wird, um
Forschung und Technologie - insbesondere durch die Privatwirtschaft - zu forcieren. Denn in diesem Feld liegt einer der zentralen Schlüssel für jegliche Form von
Innovation und Ausbau der Potentiale, und die heute oder in der näheren Vergangenheit verausgabten Mittel wirken aufgrund der erforderlichen Vorläufe für
neue Produkte, Verfahren und Methoden in allen Bereichen von Wirtschaft,
Gesellschaft und Sozialsystem lange nach und prägen die Zukunft der Ökonomien.
   Die folgende Karte ist insofern eine Geographie der wissenschaftlich-techni-
schen Zukunft der EU, als diesem Bereich mit hoher Wahrscheinlichkeit (und
nach allen Hypothesen der Theorie der langen Wellen) eine Schrittmacherfunktion
für Wachstum und Produktivität zukommen wird. Wir sind möglicherweise bereits
jetzt Zeugen des Anfangs einer neuen industriellen Revolution, die auf die völlige
Automatisierung aller Fertigungsprozesse hinausläuft; diese Automatisierung
verschärft zugleich den internationalen Wettbewerb (auch innerhalb der EU!), und
sie wird die Länder stärken, die diese neuen Technologien entsprechend fördern,
während die relative Position derjenigen, denen dazu ausreichende Mittel fehlen,
schwächer wird (vgl. Kennedy 1993, S. 121), so daß sie im regionalen Mosaik
weiter an den Rand gedrängt bzw. auf tiefste Ränge verwiesen werden. Tatsächlich ist das Verhältnis der Regionen mit dem höchsten Aufwand für Forschung
und Entwicklung zu jenen mit den geringsten Ausgaben 9 : 1, d.h. die Unterschiede sind wesentlich größer als beim allgemeinen Einkommensverhältnis, das
6 : 1 beträgt. Die Verteilung entspricht auch hier weitgehend den BIP-Disparitä-
ten, die hohen Aufwendungen werden in den starken Zentralregionen getätigt, sie
liegen hier teilweise mehr als 80 % über dem EU-Durchschnitt, während die
schwächeren und peripheren Gebiete die geringsten Aufwendungen vornehmen;
dabei werden in großen Teilräumen der EU nicht einmal 20 % des Durchschnitts
erreicht. (vgl. KEG 1991b, S. 38)

Abb. 48

FuE - Beschäftigte, 1989

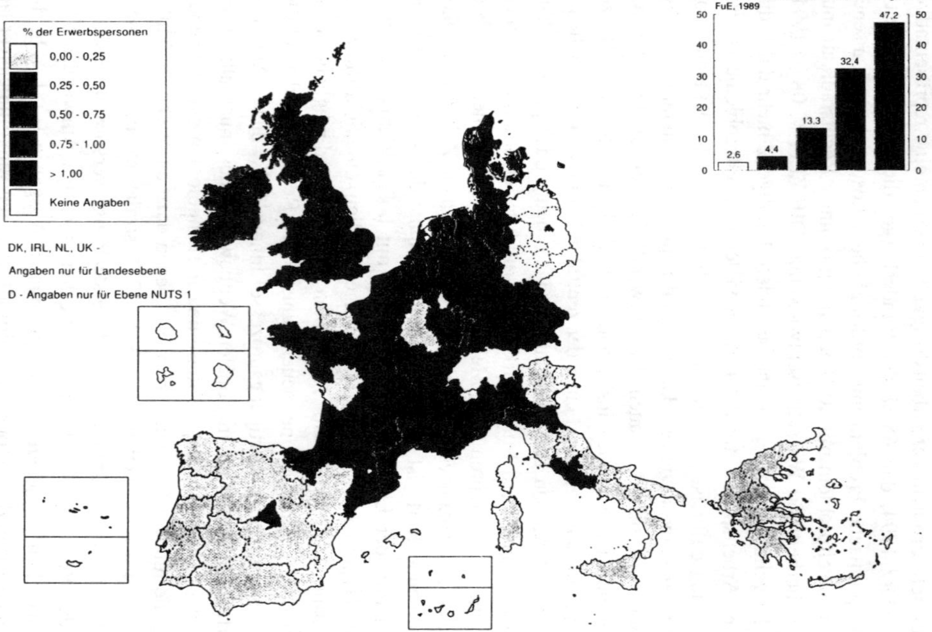

% der Erwerbspersonen
0,00 - 0,25
0,25 - 0,50
0,50 - 0,75
0,75 - 1,00
> 1,00
Keine Angaben
DK, IRL, NL, UK -
Angaben nur für Landesebene
D - Angaben nur für Ebene NUTS 1
Prozentualer Anteil der Gesamtbeschäftigten in FuE, 1989
50
40
30
20
10
0
2,6
4,4
13,3
32,4
47,2

Europäische Kommission 1994, S. 99

Portugal, Spanien, Griechenland, Ost- und Süditalien wenden am wenigsten Geld auf, in Relation zur Bruttowertschöpfung; die höchsten (relativen) Summen werden in der Bundesrepublik, den BeNeLux-Ländern, Teilen von Frankreich, in Dänemark und Irland investiert. In Griechenland, Portugal, Spanien und Irland wird weniger als 1 Prozent des BSP in FuE eingebracht, während die drei "entwicklungsfreudigsten" Länder Deutschland, Frankreich und England zusammen drei Viertel der europäischen Forschungsmittel bereitstellen (vgl. Mermet 1993, S. 90). Innovationsmöglichkeiten und Wettbewerbsfähigkeit der Regionen sind damit in einem wesentlichen Punkt für die nächste Zukunft voraussehbar.

Sicher ist auch, daß die Zukunft der EU-Regionen vom Ausbildungs- und Qualifikationsniveau der heutigen jungen Bürger abhängt. Wenn die sogenannten Humanressourcen nicht befähigt werden, die ökonomischen, ökologischen, sozialen, kulturellen und wissenschaftlichen Problemstellungen des dritten Jahrtausends (in seiner Anfangsphase) zu analysieren und mit adäquaten Strategien zu beantworten, bleiben die regionalen Entwicklungspotentiale in "Unterauslastung", d.h. eine Region kann die möglicherweise bestehenden natürlichen und gesellschaftlichen Reichtümer - die es in allen Regionen in spezifischer Form gibt - nicht so verwenden, daß die Lebensbedingungen verbessert werden. Große Gefahren für die Zukunft lassen sich aus den folgenden Darstellungen ablesen, denn auch hier bestehen deutliche Unterschiede, die nicht ohne weiteres überwindbar sind und aufgrund der Konsistenz der nationalen Bildungssysteme noch eine längere "Geschichte" vor sich haben. Qualifikationsniveau sowie technische, wirtschaftliche und soziale Kompetenzen der Beschäftigten werden im Gebiet der EU noch auf lange Sicht disparitär sein. Damit bleibt auch hier für die wohlhabenderen Staaten und Regionen für die Zeit nach 2000 ein merklicher Vorsprung erhalten, der ihre Wettbewerbsfähigkeit erhöht.

Tab. 50

Ausbildungsniveau der Bevölkerung im erwerbsfähigen Alter in den Mitgliedstaaten 1991 (Hochschulebene plus weiterführende Schulen) in % der Bevölkerung im erwerbsfähigen Alter - ungefähre Angaben -

P	14
L	20
E	22
I	25
UK	34
GR	40
IRL	41
B	43
NL	55
DK	68
D	81
EU-11	45

Europäische Kommission 1994, S. 79

Die Frequenz der tertiären Bildungsinstitutionen ist hinsichtlich der Höherquali-
fizierung für die Anforderungen der Zukunft besonders prägnant. Hier ergaben
sich für den Zeitraum von 1970 bis 1986/87 durchschnittlich folgende Prozent-
anteile an allen Schülern und Studenten der 12 EU-Staaten:

Tab. 51

Schüler und Studenten im tertiären Bereich 1970 - 87

Belgien	9,8
Dänemark	10,3
BRD	9,6
Frankreich	10,0
Griechenland	7,3
Großbritannien	7,4
Irland	6,4
Italien	9,5
Luxemburg	1,0
Niederlande	10,5
Portugal	4,7
Spanien	7,5

Gabriel 1992, S. 493

Sieht man von Luxemburg ab, das kaum eigene Hochschulen hat, haben auch
hier die schwächsten Länder Portugal, Irland, Griechenland, Spanien, relativ
geringe Anteile an Absolventinnen und Absolventen. Es wird große und auf-
wendige Anstrengungen erfordern, diese anhaltenden Bildungsdisparitäten auf der
nationalen und erst recht auf der regionalen Ebene abzubauen.

Eine weniger eindeutige Zuordnung von Problemen der Zukunft und den als
schwächer klassifizierten Regionen erkennt man bei der Frage der Konversion.
Die vom Militär bzw. der Rüstungsindustrie abhängigen Regionen sind verteilt auf
fünf unterschiedliche Regionstypen:

- schwächere ländliche Gebiete
- prosperierende ländliche Räume
- städtische Industriegebiete im Niedergang
- spezialisierte und isolierte Subregionen
- entwickelte Industrieregionen
  (vgl. KEG 1992c, S. 87).

In diesem Forschungsbericht werden die von Kürzungen im militärischen
Bereich betroffenen Regionen anhand von drei Kriterien überprüft: Abhängigkeit

von der Rüstungswirtschaft, Abhängigkeit von militärischen Einrichtungen und Gesamtabhängigkeit von verteidigungsbezogenen Aspekten (vgl. ebd., S. 90). Für die am stärksten von der Konversion touchierten Staaten stellen die Autoren fest, daß die nationale Gesamtbeschäftigungszahl ca. mit zwei bis vier Prozent vom Verteidigungssektor bestimmt wird, d.h. ohne neue zivile Arbeitsplätze sind in den folgenden Ländern diese Prozentzanteile bestehender, von Militär und Rüstung abhängiger, Arbeitsplätze gefährdet:

Griechenland:	3,79 %
Frankreich:	3,15 %
BRD:	2,84 %
Großbritannien:	2,31 %

(vgl. ebd., S. 91).

Auf der regionalen Ebene (NUTS 2) ergibt der Vergleich der von der Konversion betroffenen mit denjenigen Regionen, die unter eines der drei geographisch fixierten Ziele der EU-Regionalpolitik (Ziel 1, 2, 5b) fallen, daß ca. die Hälfte nicht zur bisherigen Förderkulisse gehören (vgl. ebd. S. 92). Daraus läßt sich schließen, daß "konversionsgefährdete" Arbeitsplätze relativ gleichmäßig auf die unterschiedlichen regionalen Wohlstandsniveaus der EU verteilt sind. Eine Überprüfung der als besonders empfindlich eingestuften 18 Regionen, die in der nächsten Tabelle erläutert werden, bestätigt diese Einschätzung. Legt man die Rangfolge des BIP pro Kopf (1986-1988, in KKP) zugrunde - wobei Rang 1 die wirtschaftlich schwächste, Rang 171 die stärkste Position bezeichnet - dann belegen die in diesem Szenario genannten Gebiete eher mittlere bis höhere Plätze:

REGION:		RANG:	
	Cumbria		153
	Essex		96
	Bremen		166
	Lancashire		84
	Liguria		150
	Centre		112
	Oberbayern		164
	Trier		54
	Hampshire		128
	Koblenz		83
	Lüneburg		39
	Madrid		49
	Rheinhessen-Pfalz		133
	Unterfranken		90
	Schleswig-Holstein		88
	Berks, Bucks, Oxfordshire		148
	Lorraine		80
	Avon, Cloucester, Wiltshire		140

(KEG 1991b, S. 109 ff.)

Tab. 52

Wahrscheinliche Folgen von Rüstungsabbau für die Beschäftigung in stark betroffenen Regionen

Multipliers — Industries: 2.00 · Military: 1.50 | The 'worst case' sceanario

Dependent and highly vulnerable NUTS II regions	Working Population	Working Pop. + domestic forces + weighted foreigners	Defence industries — Regional defence employed	Defence industries — Number affected Multiplier = 2.0	Military — Total military employed	Military — Number affected Multiplier = 1.5	Both industrie & military affected	% of working population affected
	(1)	(2)	(3)	(4)	(5)	(6)	(7)	(8)
				(3) x (2.0)		(5) + (1.5)	(4) + (6)	(4 or 6 or 7)/ (1 or 2)

Highly vulnerable to cuts in defence industries

	Working Population	Working Pop. + domestic forces + weighted foreigners	Regional defence employed	Number affected ×2.0	Total military employed	Number affected ×1.5	Both affected	% affected
Cumbria	204 100	204 309	13 071	26 142	1 949			12,81
Essex	515 300	519 669	14 307	28 614	5 925			5,55
Bremen	288 480	293 360	7 912	15 824	9 215			5,49
Lancashire	519 700	520 647	12 235	24 470	1 417			4,71
Ligura	617 451	623 911	13 332	26 664	14 254			4,32
Centre	856 372	869 494	16 943	33 886	22 168			3,96
Oberbayern	1 772 553	1 791 285	28 203	56 406	31 936			3,19

Highly vulnerable to cuts in the military

	Working Population	Working Pop. + domestic forces + weighted foreigners	Regional defence employed	Number affected ×2.0	Total military employed	Number affected ×1.5	Both affected	% affected
Trier	184 248	195 391	128		17 034	25 551		13,08
Hampshire I. of W.	664 100	698 354	7 831		54 674	82 011		11,7
Koblenz	589 167	611 576	494		36 741	55 112		9,01
Lüneburg	648 700	673 251	500		39 537	59 306		8,81
Madrid	1 486 903	1 517 825	8 634		85 453	128 180		8,44
Rheinhessen-Pfalz	816 342	845 677	755		42 952	64 428		7,62
Unterfranken	568 969	587 121	0		28 186	42 279		7,20
Schleswig-Holstein	1 123 221	1 157 147	5 590		52 546	78 819		6,81
Berks. Bucks., Ox.	855 600	878 275	3 062		34 932	52 398		5,97
Lorraine	863 563	881 858	741		33 937	50 906		5,77

Highly vulnerable to cuts in defence industries and military

	Working Population	Working Pop. + domestic forces + weighted foreigners	Regional defence employed	Number affected ×2.0	Total military employed	Number affected ×1.5	Both affected	% affected
Avon, Glous., Wilts	860 100	878 324	10 797	21 594	37 293	55 940	77 534	8,83

KEG 1992, S. 96

Die Konversionsproblematik ist bekanntlich nicht nur mit der großen Aufgabe eines Übergangs von militärischen bzw. rüstungsindustriellen Arbeitsplätzen (und damit zu neuen Dienstleistungen und Produkten) verknüpft, sondern sie enthält auch spezielle Herausforderungen, die eine neue, flexible und innovative Politik für die Regionen erfordern. Dazu zählen der Umschulungs- und Weiterbildungsbedarf der Beschäftigten, die örtliche Sozialpolitik, die Industrie- und Technologiepolitik. Wegen der umfassenden Schädigungen von Böden und Flächen sowie Landschaften, die z.b. von Militärstandorten ausgehen, bedarf es jedoch auch gezielter umweltpolitischer und wiederherstellender Maßnahmen, die viel Geld kosten werden (vgl. ebd., S. 100 ff.).

Eine Untersuchung der regionalen Disparitäten muß sich vom Ökonomismus und Reduktionismus der gängigen Theorien, aber auch der ausschließlich ökonomischen Begründungen der Regionalpolitik absetzen. So hat auch die hier als weiter Bezugsrahmen und Erklärungsmodell gewählte "Theorie der Regulation" - in regionalisierter Form - wie alle mir bekannten ökonomisch fundierten Ansätze eine "soziologische Lücke" (Hübner 1990, S. 284), weil zwar der Anspruch einer Vermittlung von Ökonomie, Politik, Gesellschaft, Alltagshandeln und normativen Orientierungen erhoben, aber zugunsten der Konzentration auf die Wirtschaftsfaktoren nicht eingehalten wird. Die begriffliche Selbstdefinition als "Regulationsansatz" legt darüber hinaus nahe, die gesellschaftlichen Sphären als von den Strukturen und Entwicklungen der Ökonomie "reguliert", d.h. determiniert, zu betrachten; welche Konsequenzen hätte sonst ein derartiges Modell der Regulation, das von der Ökonomie ausgeht, aber einen darüber hinaus auf die Gesellschaft insgesamt zielenden Erklärungsansatz beansprucht?

Gerade für sozialwissenschaftliche (und politisch motivierte oder politisch eingebettete) Verfahrensweisen ist die Erkenntnis wichtig, daß ökonomische Kategorien und Tendenzen durch die Handlungen von Menschen entstehen und allein durch diese erklärt werden können; den Rahmen dafür bilden jeweils unterschiedliche historische Möglichkeiten der Menschen, Handlungsweisen anzustreben, zu realisieren und zu überdenken (vgl. Hauck 1984, S. 67 ff.). Die sozialen Beziehungen zwischen den Menschen, zwischen ihren Gruppen und Gesellschaften sowie zur Natur sind eine Gestaltungsfrage, eine Folge der menschlichen Aktivitäten, nicht blinder ökonomischer Gesetze.

Übertragen auf die Frage der regionalen Disparitäten entsteht aus dieser These die Notwendigkeit, auch soziale und gesellschaftliche Disparitäten - sowohl zur Beschreibung als auch zur Erklärung der Unterschiede - zu berücksichtigen. Tatsächlich existiert auch in diesen Feldern in den Regionen und Staaten der EU ein recht bundes Bild, wie der anschließende Abschnitt zeigen soll; dabei werden Themen und Entwicklungen hervorgehoben, die auch in der näheren Zukunft noch nachwirken und nicht kurzfristig überwunden werden können. Die Zukunft der

Regionen wäre selbst dann noch lange Zeit von sozialen, ökologischen und kulturellen Unterschieden gekennzeichnet, wenn es gelingen sollte, im ökonomischen Bereich eine weitgehende Angleichung zu erreichen.

Ein erstes Beispiel sind zentrale Gesundheitsindikatoren, hier erläutert im nationalen Vergleich. Diese Indikatoren entstammen der demographischen Analyse und Prognose und sind in der Sozialgeschichte immer wieder als typische Anzeiger für die Entwicklung von Hygiene und Wohlstand sowie der sozialen und technischen Möglichkeiten untersucht worden. Für den Zeitraum von 1960 bis 1989 ergibt sich dieses Bild:

Tab. 53

Das gesunde Europa
Entwicklung wichtiger Gesundheitsindikatoren:

	Lebenserwartung im Alter von 40 Jahren				Kinder-sterblichkeit[2]		Geburts-Sterblichkeit[3]		Sterberate[4]	
	1960		1987[1]		1960	1989[1]	1060	1987[1]	1960	1989
	M	F	M	F						
USA	31,4	36,1	33,0	38,8	31,2	8,6	31,9	11,4	12,3	10,8
Bundesrepublik	31,8	35,8	34,0	39,9	33,8	7,5	35,8	7,3	11,5	11,2
Dänemark	34,2	36,7	34,1	39,1	21,5	7,5	26,2	8,8	9,6	11,6
England	31,9	36,9	34,0	39,1	22,5	8,4	33,6	9,0	11,5	11,5
Frankreich	31,7	37,2	34,8	41,8	27,4	7,4	31,3	9,9	11,3	9,4
Griechenland	34,0	36,4	35,6	39,0	40,1	9,9	26,4	14,5	7,3	9,2
Holland	34,8	37,8	35,4	41,9	17,9	6,8	26,6	9,2	7,5	8,7
Irland	32,8	35,4	32,6	37,3	29,3	7,6	37,7	12,3	11,7	8,8
Italien	32,8	36,7	34,4	40,2	43,9	8,8	41,9	12,4	9,5	9,1
Luxemburg	31,7	35,8	33,2	39,4	31,5	9,9	32,3	7,2	11,7	10,6
Portugal	31,9	36,2	33,8	39,3	77,5	12,2	42,1	16,7	10,5	9,3
Spanien	33,1	36,6	35,5	42,5	43,7	8,3	36,6	11,2	8,6	8,3
USA	31,3	36,7	34,7	40,3	26,0	10,0	28,6	10,3	9,4	8,7
Japan	31,1	34,9	37,4	42,5	30,7	5,0	37,3	6,6	7,6	6,2

[1] oder letztes verfügbares Jahr
[2] je 1000 Lebendgeburten
[3] bis 24 Stunden nach der Geburt, je 1000 Lebendgeburten
[4] je 1000 Einwohner

(Quelle: OEDC, Eurostat)

Mermet 1993, S. 107

Die Zunahme der Lebenserwartung, die rapide Abnahme von Kinder- und Geburtssterblichkeit sowie insgesamt ein Rückgang der Sterberate sind als Belege für einen fortschreitenden sozialen Prozeß zu werten, der die Gesundheit und die Lebenschancen der Menschen beträchtlich erhöht hat. Dennoch bestehen auch 1989 noch relevante Unterschiede; bei der Kinder- bzw. Geburtssterblichkeit betragen sie bis zu 9 ‰, und die negativsten Zahlen finden sich einmal mehr vor allem bei den wirtschaftsschwächeren Ländern. Andererseits sind deren Sterberaten (aufgrund ihrer größeren jüngeren Bevölkerungsanteile) 1989 deutlich geringer als die der wohlhabenden Länder mit der relativ überalterten Population.

Für die Chancengleichheit der Geschlechter sind zwei Daten signifikant: Die Beteiligung des weiblichen Geschlechts an den "weiterführenden" Bildungsgängen und seine soziale Situation am Arbeitsmarkt, besonders gut meßbar durch Zahlen zu Beschäftigung und Arbeitslosigkeit. Wenn von jeglicher demographischer Untersuchung abgesehen wird, lassen sich mehrere Feststellungen treffen, die im Bildungsbereich ein Aufholen der jungen Frauen in den vergangenen 20 Jahren reflektieren:

1. In der Sekundarstufe 2 haben die jungen Frauen vor allem in den Ländern Dänemark, Spanien, Italien, Luxemburg und Portugal stark aufgeholt;

2. in einigen Ländern haben sich hier die Relationen zwischen den Geschlechtern kaum verändert, aber insgesamt ist auch dort eine Zunahme der Frauenanteile feststellbar; das gilt für Belgien, die BRD, Griechenland, Frankreich, die Niederlande und Großbritannien; nur in Irland gab es Rückgänge.

3. Die Anteile der Studentinnen sind in Griechenland, Spanien, Belgien, Irland, Italien und den Niederlanden um 30 % und mehr gestiegen;

4. geringere Zunahmen gab es in der BRD, in Frankreich, Portugal und Großbritannien.

Die Quantifizierungen im Bildungssektor lassen daher keine Verknüpfung der beiden Kriterien "Verbesserung der Chancengleichheit der Frauen" und "Höhe des Einkommens pro Einwohner (BIP je Person)" zu; es ergibt sich ein relativ differenziertes Bild (vgl. Eurostat 1992, S. 9).

In dem markanteren Feld der Erwerbsbeteiligung dagegen sind die Zahlen aus der Sicht der Frauen bei weitem schlechter, auch in der Genese seit 1970 bzw. 1983. Erneut läßt sich der Zusammenhang zwischen schwächerer ökonomischer und weniger entwickelter gesellschaftlicher Situationen herstellen, denn die Erwerbsbeteiligung der Frauen (gemessen an der Zahl aller Frauen im Alter von 20 bis 59 Jahren) und der Anteil der Frauen an den Erwerbstätigen, sind in Griechenland, Irland und Spanien auffällig geringer als in den übrigen Staaten der EU-12 (vgl. Gabriel 1992, S. 499; Europäische Kommission 1994, S. 28).

Tab. 54

Anteil der Frauen an den Erwerbstätigen 1950-1987 (in Prozent)

	1950	1955	1960	1965	1970	1975	1980	1985	1986	1987	x̄ (1)	s (1)
Belgien	29,7	29,9	30,7	31,3	32,7	34,4	35,8	38,2	38,8	39,2	32,8	2,9
Dänemark	33,7	34,1	30,9	34,2	39,4	41,6	44,5	45,1	45,1	45,1	37,9	5,1
BRep. Deutschland	35,8	36,4	37,8	37,1	36,6	38,0	38,1	39,0	39,2	39,5	37,4	1,0
Frankreich	-	-	-	-	36,0	37,6	39,5	41,5	41,8	42,1	38,7	2,1
Griechenland	-	-	-	-	-	-	29,6	33,9	34,0	34,4	31,8	2,1
Großbritannien	32,6	33,6	34,0	34,6	36,3	38,7	40,2	42,2	42,7	43,1	36,5	3,3
Irland	26,7	-	26,6	26,6	26,7	28,1	28,7	31,3	31,8	32,4	27,8	1,6
Italien	-	-	30,5	28,4	28,3	29,3	32,2	33,3	33,8	34,3	30,3	1,9
Luxemburg	-	-	-	-	27,0	29,0	30,9	33,8	34,0	34,3	30,2	2,5
Niederlande	-	-	-	-	26,3	27,7	30,7	34,3	34,5	34,8	29,8	3,1
Portugal	-	-	-	-	-	38,8	38,8	40,6	40,4	41,4	39,4	0,8
Spanien	-	-	-	-	25,0	27,5	28,9	29,4	29,7	30,5	27,7	1,7
x̄	-	-	-	-	31,4	33,7	34,8	36,9	37,2	37,6		
s	-	-	-	-	5,1	5,2	5,1	4,7	4,6	4,5		

Gabriel 1992, S. 499

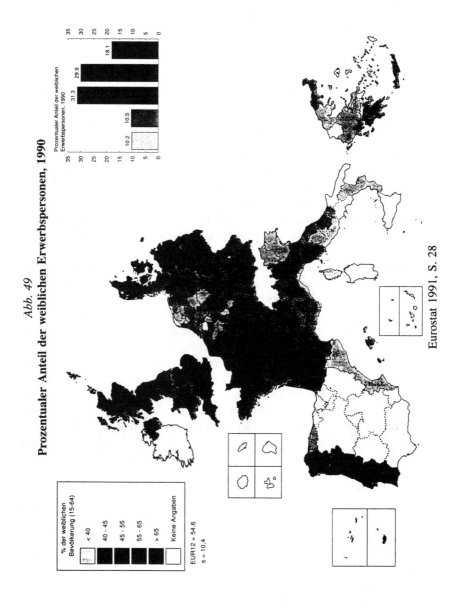

Abb. 49

Prozentualer Anteil der weiblichen Erwerbspersonen, 1990

Eurostat 1991, S. 28

171

Die Verteilung der weiblichen Erwerbsquote in regionaler Differenzierung macht die hohen Zahlen Großbritanniens deutlich, die deutlich niedrigen Quoten in Irland und den südlichen Ländern, sie hebt aber auch eine recht schwache Beteiligung in westlichen Teilen von Mitteleuropa hervor.

Für bezeichnend halte ich auch die bekannte, keine erneute Dokumentation erfordernde Tatsache, daß in 11 der 12 EU-Staaten die Arbeitslosenquote der Frauen entscheidend höher ist als die der Männer; für die EU-12 insgesamt liegt sie bei 11,1 % (1990) während nur 6,5 % der Männer arbeitslos waren (vgl. Eurostat 1992, S. 10); in Griechenland, Spanien und Italien waren die Unterschiede zwischen den Geschlechtern bei der Arbeitslosenquote am größten, sie betrugen bis zu 12,3 Prozentpunkte (vgl. ebd.).

Auch in diesen Themenbereichen bedarf es keiner prophetischen Fähigkeiten, eine noch länger andauernde erhebliche Disparität zwischen den derzeit stärkeren bzw. weiterentwickelten Staaten und Regionen und den anderen anzunehmen. Für die Zukunft der regionalen Unterschiede bleibt weniger der Bildungsbereich als vielmehr der Arbeitssektor als Beteiligungssphäre ein Meßfeld für das Ausmaß der Fortschritte in der Gleichberechtigung der Geschlechter. Damit wird übrigens eine Dimension berührt, in der ökonomische Entwicklungen nicht anders als durch außerökonomische, familiäre, ideelle und motivationsbezogene Faktoren und Tendenzen (zumindest in erster Linie - selbstverständlich ist die zunehmende Berufstätigkeit der europäischen Frauen auch finanziell bedingt) zu erklären sind.

Die weiteren regionalen Unterschiede der EU sind vielfältig und erstrecken sich auf nahezu alle Lebensbereiche, z.B. Arbeitsbedingungen, Wohnverhältnisse, Agrarpreise, Industrie, Tourismus. Ich möchte noch eine soziale Thematik ansprechen, die für die ökonomische Verteilungssituation der Länder typisierend und zugleich so konsistent ist, daß sie auch in der nächsten Zukunft noch als charakteristisch gelten kann: die Verteilung der Armut, sozialstatistisch und geographisch differenziert. Die geographische Übersicht veranschaulicht, daß in Ländern wie Portugal, Großbritannien, Spanien, die Armutsanteile relativ hoch sind, während sie in Griechenland, der BRD, Dänemark, Frankreich, Irland, Italien, Belgien, Holland relativ geringer sind. Die Frage der Armut stellt sich offensichtlich nicht in direkter Abhängigkeit von der wirtschaftlichen Leistung eines Landes, sondern sie wird bestimmt von den sozialpolitischen Regelungen. Anstiege bzw. Rückgänge folgen sicherlich den politischen Gruppierungen, die die Regierung stellen und ein jeweils spezifisches Konzept für die Sicherung des Lebensstandards der schwächsten Schichten der Bevölkerung umsetzen. So ist z.B. unter dem Thatcherismus der 80er Jahre der Anteil der Armen in Großbritannien in 5 Jahren um 25 Prozent - von 14,6 % 1980 auf 18,2 % 1985 (vgl. Eurostat 1991, S. 78) - gestiegen, während er im selben Zeitraum in Frankreich und Belgien erheblich gesunken ist (vgl. auch Mermet 1993, S. 236).

Angesichts der starken Wirtschaftskrise der Jahre 1992-94 muß mit hoher Wahrscheinlichkeit erwartet werden, daß sich die Armutsproblematik in der EU in Zukunft verschärfen wird. Denn die überall zu beobachtenden Geldverknappungen der öffentlichen Haushalte, die verbreiteten Zweifel und Irritationen an der Sozialpolitik, die engen Spielräume der Gemeinden und Regionen erschweren jede weitere Verbesserung. Ernsthafte Diskussionen dieser sozialen Dekadenz gehen mit bemerkenswerter Sicherheit in die Richtung einer gesellschaftlichen Verbreitung der Armut, wobei der Weg nach unten wohl schon sehr viel schneller und quantitativ in großem Ausmaß beschritten wird als es aus den Zahlen über die Sozialhilfe hervorgeht; Honneth schätzt schon für 1989 die Armutsquote (unter 50 Prozent des Durchschnittseinkommens) der Bundesrepublik auf 15 Prozent (Honneth 1994, S. 105).

Eine kurze Erörterung der Zukunft der ländlichen Gebiete in der EU hat zu berücksichtigen, daß zwar ca. 80 % der Gemeinschaftsfläche auf den ländlichen Raum entfallen, dieser aber nur von 10 bis 20 % der Bevölkerung bewohnt wird; die EG-Kommission hat eine (sinnvolle) Unterteilung in drei Typen vorgeschlagen:

1. ländliche Regionen in der Nähe von Ballungsgebieten,
2. ländliche Regionen im Niedergang,
3. schwer zugängliche/entlegene Regionen (Berggebiete/kleine Inseln) mit Entvölkerung
(vgl. KEG 1992d, S. 151).

"Den" ländlichen Raum gibt es folglich nicht; Typ 1 ist eine durchaus wohlhabende Form ländlicher Regionen, während die beiden anderen Typen überwiegend Probleme haben, die ökonomische, soziale und kulturelle Ausstattung betreffend.

Für die ländlichen Regionen gilt nach wie vor die weitgehende Determination durch die Landwirtschaft, sieht man von Typ 1 ab. Dieser ländliche Wirtschaftssektor wird sich künftig vor allem in folgende Richtung entwickeln:

- mehr Technik
- mehr Vielfalt der Produktion
- weniger Anbauflächen
- mehr Landschaftspflege (Aufforstung, Naturschutz, Freizeiteinrichtungen usw.)
- koordinierte Stabilisierung der Produktion
- eine größere Produktpalette
- weniger Landwirte
- eine Vielzahl neuer Aufgaben für die Landwirte (z.B. Ferien auf dem Bauernhof, Kunsthandwerk, kleinere industrielle Fertigungen)
(vgl. ebd., S. 38).

Dabei wird der Anteil der Landwirtschaft am BIP, der in der EU von 1973 mit 4,81 % auf 2,43 % 1990 (vgl. KEG 1992h, S. 4) gesunken ist, weiter zurückgehen. Die betroffenen Regionen müssen sich daher auf einen umfassenden Transformationsprozeß einstellen, in dem es vor allem darum gehen wird, Dienstleistungen für den ländlichen Raum und für externe Interessenten aufzubauen, den Fremdenverkehr zu entwickeln und die neueren Technologien sowie den Verkehr in eine angemessene Diffusion zu bringen. Besondere Chancen haben die ländlichen Regionen langfristig, wenn sie sich für eine Diversifizierung im Umweltbereich entscheiden, d.h. die Erhaltung der Landschaft und der ökologischen Reichtümer einschließlich der angepaßten landwirtschaftlichen Produktion (vgl. KEG 1991d, S. 157 ff.). Eine differenzierte Prognose auf regionaler Ebene halte ich aufgrund der nicht ausreichenden Datensituation und der Vielfalt der unterschiedlichen Potentiale und Probleme der ländlichen Gebiete für unmöglich. Höchstwahrscheinlich erscheint mir aber, daß für lange Zeiträume die Situation der Typ 2- und Typ 3-Regionen vor allem von Schwierigkeiten bestimmt sein wird, während die Typ 1-Gebiete insgesamt eher positive Aussichten in rein ökonomischer, aber nicht unbedingt ökologisch-sozialer Perspektive haben dürften; mit ihrer fortschreitenden räumlichen Integration in Ballungsgebiete und größere Städte dehnen sich deren soziale Disparitäten und Negativfaktoren für die Umwelt in ihre nähere und später auch weitere Umgebung aus, so daß sie den städtischen Regionen sehr ähnlich werden.

6. Alternativen zur derzeitigen Regionalpolitik der EU

6.1 Theoretische Grundlagen

Kaelble (1987) hat durch die sozialgeschichtliche Analyse von acht zentralen Feldern (Familie, Beschäftigung, Großunternehmen, Mobilität/Bildung, soziale Ungleichheit, Stadt, Wohlfahrtsstaat und Arbeitskonflikt) nachgewiesen, daß sich die west-europäischen Gesellschaften von 1880 bis 1980 immer mehr einander angeglichen haben, so daß sich vom Entstehungsprozeß einer europäischen Gesellschaft sprechen läßt. Er hat diese Untersuchung auch quantifiziert dargestellt, durch prozentuale Variationskoeffizienten. Die Übersicht zeigt diesen Anglei-chungsprozeß in sehr vielen Punkten, allerdings nicht beim Pro-Kopf-Produkt, in der Wirtschaftsleistung. Damit mag auch aus historischer Perspektive einleuchten, wie schwierig und wie langfristig bei dem Thema des regionalen Unterschiedes Denken und Handeln sein müssen, denn zahlreiche gesellschaftliche Bereiche werden in den hier betrachteten 16 Staaten Westeuropas immer ähnlicher (das dürfte z.B. auch für die politischen Systeme und die Sozialstrukturen gelten, wie die Arbeiten von Gabriel u.a. (1992) und Hagelstange (1988) nahelegen) - aber trotz allem bleiben die regionalwirtschaftlichen Disparitäten auf gleichem, relativ hohem Niveau.

Tab. 55

Angleichungen und Unterschiede zwischen westeuropäischen Ländern, 1880 - 1980 (Varationskoeffizienten in %)

	1880	1890	1900	1910	1920	1930	1940	1950	1960	1970	1980
1. Wirtschaftswachstum											
Pro-Kopf-Produkt	34	34	34	35	31	34	34	42	37	32	39
Industrieproduktion pro Kopf	82	-	71	66	-	53	54	56	47	36	34
2. Beschäftigung											
Industrie	51	48	46	44	38	35	34	28	21	17	15
Dienstleistung	28	34	31	26	32	29	23	19	20	14	12
Agrarsektor	32	37	41	48	45	52	51	49	69	77	82
Erwerbsquote	19	17	14	11	11	10	11	9	9	10	12
Frauenarbeit	21	21	19	22	14	16	16	15	12	19	15
3. Familie und Bevölkerung											
Säuglingssterblichkeit	26	25	24	29	31	31	39	42	50	47	34
Scheidung	-	-	44	63	56	51	50	49	51	54	-
Geburtenrate	13	12	12	15	16	24	18	15	12	15	20
Bevölkerungswachstum	32	35	31	37	59	56	73	45	31	37	101
Altersstruktur: Anteil der Jugendlichen bis 15 Jahre	11	10	8	9	11	12	15	11	11	10	13
Anteil der Alten (ab 65 Jahre)	23	22	21	20	17	16	15	17	16	13	14
4. Bildung											
Studentenrate	-	-	-	66	55	34	35	36	33	27	24
Studentinnenrate	-	-	-	-	49	43	37	32	26	21	13
5. Urbanisierung											
Anteil der Städter	65	58	50	48	42	41	34	32	28	23	-
6. Wohlfahrtsstaat											
Unfallversicherung	-	-	101	80	48	30	33	30	22	18	-
Krankenversicherung	-	-	-	66	62	50	39	31	23	14	13
Altersversicherung	-	-	-	-	70	38	39	30	13	11	9
Arbeitslosenversicherung	-	-	-	-	80	93	73	74	37	33	-
Sozialausgaben	-	-	-	-	-	-	-	31	21	19	19
Sozialversicherungsausgaben	-	-	-	-	-	-	-	33	20	17	18
7. Sozialer Konflikt Gewerkschaftlicher Organisationsgrad											
a)	-	-	-	50	44	40	49	30	31	28	33
b)	-	-	-	50	44	53	94	55	57	52	33
Streiks	-	-	-	63	51	69	135	141	125	187	-

Kaelble 1987, S. 162

Ich möchte diese Feststellung zur Konsistenz und zur Trägheit der regionalen Disparitäten zum Anlaß nehmen, auf der Grundlage der bisherigen Darstellung und Kritik eine theoretisch begründete, neue Konzeption von Regionalpolitik vorzustellen, deren Kerngedanken Gerechtigkeit, Solidarität, demokratische

Partizipation, ökologisch-soziale Umgestaltung, regionale Kooperation und Verein-fachung heißen.

Das Konzept ist nur in der Kombination dieser Elemente tragfähig, es bietet auch, wie ich abschließend noch erläutern möchte, zahlreiche Anknüpfungspunkte an die bestehenden Ziele, Mechanismen und Methoden. Insofern kann es auch dazu verwendet werden, die bestehende EU-Regionalpolitik in ihren einzelnen Bestandteilen aufzugreifen und so weiterzudenken bzw. zu entwickeln, daß in der Summe ein ähnliches Modell entstehen könnte.

Wenn es zutrifft, daß in der aktuellen Gegenwart vielfältige "postmoderne" Tendenzen und Prozesse zu beobachten sind, die z.b. mit den Begriffen Pastiche, Kulturalisierung, Dezentrierung und Polyvalenz bezeichnet werden könnten (vgl. Vester 1993, S. 23 ff.), dann muß nach den Konsequenzen für Politik, Gesell-schaft und Raum gefragt werden. Eine wesentliche Folgerung aus den sich mehr und mehr abzeichnenden Entwicklungen zu einem umfassenden Wandel von der "Moderne" zur "Postmoderne" (vom Fordismus zum Postfordismus, von der Industrie- zur Dienstleistungsgesellschaft, vom Zentralismus zum Regionalismus, von der Semantik zur Rhetorik, von der Funktion zur Fiktion usw. (vgl. z.B. Harvey 1992, S. 340 ff.), ist die Neueinschätzung des Verhältnisses von Staat und Gesellschaft bzw. von staatlicher Politik und ziviler Gesellschaft; in nahezu allen und vor allem in den vorherrschenden politischen und gesellschaftlichen Theorien verlagern sich die Gewichte weg von Autorität, staatlicher Determination und Planung hin zu Ansätzen der Selbstorganisation, Selbststeuerung und gesellschaft-licher Regulierung bzw. Partizipation, insbesondere auch auf regionaler Ebene (vgl. v. Beyme 1991, S. 127 ff.), unter starker Gewichtung der Subsidiaritätsidee, die vorwiegend im Rahmen des "Projekts Europa" hochgehalten wird (vgl. Münch 1993, S. 140).

Giddens hat (als einer der wenigen Sozialwissenschaftler mit einem komplexen Theorienmodell) politische, ökonomische, kulturelle, technologische und ökologi-sche Konturen integriert, die eine künftige postmoderne Struktur charakterisieren werden:

1. vielschichtige demokratische Partizipation

2. System nach der Knappheit

3. Entmilitarisierung

4. Humanisierung von Technologie
    (vgl. Giddens 1992, S. 52)

Diese postmoderne Ordnung bildet den historisch angestrebten Kontrast zur niedergehenden Moderne, die Giddens überwiegend mit negativen Stichworten definiert:

1. Überwachung (Kontrolle von Information und gesellschaftliche Kontrolle)

2. Kapitalismus (Kapitalakkumulation im Kontext wettbewerbsorientierter Arbeits- und Produktionsmärkte)

3. Militärische Macht (Kontrolle der Gewaltmittel im Kontext der Industriealisierung von Krieg)

4. Industrialismus (Transformation der Natur: Entwicklung der 'geschaffenen Umwelt')

(vgl. Giddens 1992, S. 36)

Die herausragende Gerechtigkeitstheorie der Gegenwart ist nach meiner Ansicht die von Walzer, ausführlich dargelegt in "Sphären der Gerechtigkeit" (Walzer, 1992). Sie definiert Gerechtigkeit auf eine sehr konkrete, von Relativität und Regionalismus gekennzeichnete Art und Weise: Vorausgesetzt wird von Walzer, daß es "eine unendliche Zahl möglicher Lebensformen" gibt, "die durch eine unendliche Zahl von möglichen Kulturen, Religionen, politischen Systemen, geographischen Gegebenheiten usw. geprägt wird" (vgl. ebd., S. 441). Verteilungsgerechtigkeit wird auf der Grundlage dieses unbestimmten, eher mikroziologischen Gesellschaftsbegriffes durch die Ideen der Menschen in der jeweiligen Gesellschaft oder Gemeinschaft bestimmt: "Eine bestehende Gesellschaft ist dann eine gerechte Gesellschaft, wenn sie ihr konkretes Leben in einer bestimmten Weise lebt - in einer Weise, die den gemeinsamen Vorstellungen ihrer Mitglieder entspricht." (ebd., D. 441)

Die Prinzipien der Gerechtigkeit sind bei Walzer nicht einheitlich, sondern folgen einem Relativismus, der sich auf zwei Ebenen bezieht. Einerseits besteht eine breite Skala von Mustern und Verfahren der Verteilung (vgl. ebd., S. 29), andererseits soll die Verteilung von Gütern der Autonomie der einzelnen Verteilungssphären (z.B. Wohlfahrt, Geld, Ämter, Arbeit, Freizeit, Bildung, politische Macht) folgen und sich eine Eigenständigkeit in Gerechtigkeitsregeln der jeweiligen Sphäre ergeben (vgl. ebd., S. 12).

Walzers Modell beinhaltet auch die Diskussion räumlicher bzw. territorialer Aspekte. Nach seiner Ansicht lassen sich z.B. Fragen der distributiven Gerechtigkeit, um die es beim Thema der regionalen Disparitäten sicherlich geht, im Rahmen geographischer Einheiten am besten lösen, durchaus unter Anwendung staatlicher Instrumente. Als entscheidendes Medium betrachtet er das Prinzip der wechselseitigen Hilfeleistung zwischen politischen Gemeinschaften, das in seiner jeweiligen Umsetzung nicht nur die Beachtung verschiedener Lebensweisen, sondern auch individueller Lebenspläne berücksichtigen soll. Sofern die Einwohner eines bestimmten Staates mit Reichtum und Ressourcen relativ gut ausgestattet sind, könnten sie z.B. auch über den Export eines Teils ihres womöglich überflüssigen Reichtums nachdenken; solche Umverteilungsprozesse begreift Walzer als "eine begrenzte und zugleich komplizierte Neuverteilung" (ebd., S. 86), die im Kontext einer pluralistischen Weltgesellschaft immer wieder neu von den jeweiligen Forderungen nach distributiver Gerechtigkeit und durch irgendeine Variante des kollektiven Prinzips der wechselseitigen Hilfeleistung definiert werden muß (vgl. ebd., S. 82 ff.).

Dieses Modell einer pluralistischen und komplexen Gerechtigkeit kann auf das Thema der regionalen Ungleichheit sinnvoll übertragen werden. Eine solche Transformation, mit Hilfe der Giddensschen Vorstellung von einer postmodernen Ordnung, setzt jedoch die Untersuchung eines Moments in Walzers Theorie voraus: des relativ rigiden Partikularismus, mit dem die Rückseite der Medaille des Regionalismus - der Globalismus - unterschätzt wird. Denn die Ernährung der Bevölkerung, die Erhaltung der natürlichen Lebensgrundlagen und die Gestaltung einer lebenswerten und gerechten Zukunft der Menschheit sind nicht nur regionale Probleme, sondern sie sind zugleich globale Herausforderungen; Regionales und Globales bedingen sich hier untrennbar, und der "Kampf um eine neue Welt" (Brown u.a. 1992, S. 172 ff.) findet zeit- und raumgleich auf allen geographischen bzw. chorologischen Ebenen statt. Die von den Postmodernen nicht benannten Gegenstücke zu ihrem Weltbild heißen Vereinheitlichung (statt Pluralismus), Globalisierung (statt Regionalismus) und Ausdehnung von Risiken, Verhaltensweisen und Problemen auf internationale und weltweite Stufen (vgl. Giddens 1992, S. 16 f; Beck 1986).

Die regionale Katastrophe von Tschernobyl war sofort eine globale Katastrophe. Arbeitslosigkeit ist heutzutage fast immer regional und global bedingt, weil die Wirtschaft einen globalen Verflechtungszusammenhang bildet. Kriege finden statt unter regionaler "Verantwortung" mit globaler Beteiligung. Der Planet Erde wird sich global erwärmen, obwohl die Verursacher womöglich regional unterschiedlich verteilt sind.

Daneben begeht Walzer noch eine weitere falsche Reduktion. Er möchte den kulturellen Pluralismus verteidigen, wendet sich aber gegen Universalismus. Kultureller Pluralismus erwächst aber nicht nur aus dem Partikularismus der Regionen, sondern auch aus dem Universalismus, der sich global pluralistisch entwickelt hat, im Dissens über Staaten und Kontinente hinweg (vgl. Honneth 1994, S. 78 f.)

Darauf aufbauend kann ich jetzt das Konzept für eine Gerechtigkeitstheorie als Basis der EU-Regionalpolitik erläutern. Gerechtigkeit bedeutet dann, mit Walzer und Giddens, das konsensbestimmte (d.h. in der regionalen Bevölkerung so gewollte und angestrebte) Ausmaß der regionalen Teilhabe an den vier Tragsäulen der postmodernen, globalen Gesellschaft:

- vielschichtige demokratische Partizipation
- ökologisch-soziale Lebens- und Wirtschaftsweise
- entmilitarisierte soziale Beziehungen
- humanistische Technologie.

Gerechtigkeit in und zwischen den Regionen der EU bedeutet nicht, daß alle Teilgebiete ein gleiches oder annähernd gleiches BIP haben. Sie beinhaltet nicht, daß für die ca. 180 Regionen einheitliche Kriterien für den Besitz mit privaten PKW angestrebt werden.

Sie meint nicht, daß die Landwirtschaft voll automatisiert sein sollte. Gerechtigkeit hat auch nicht damit zu tun, daß EU-weit gleiche Partizipationsmechanismen, auf regionaler Ebene, existieren; sehr viel aber mit einer allgemeinen Tendenz zur möglichst weitreichenden Entscheidungsmöglichkeit der Bürger in allen gesellschaftlichen und politischen Fragen.

Das Medium zur Herstellung von Gerechtigkeit (definierbar etwa als rechtliche Gleichheit, gleiche Freiheit, demokratische Beteiligung und eine gerechte Verteilung wirtschaftlicher Zukunftsperspektiven (vgl. Koller 1994, S. 144)) ist stets die Solidarität. Gibt es Chancen, die internationalen Ungleichheiten im Rahmen der EU zu überwinden? In aller Regel hängt die Entwicklung der Solidarität nicht nur von der Hilfsbereitschaft der Geberregionen/-länder ab, sondern auch von gemeinsamen Werthaltungen und Interessenlagen von Geber- und Empfängerregionen (vgl. Hondrich/Koch-Arzberger 1992, S. 91). Unter Bedingungen starker Ungleichheit können Solidaritätsbemühungen ins Leere laufen; das gilt jedoch für Vorgänge innerhalb der EU geringer als für die Beziehungen zwischen der sog. Ersten und der sog. Dritten Welt:

1. Durch Hilfe von außen können bestehende Selbsthilfemechanismen - z.B. lokale Märkte - gefährdet werden.

2. Fördermittel können zur Vergrößerung der sozialen Ungleichheit in den Empfängerregionen beitragen, weil sie nicht bei den unteren Sozialschichten, sondern bei Eliten ankommen (oder einfach versickern).

3. Zielen die Fördermaßnahmen auf schnelle Leistungssteigerungen, besteht die Gefahr der Zerstörung bestehender Sozialstrukturen, denn die einheimischen Eliten wollen diese Steigerungen - unabhängig von der Gefährdung tendentieller Lebens- und Wirtschaftsweisen.
   (vgl. ebd., S. 96 f.)

Wirkliche Solidarität kann daher nur darin bestehen, daß ein potentieller Geber eine herrschaftsfreie Kommunikation mit einem potentiellen Empfänger führt, in dessen Verlauf beide ihre Absichten und Interessen offen darlegen, um dann nach einer Möglichkeit der Kooperation in beiderseitigem Interesse zu fragen.

Voraussetzung für eine wirklich solidarische Beziehung ist, daß die Nutznießer nicht in erster Linie die wohlhabenden Gruppen der Empfängerregionen sind (die zugleich häufig als die Innovatoren erscheinen), sondern daß die Bevölkerung einer Region die Gelegenheit erhält, sich klar über ihre Wünsche und ihre Ziele zu äußern. Damit ist noch nicht die Problematik beseitigt, Solidarität notwendigerweise in einem komplexen System von Beziehungen, Konflikten, Interessen und auch Machtverteilungen üben zu müssen (vgl. ebd., S. 98). Aber diese Art von Befragung des regionalen Souveräns - entweder direkt durch Plebiszit oder durch Abstimmung der parlamentarischen Organe - würde helfen, eine soziale Solidaritätsbeziehung zu kreieren, die Gegenseitigkeit und Ebenbürtigkeit umfaßt. Dasselbe gilt für die Geberregion. Ihre Absicht, solidarisch zu handeln, wird in den meisten Fällen auch mit Eigeninteressen verbunden zu sein. Es wäre eine logische Folge einer offenen und zielorientierten demokratischen Politik, über diese Solidarität öffentlich zu diskutieren und sodann durch Plebiszit oder parlamentarische Entscheidung einer Mehrheit (evtl. auch beides!) festzustellen, ob die vorgesehenen Formen und Inhalte von Solidarität den Wünschen der regionalen Bevölkerung entsprechen, bzw. ob aus der Bevölkerung andere Vorstellungen entwickelt werden und diese den politischen Versuch unternimmt, ihre Konzeption mit demokratischen Mitteln in die Praxis umzusetzen.

Eine solidarische Regionalpolitik setzt bei einer Beteiligung bzw. Betroffenheit von bald über 350 Millionen Menschen eine komplexe demokratische Entscheidungsstruktur voraus, in deren Rahmen nicht nur gewählte Stellvertreter, Mandatsträger, Beschlüsse fassen und umsetzen.

In diesem zukünftigen Europa darf es den Skandal einer Vergleichbarkeit des politischen Systems mit dem undemokratischen Zustand der Zeiten des Ancien régime nicht mehr geben. Die EU ist zu einem Gemeinwesen geworden, "das in weitem Umfang regelnd und lenkend in das Leben jedes einzelnen seiner Bürger eingreift. Die Gesetzgebungsverfahren bleiben jedoch auf europäischer Ebene weit hinter den Anforderungen zurück, die an die Gesetzgebung eines demokratischen Staatswesens zu stellen sind und nach denen die EG selbst ihre Mitgliedsländer mißt" (Bocklet 1992, S. 10).

Das Dilemma ist bekannt. Die Minister der Mitgliedsländer kommen als Ministerrat zusammen und beschließen die Gesetze (Verordnungen/Richtlinien) der EU, d.h. Mitglieder der nationalen Exekutiven werden in Brüssel zum Teil der EU-Legislative: Die Gewaltenteilung ist aufgehoben, die parlamentarische Demokratie existiert hier nicht mehr. Daran hat auch der Maastrichter Vertrag nichts Wesentliches - außer der Einführung einiger neuer Anhörungs- und Vetorechte - geändert.

Abb. 50

Vorschlags- und Entscheidungsverfahren der Gemeinschaft

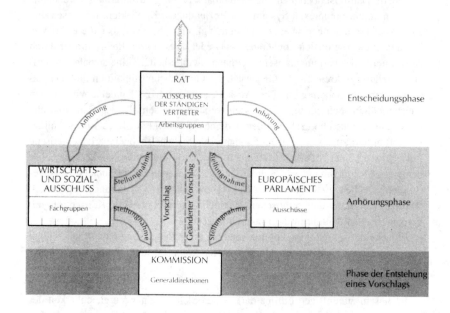

KEG 1993h, S. 5

Hinzu kommt, daß der Ministerrat nichtöffentlich tagt und entscheidet; Transparenz ist folglich ausgeschlossen. Für eine soziale, ökologische, nichtmilitärische und demokratische Zukunft der Europäischen Union wird kein Weg an der Demokratisierung als Sicherung einer möglichst vollständigen Partizipation der EU-Bürger vorbeigehen.

Mit einer derartigen Demokratisierung wäre auch für die Regionalpolitik eine neue Grundlegung und eine Systematik verknüpft, die Bedürfnisse und Interessen der regionalen Bevölkerungen über ein demokratisches Beteiligungssystem wirksam werden läßt.

Ansatzpunkt könnte eine europäische Verfassung - seit vielen Jahren im Gespräch, aber nie ernsthaft bearbeitet - sein. Sie sollte keinen europäischen

Superstaat anstreben, sondern Regionen (und Minoritäten) vor zentraler Einflußnahme schützen und den Bürgern der EU eine wirksame Mitentscheidung sichern
(vgl. Mayer 1993, S. 118). Mayer schlägt folgende Schritte und Formen der
Demokratisierung vor:

1. Wahl einer verfassunggebenden Versammlung, die eine EU-Verfassung
   erarbeitet; Volksabstimmung über die Annahme dieser Verfassung; Änderungsvorschläge durch Volksbegehren möglich.

2. Das europäische Parlament erhält die vollen Rechte mit Gesetzgebung,
   Haushaltshoheit, Wahl und Kontrolle der Exekutive. Um den Föderalismus
   zu gewährleisten, wird eine zweite Kammer eingerichtet, besetzt mit direkt
   gewählten Vertretern der Regionen; beide Häuser vollziehen gemeinsam die
   Gesetzgebung der EU.

3. Die parlamentarisch-repräsentative Demokratie allein reicht nicht aus, um
   die EU zu demokratisieren; als zusätzliche direkte Entscheidungs- und
   Kontrollrechte sind Volksentscheide, Volksabstimmungen, direkte Gesetzes-
   initiativen der Bürger, Einsichtsrecht in EU-Akten, Petitionsrechte für jeden
   beim EU-Gerichtshof, und neue Formen der Beratung, Konsensfindung und
   Kooperation für alle Gesetzesvorhaben der EU - Anhörung von Bürger-
   initiativen/Verbänden, Runde Tische in den Regionen, Bürgerforen usw. -
   erforderlich.

4. Dezentralisierung und Schutz vor Zentralismus machen eine genaue Festlegung der EU-Kompetenzen notwendig; neue Kompetenzübertragungen
   müssen von beiden europäischen Kammern und den Mitgliedstaaten (Parlamenten) akzeptiert werden.

5. Für ein sich entwickelndes soziales Europa ist die Eigenständigkeit und
   Selbstverwaltung des Kultur- und Wirtschaftslebens auf regionaler Ebene
   unabdingbar. Eingriffe des Staates in diese Bereiche dürfen nur bei Zustimmung der regionalen Bevölkerung bzw. ihrer demokratischen Organe erfolgen, d.h. die politische Selbstregulierung der Regionen ist zu verstärken,
   unter Berücksichtigung der festgelegten Wünsche der Bürger.

6. Eine europäische Öffentlichkeit, die bisher nicht in relevantem Umfang
   existiert, kann sich insbesondere durch gesellschaftliche Diskussionsprozesse
   und Plebiszite herstellen.
   (vgl. ebd., S. 118 ff.)

Die Demokratisierung der Institutionen allein reicht jedoch nicht aus; sie wird
ohnehin nur dann möglich werden, wenn

- Demokratisierung, Regionalisierung und Dezentralisierung als komplexer Zusammenhang begriffen werden, in dessen Verlauf die direkten Entscheidungsrechte der Bürger der EU deutlich zunehmen,
- die europäische Gesellschaft zu einer zivilen Gesellschaft wird, in der politische Kulturen und Meinungsbildung mit der Vielfalt der lokalen regionalen und nationalen demokratischen Traditionen positiv verknüpft sind,
- eine einheitliche Garantie gleicher Bürgerrechte und die Gleichberechtigung aller sozialen und gesellschaftlichen Gruppen gesichert sind, und
- die Demokratisierung auf alle Lebensbereiche und alle Ebenen des politischen und gesellschaftlichen Daseins ausgeweitet werden kann (z.b.: Demokratisierung der Wirtschaft, Vertretung von Frauen- und Verbraucherinteressen, Demokratisierung wirtschafts- und strukturpolitischer Entscheidungen durch Wirtschafts- und Sozialräte, regionale Runde Tische usw., sowie die Abkehr vom reinen Parteienstaat durch Bürgerbewegungen und Parlamentsreformen).

Die Ausweitung der demokratischen Partizipation, hin zur direkten Mitentscheidung der Bürger, darf auf keinen Fall an der Tatsache vorbeigehen, daß heute eine Vielzahl von Problemen EU-weite Lösungen notwendig macht; das gilt für die Umwelt, die Wirtschaft, Bildung und Kultur usw. Deshalb kann es nicht nur um eine Kompetenzverlagerung nach unten gehen, sondern die Partizipationsmöglichkeiten der Bürger der EU müssen auf allen Stufen des Integrationsprozesses ausgebaut werden, von Brüssel über die Staatsebene bis zur Region und in der Gemeinde. Allerdings halte ich es für absehbar, daß längerfristig aus dem Europa der Nationen ein neues Netzwerk entsteht, in dem die Regionen und die zentralen Ebenen die entscheidende Rolle spielen werden, während die Funktionen der Nationalstaaten schwächer werden. Wenn aber erst einmal eine kommunitäre Demokratie, in den Regionen und Gemeinden aufgebaut, von einer selbstbewußten Bürgerschaft als Medium der politischen Gestaltung der Lebensverhältnisse praktiziert, auch in Konfliktsituationen weiterbesteht und weiterentwickelt wird (vgl. Kersting 1994, S. 97 ff.), dann dürften auch eine oder mehrere politische Ebenen oberhalb von Gemeinde und Region als Organe der Vernetzung und der Kooperation nicht mehr als fremde Bürokratie wirken, sondern, als demokratisch bestimmte Einrichtungen mit anderen Problemlösungskompetenzen als die Regionen, integrierter Bestandteil einer europäischen Gesellschaft der Vielfalt und der Demokratie sein.

Defizite im demokratischen Bereich bilden einen komplexen Zusammenhang. Wenig Demokratie im lokalen Leben und in der Alltagspraxis ist das logische Gegenstück zu mangelhaften Mitentscheidungsmöglichkeiten auf den höheren Ebenen und in anderen Bereichen der Staaten bzw. der internationalen Organisationen. Die Analogie dazu bildet sich auch für das Thema Umwelt bzw. die

Jahrhundertaufgabe der ökologisch-sozialen Umgestaltung. Die globalen ökologischen Schäden an Luft, Wasser, Böden, Vegetation, Tierwelt und Klima sind nicht nur für jeden spürbar geworden, sie beruhen auch auf einer Unzahl lokaler, mikroökonomischer bzw. -gesellschaftlicher Handlungen und Vorgänge, die sich alle nur deshalb ereignen können, weil wir es als Menschen zulassen, möglicherweise unter den gegebenen Bedingungen zunächst auch noch zulassen müssen.

Aus dieser Situation kann nur folgen, daß die Herstellung des ökologischen Gleichgewichts, der Ausbau der Demokratie und die Etablierung einer sozialen Gesellschaft einen anderen Weg gebieten, der mit dem Konzept "Nachhaltigkeit" verbunden ist. Dieses Umgestaltungskonzept hat viele Aspekte und Varianten; dazu gehören u.a.

- Stabilisierung der Weltbevölkerung
- Anwendung ökologisch angepaßter Technologien
- wirtschaftliche Messung ökologischer Folgen von Wirtschaftstätigkeiten (im BSP oder BIP)
- eine neue, Umweltaspekte integrierende Definition von Produktivität
- Ende aller Subventionen für umweltschädigende Projekte
- bessere, offene Information über die Umweltverträglichkeit von Produkten
- volle Durchsetzung des Verursacherprinzips gegenüber Unternehmen, die Umweltschädigungen begehen
- Bindung von Entwicklungshilfegeldern an Umweltkriterien
- internationale Regelungen für CO_2-Emissionen (incl. Handel mit Emissionsrechten)
- Ausbau der Regelungen (Verbote, Vollzugsverfahren, Planungen, Anreize, Strafen usw.) auf internationaler Ebene
- systematische Aufklärung der Weltbevölkerung über die Umweltproblematik im Rahmen der gesellschaftlichen Bildungssysteme
- Sicherung eines politisch-sozialen Fundaments für dieses Konzept durch soziale Gerechtigkeit, Menschenrechte, Ernährung, Gesundheitsfürsorge, Wohnungsversorgung, hohen Bildungsstand und den Ausbau der politischen Freiheit und Mitwirkung

(vgl. Gore 1994, S. 308 ff.).

Ausgangspunkt einer wirklich greifbaren Umkehr zum Prozeß einer ökologisch nachhaltigen Wirtschaftsweise muß die Alltagspraxis sein. Ein zeitlich und räumlich zentraler Bestandteil dieser Alltagspraxis, mit weitreichender Prägekraft für Ökologie und Ökonomie von Lokalität und Region, ist die Arbeitsstätte. Daher sollten z.B. ökologische Fragestellungen im Bereich des eigenen Arbeitsplatzes in Zukunft größeres Gewicht bekommen, denn hier hat jeder einzelne eine Möglichkeit, die ökologischen Defizite und Handlungsweisen, evtl. aber auch die realistischen Veränderungschancen aufzufinden und Konsequenzen zu entwickeln. Das Mittel der "ökologischen Spurensuche" sollte nicht nur auf die öffentlich sichtbaren oder regional bekannten Sphären bezogen, sondern verstärkt auf die Unternehmen konzentriert werden - ein Interesse des ökologisch-nachhaltigen Prozesses, dessen wesentliche Grundbedingungen weitreichende Information und Herstellung von Öffentlichkeit sind.

Checkliste: Ökologische Modernisierung

- Welche Gefahrstoffe werden verarbeitet oder hergestellt?
- Wo wird welcher Stoff und in welchen Mengen eingesetzt?
- Wie hoch ist die Belastung am jeweiligen Arbeitsplatz? Welche Meßwerte liegen im Betrieb vor?
- Durch welche Maßnahmen werden die Beschäftigten geschützt?
- Ist die gesundheitliche und ökologische Bedeutung dieser Stoffe bekannt? Sind Grenzwerte bekannt?
- Welche gefährlichen Stoffe werden an die Außenwelt abgegeben?
- Welche gefährlichen Stoffe werden an das Abwasser abgegeben?
- Wie wird der Boden des Betriebes geschützt?
- Wo lassen sich weitere Informationen einholen? Wo und in welchen Betrieben liegen ähnliche Probleme vor?
- Lassen sich Zusammenhänge zwischen diesen Stoffen und betrieblichen Kranheitsbildern finden?
- Gibt es typische Krankheiten im Betrieb, in einzelnen Abteilungen? Lassen diese sich auf bestimmte Verfahren/Stoffe zurückführen? Sind sie als Berufskrankheiten anerkannt?
- Welche Abfälle fallen an und in welchen Mengen? Wie wird entsorgt? Wohin? Welche Kollegen/Betriebe sind hiervon betroffen?
- Welche Vorprodukte/Halbfarikate/Spezialarbeiten werden nach außen (und wohin?) in Auftrag gegeben?
- Sind bestimmte Produktionsarbeiten aus Umweltgründen an andere Betriebe ausverlagert, gar in das Ausland? Besteht zu diesen Betrieben Kontakt?
- Wie steht es generell um die Umweltverträglichkeit der Produkte?
- Wie und wo können Energie und Rohstoffe eingespart werden?
- Welche sonstigen Vorschläge liegen von seiten der Beschäftigten vor?
- Welche Vorschriften/Gesetze muß das Unternehmen einhalten?
- Gibt es Umweltschutzbeauftragte?
- Wie informiert die Unternehmensleitung, wie die Beauftragten für Umweltschutz?
- Was steht zu alledem in den Berichten der Beauftragten?
- Hat der Betrieb einen Umweltausschuß?
- Wo kann man sich außerhalb des Betriebes noch kundig machen (z.B. bei Gewerkschaften, Instituten, Ämtern, Umweltinitiativen etc.)?
- Welche Kontakte bestehen zu außerbetrieblichen Gruppen?
- Ist die Einrichtung einer betrieblichen und/oder einer gewerkschaftlichen Arbeitsgruppe angezeigt?

(vgl. Brüggemann/Riehle 1991, S. 81)

Eine vermittelnde Funktion zwischen der lokal-regionalen Ebene und den staatlichen Hierarchien könnte im Verlauf der Umgestaltung zur Nachhaltigkeit Ökosteuern zukommen. Steuern sind eine wirksame Methode, die Berücksichtigung der ökologischen Kosten von privaten bzw. privatwirtschaftlichen Entscheidungen zu sichern. Bei ausreichender Höhe können sie die Funktion der Märkte verstärken, indem sie die Preise den wahren Kosten einer Aktivität angleichen. Wirtschaft und Umwelt können dabei nur gewinnen, sofern gleichzeitig jene Steuern gesenkt werden, die Arbeit, Ersparnisse und Investitionen hemmen - so daß schließlich die Steuerlast insgesamt nicht steigen muß - (vgl. Brown u.a. 1992, S. 145 ff.; Weizsäcker 1992, S. 157 ff.). Das Worldwatch-Institute hat z.B. für die USA acht mögliche Umweltsteuern vorgeschlagen und ihr Aufkommen geschätzt:

Tab. 56

Mögliche Umweltsteuern in den Vereinigten Staaten

Beschreibung der Steuer	Menge des besteuerten Stoffes	Angenommene Abgabe	Resultierende Jahres-einnahmen
Kohlenstoffanteil fossiler Brennstoffe	1,3 Milliarden Tonnen	$ 100/Tonne	130,0
Sondermüllabgabe	266 Mio. Tonnen	$ 100/Tonne	26,6
Aus neuem Holz hergestelltes Papier und Pappe	61,5 Mio. Tonnen	$ 64/Tonne	3,9
Pestizidverkauf	$ 7,38 Milliarden	Die Hälfte des Verkaufspreises	3,7
Schwefeldioxid-emissionen	21 Mio. Tonnen	$ 150/Tonne	2,0
Stickstoffoxid-Emissionen	20 Mio. Tonnen	$ 100/Tonne	1,3
FCKW-Verkauf	225 Mio. kg	§ 5,83 /kg	
Grundwasserabsenkung	25,2 Kubikmeter	§ 0,04 pro Kubikmeter	1,0

Brown u.a. 1992, S. 149

Eine nachhaltige Umgestaltung, die ihre Zielsetzung bei der Anwendung eines Systems ökologischer Steuern erreichen will, muß sich allerdings auf eine regionale Grundlage stellen können. Ökosteuern können keine neuen Zentralstaatsteuern sein, sondern sie müssen auf regionaler Ebene entsprechend den regionalen Umweltgefährdungen und in Anpassung an die regionalen Erfordernisse bei der ökologischen Umgestaltung zu einer nachhaltigen Lebens- und Wirtschaftsweise erhoben und verwendet werden. Denn die regionale Ausgangslage in Verursachung und Betroffenheit von Umweltproblemen ist sehr differenziert und als vielschichtige Situation nur regional einer Lösung näherzubringen; die regionalen Disparitäten in Wirtschafts-, Sozial- und Umweltgeographie bedingen mittel- bis langfristig eine flexible Politik der Ökosteuern innerhalb der Regionen, innerhalb der EU im Bereich von optimalerweise NUTS 1 (z.b. Bundesländer), im Einzelfall auch für die NUTS 2-Stufe (z.b. Regierungsbezirke). Die Ökosteuern sollten nach Möglichkeit in einem künftigen Europa der Regionen auch von den Regionen eingenommen werden, in Übereinstimmung mit den Überzeugungen der Bürger der jeweiligen Region, und nicht an anonyme staatliche Institutionen gehen, deren Verteilungsmethoden nicht transparent sind. Auch die soziale Umgestaltung einer integrierten Europäischen Union ist auf längere Sicht nur unter einer Regionalisierungsstrategie realistisch. Das gilt gerade auch dann, wenn man berücksichtigt, daß zwei Drittel der Menschheit (global betrachtet) am Rande der Existenz leben und "die Mehrheitsklasse der Ersten Welt es versteht, ihre Vorteile in Vorrechte zu verwandeln und die Armen und Arbeitslosen sich selbst zu überlassen" (Dahrendorf 1993, S. 8). Dahrendorf erkennt richtig, daß die Politik der Wagenburg nach außen gegenüber den ärmeren Bürgern der Welt die logische Folge einer Sozialpolitik der Abgrenzung und der Ungleichheit im Innern der EU darstellen würde. Die sozialpolitische Fragestellung hat aus der Sicht einer Strategie der komplexen Gleichheit und der demokratischen Regionalisierung jedoch zunächst die zentralistische Gegenüberstellung der derzeit diskutierten Konzepte zu reflektieren:

1. Das Wettbewerbsmodell, in Analogie zur Marktdynamik, das die sozialpolitischen Systeme und die Sozialstrukturen dem ungehinderten Wettbewerb aussetzen will,

2. das Harmonisierungsmodell, das durch EU-Verordnungen und Richtlinien die Sozialpolitik in den 12 Staaten angleichen möchte (vgl. Platzer 1993, S. 119).

Auch in nächster Zukunft werden sich diese beiden Konzepte aufgrund ihrer spezifischen Nachteile (vgl. ebd., S. 119 f.) nicht realisieren lassen. Daher erscheint nur eine Strategie angemessen, die als sozialen Sockel bestimmte soziale Grundnormen und Arbeitnehmerrechte festschreibt und damit einen EU-weiten Rahmen vorgibt, der von den einzelnen Regionen flexibel und nach ihren Möglichkeiten bzw. gemäß den durch konkrete Äußerungen (parlamentarischer Art oder plebiszitär bzw. beides) der Bevölkerung festgestellten Interessen und Bedürfnissen ausgefüllt und differenziert gestaltet werden könnte; auf der Ebene von NUTS 1, da hier weitergehende Realisierungen rasch zu einer finanziellen Überforderung von Regionen auf kleinerer Stufe führen würden. Dieser Rahmen sollte folgenden Bereichen einen standardisierten Rechtsbestand geben:

- Sozialer Schutz bei Krankheit, Invalidität, Alter
- soziales Mindesteinkommen
- Begrenzungen der Arbeitszeit
- Recht auf (allgemeine und berufliche) Bildung
- Kündigungsschutz für Arbeitsverhältnisse
- Gleichstellung von Frauen und Männern
- Schwangerschaftsschutz
- Gesundheit am Arbeitsplatz
- Koalitions- und Streikfreiheit sowie Tariffreiheit
  (vgl. ebd., S. 120).

Dabei sollten durchaus sowohl die qualitativen als auch die quantitativen Basisstandards EU-weit feststehen, Verbesserungen aber in die Entscheidungskompetenz der Regionen fallen. Ein Unterbieten der Basisvorgaben wäre auszuschließen - es sei denn, durch eine besonders problematische Situation unvermeidlich. Dann dürften Verschlechterungen z.B. durch eine Zweidrittel-Mehrheit des Europäischen Parlaments oder eine EU-weite Volksabstimmung vorgenommen werden.

Sicherlich handelt es sich bei diesen Vorschlägen um eine relativ entfernte "Zukunftsmusik". Aber die bisherige Unterordnung der Sozialpolitik für die Arbeitnehmer unter die Wirtschaftspolitik im Interesse der Unternehmen ist eines der größten Hindernisse für das Einschlagen des unabweislich notwendigen Weges zum ökologisch-sozialen Umbau, der nur dann möglich wird, wenn in der EU eine komplexe Demokratisierung hin zu den Regionen und hin zu den Strukturen innerhalb der Firmen und anderen gesellschaftlichen Institutionen in Angriff genommen wird. Dieser wesentliche Zusammenhang bildet eine Grundlage für die erst dann denkbare Umsetzung einer Konzeption von Regionalpolitik, deren Mitteleinsatz von Verträglichkeit gegenüber der Natur, der Gesellschaft und insbesondere auch der Gesamtsituation der jeweiligen Region gekennzeichnet ist und die darüber hinaus nicht von anderen politischen Maßnahmen (wie heute z.B. durch Agrar- und Technologiepolitik der EU) konterkariert und teilweise wirkungslos gemacht wird.

Das moderne gesellschaftliche Leben in der Gegenwart folgt verschiedenen, widersprüchlichen Tendenzen und Motiven. Eine der am wenigsten zu leugnenden Entwicklungen ist die Europäisierung und Globalisierung. In ihrem Kontext bildet sich zunehmend eine europäische Identität heraus, auf Kosten nationaler Identitäten, die zugleich in Abgrenzung zum globalen System und dessen deutlicher werdenden Einheiten tritt. Dabei gewinnen auch regionale Identitäten an Kraft, sie werden aber zugleich wieder - eben durch die Globalisierung und die Europäisierung - geschwächt (vgl. Münch 1993, S. 319 f.).

Bevor ich hier eine kurze theoretische Begründung des demokratischen Regionalismus gebe, möchte ich auf einen fundamentalen Bereich eingehen, der das gesellschaftliche Potential der Zukunft entscheidend beeinflussen dürfte.

Nach dem Niedergang der realsozialistischen Modelle hat der zum Ende der 80er Jahre eigentlich schon im Rückgang befindliche Marktradikalismus noch eine kurze - eher scheinbare - Renaissance erlebt. Seine prinzipielle Schwäche ist aber nicht nur für die regionalen ökonomischen Disparitäten, sondern auch für Probleme wie Arbeitslosigkeit, Armut, zyklische Krisen, strukturelle Verwerfungen (vgl. z.B. Kremer 1991) vielfach nachgewiesen worden. Die richtige Feststellung, daß sich Staat und Wirtschaft dann am besten entwickeln, wenn sie sich gegenseitig fördern, führt zu der Forderung eines engen Zusammenwirkens auf der Basis langfristiger Strategien (vgl. Dönhoff u.a. 1992, S. 58). Für eine zivilgesellschaftliche und kommunitär-demokratische Orientierung genügt dieser Gedanke nicht, aber er stellt einen Ansatzpunkt dar. Für eine zivile Gesellschaftstheorie sind Staat und Markt Folgen von gesellschaftlichem Handeln der Individuen. Der Ausbau dieses oder jenes Segments kann bewußt gesteuert werden, und alle Anzeichen deuten darauf hin, daß die Bürger selbst erhebliche Transformationen beider Bereiche wollen. Die Zerstörung der Umwelt war bisher oft ein marktverursachter Problemkreis, die Verhinderung von Partizipation und Mitbestimmung lag häufig in staatlicher Verantwortung. Irrationalität und Verschwendung waren verbreitet Ergebnis des Zusammenwirkens des bestehenden Staates mit der aktuellen Struktur der Wirtschaft.

Einseitige Strategien sind gescheitert. Etatistische Versuche und radikale Marktdynamiken haben ökonomisch und plebiszitär versagt. Deshalb bedarf es im Staat und in den Märkten einer Transformation zivilgesellschaftlicher Art, die zumindest noch nicht einer chorologischen Ebene zuzuordnen und daher allgemein ist:

1. weniger durch staatliche Kontrollen von Märkten (obwohl diese weiterhin notwendig sind) als vielmehr durch die Entwicklung verschiedener Formen freiwillig und selbstorganisierter Kooperationen und Vereinigungen, die nicht auf Kaufbeziehungen und Berechnung ausgerichtet sind und somit die soziale Kontrolle von Märkten und Wirtschaftsleben durch die assoziierten Bürger selbst fördern (vgl. Gorz 1991, S. 64 f.); Walzer nennt diesen Prozeß die Vergesellschaftung der Wirtschaft mit vielen verschiedenen Akteuren auf dem Markt, sowohl genossenschaftlichen wie privaten (Walzer 1992, 1992a, S. 68 ff.);

2. durch die Denzentralisierung des Staates, die den Staatsbürgern verstärkt Möglichkeiten gibt, die Verantwortung für ihre Tätigkeiten zu übernehmen,

wobei

3. zu beachten ist, daß die zivile Gesellschaft auf sozialen Gruppen aufbaut, die viel kleiner sind als das Volk, die Arbeiterklasse, die Nation usw., also z.B. Familien, Freunde, Genossen, Kollegen (vgl. ebd.).

4. Die Fähigkeiten dieser Gruppen sind es, die die Kraft des modernen Staates angreifbar machen, durch ihre von Politikern und Soziologen bisher kaum bemerkte Kompetenz der nahezu vollkommenen Selbstorganisation, die sich mehr und mehr auch politisch selbst zur Sprache bringt, freilich sehr oft neben den Kanälen und Instrumenten der politischen Systeme; das führt dazu, daß viele klassische Bereiche der Staatsaufgaben von der Gesellschaft zurückgeholt werden in ihre eigene Zuständigkeit (vgl. Beck 1993, S. 215 ff.).

5. Ich bin mit Sennett der Auffassung, daß dieses Verständnis des Komplexes aus Staat/Gesellschaft/Dezentralisierung und Selbstorganisation von mikrosozialen Gruppen die Gefahr in sich tragen kann, eine Lokalisierung der menschlichen Erfahrung und eine Übersteigung der unmittelbaren Lebensumstände, eine verhängnisvolle Beschränkung des Horizonts zu bewirken, die jede wirklich politische Öffentlichkeit und ein vielfältiges offenes Gesellschaftsleben ersticken (vgl. Sennett 1991, S. 42 ff.). Deshalb ist es erforderlich, gerade angesichts der verstärkten Internationalisierung von Ökonomie und Politik eine politische Konzeption von Regionalismus zu entwickeln, die nicht Opfer des Tribalismus oder des Lokalismus wird, sondern die komplexen, makrogesellschaftlichen und globalen Bedingungen ihres Handelns ebenso beachtet, wie sie die Möglichkeiten der Mitentscheidung auf der Ebene von Staaten, internationalen Organisationen (wie z.B. der EU) oder weltweiten Institutionen (wie z.B. der UNO) ernst nimmt und im Sinne einer demokratischen, ökologisch-sozialen Zukunft nutzt.

Wenn es zutrifft, daß der harte Kern der Gegenwart aus der ökologischen Herausforderung, der sozialen und regionalen Ungleichheit und der Problematik der demokratischen Partizipation besteht, dann ist von dieser allgemeinen These aus noch kein Schluß auf eine regionalpolitische Strategie möglich. Konturen einer Strategie dafür werden aber denkbar, wenn aus den von Harvey für den gegenwärtigen Zustand der hochentwickelten Gesellschaften (Europas und anderer Kontinente) festgestellten Kontrastbegriffen auch nur einige Tendenzen als zutreffend betrachtet werden:

Abb. 51

Fordistische Modernität / Flexible Postmoderne

Fordistische Modernität	Flexible Postmoderne
Wirtschaft großen Maßstabs	Brennpunktwirtschaft
Hierarchie	Anarchie
Arbeitsteilung im Detail	soziale Arbeitsteilung
Paranoia	Schizophrenie
Monopolkapital	Unternehmertum
Universalismus	Lokalismus
Ethik	Ästhetik
Gottvater	Heiliger Geist
Produktion	Reproduktion
Autorität	Eklektizismus
blue collar	white collar
Avantgardismus	Kommerzialismus
Interessengruppenpolitik	charismatische Politik
Semantik	Rhetorik
Synthese	Antithese
cellectiv bargaining	lokale Verträge
phallisch	androgyn
Metatheorie	Sprachspiele
Utopie	Heterotopia
Funktion	Fiktion
protestantische Arbeitsethik	Zeitvertrag
werden	sein
Internationalismus	Geopolitik

v. Beyme 1991, S. 160, nach Harvey

Politische Strategien können demnach, so viel scheint klar, nur noch regionalistisch, pluralistisch, begrenzt und irgendwie kulturell determiniert sein. Zumindest sind Konzeptionen aus regionalistischem Blickwinkel auch schon - gerade aus sozialgeographischer Perspektive - vorgelegt worden, als Versuch, postmoderne Theorie für eine endogene Regionalentwicklung fruchtbar zu machen. Die Tragfähigkeit dieses Ansatzes kann nur durch konkrete Anwendung auf einzelne Regionen belegt werden; Krüger, dessen theoretische Essenz ich im folgenden wiedergebe, hat das für die innerhalb der Bundesrepublik benachteiligte Region Ostfriesland unternommen (vgl. Krüger 1988, S. 13 ff.).

Ein Modell der endogenen Entwicklungspotentiale "bezieht die Gesamtheit von alltagskulturellen sozialen Verhaltensformen und Einrichtungen sowie die die Arbeits- und Berufsdifferenzierung betreffenden lokalen bzw. regionalen Merkmale eines Raumes ein" (ebd., S. 25).

Es "glaubt" insofern an eine gerechte Herstellung gleichwertiger Lebensverhältnisse, als es die beobachteten vielfältigen Lebensmuster in Städten und Regionen
als Impulse für eine gerechte Gesellschaftsentwicklung nutzen möchte (vgl. ebd.,
S. 27 ff.). Funktionale Gerechtigkeit sichert es durch die Minimalstandards, die
das Entwicklungsniveau des Gesamtstaates ermöglicht; "ausreichende soziale
Dienstleistungen, operative Infrastruktur (z.b. Verkehrssystem), ökologische
Belastungsminimierung und disponible investive Starthilfen" (ebd., S. 39). Ein
vielfältiges Verständnis gesellschaftlicher Arbeit ist nach Krügers Sicht unerläß-
lich; er meint eine Verknüpfung traditioneller und lokaler Arbeits- und Berufs-
formen mit denen der Moderne (vgl. ebd., S. 43). Diese ist zu ergänzen durch die
Kombination aus lokalen (endogenen) und (exogen begründeten) Strukturelemen-
ten regionaler Wirtschaft bzw. Arbeit, d.h., es geht nicht um eine regionale
Abkoppelung oder Abschottung (vgl. ebd.). Endogene Regionalentwicklung
kombiniert weiterhin formelle und informelle, lokal gebundene oder durch Pendeln zugängliche Erwerbsmöglichkeiten. Sie bietet Chancen der individuellen
Selbstverwirklichung über die Arbeit hinaus und öffnet insbesondere auch die
sozialkulturelle Reproduktion für die Verwendung gesellschaftlicher Arbeit;
Krüger betont hier die besondere Bedeutung der sozialkulturellen Lebensformen;
sie besitzen "die Schlüsselfunktion zur Vernetzung unterschiedlicher ökonomischer, ökologischer, kultureller und landwirtschaftlicher Entwicklungsdispositionen
und identitätsstiftender Qualität für die regionale Bevölkerung" (ebd., S. 44).
Die sich hieraus ergebende Methodik besteht nach Krügers Ansicht in einer
basisdemokratischen Auseinandersetzung um die Normen und Ziele für die
Gestaltung einer Region; Methoden dafür wären z.B.:

- Dezentralisierung des Planungs- und Verwaltungshandelns
- Stärkung regionaler Arbeitnehmer- und Wirtschaftsbelange
- Stärkung politischer Handlungsspielräume der Region
- Kompetenzerweiterung lokaler und regionaler Partei-, Verbands- und regions-
  spezifischer Organisationen
- größere Beteiligungsrechte lokaler, regionaler und sozialer Bewegungen von
  unten (z.B. Bürgerinitiativen) bei Formulierung und Durchsetzung politischer
  Willensbildung
- plebiszitäre Willensbildung bei weitreichenden oder besonders risikoreichen
  Planungen und Projekten in der Region
  (vgl. ebd., S. 48 ff.).

Sollte eine Strategie in diesem Sinne hinter der Maxime "Europa der Regionen" stehen, dann wären sicherlich auch Assoziationen einer größeren Autonomie
der Regionen mit einem "Aufblühen von Sub-Nationalismen" (Galtung 1993,

S. 39) verfehlt. Denn demokratischer, für exogene Kräfte offener Regionalismus ist das beste Mittel gegen alle Formen von Nationalismus und Tribalismus.

Was bedeutet dieses Regionalismuskonzept, übertragen auf die politischen Ebenen der EU? Es impliziert vor allem eine Stärkung der sogenannten dritten Ebene - also der politischen Kompetenzen unterhalb der EU-Zentralinstanzen und der Staatsebene. Sie ist logische Konsequenz von ökonomischen, technologischen und gesellschaftlichen Veränderungen, die auf Flexibilisierung, Spezialisierung und Dezentralisierung hinauslaufen und Anpassungsleistungen der dezentralen Staats- und Selbstverwaltungsebenen erfordern:

Sie werden immer mehr zu Vermittlern oder Moderatoren der Regionalentwicklung, deren Aufgabenfelder sich auf 3 Bereiche konzentrieren:

- Rahmenbedingungen zur Verfügung stellen
- den regionalen Interessenabgleich unterstützen
- Synergieeffekte zwischen den beteiligten sozialen Akteuren stimulieren (vgl. Bullmann 1994, S. 51).

Da die soziale Situation durch immer neue Verschärfungen - Lohnverzicht, zwangsarbeiterähnliche Sonderarbeit, soziale Desintegration für dauerhaft Ausgegrenzte, Abbau der Mittel für Fortbildung und Umschulung - und die ökologische Problematik gerade auf regionaler bzw. örtlicher Ebene z.B. durch Verkehrsinfarkte und Abfallberge sowie andere, sehr gefährliche Tendenzen (Böden, Trinkwasser, Wälder usw.) gekennzeichnet ist, ist just in der dezentralen Politik die richtige Sensibilität für die Lösungen der Probleme entstanden; die dezentrale Politik kann und muß die Wege aufzeigen und umsetzen, mit der ein sozialökologischer Umbau greifen wird; umweltverträgliche Infrastrukturen, sanfte Versorgungswege, organische Wirtschaftskreisläufe, soziale Integration, kultureller Wandel im Sinne einer offenen, gleichberechtigten Multikulturalität lassen sich nur durch eine stärker regional bestimmte Aufgabenwahrnehmung verwirklichen. Eine in diesem Sinne ökologische, ökonomische und soziale Modernisierung ist heute und in Zukunft die Voraussetzung dafür, daß Kapital und Sachinvestitionen auf einen fruchtbaren Boden fallen (vgl. Bullmann 1994, S. 52 f.).

Erstes Ziel dieses Regionalismuskonzepts ist es, "die Rettung der Umwelt zum zentralen Organisationsprinzip unserer Zivilisation zu machen" (Gore 1994, S. 267). Das zweite, hiervon nicht zu trennende Ziel besteht darin - ausgehend von der Erkenntnis, daß das Europa des Binnenmarktes, relativ gesehen, mehr der Wirtschaft und den Unternehmen als den Arbeitnehmern und den weniger Begüterten nutzt (vgl. Struwe, 1991, S. 154) - in dem neuen Modell von Wirtschaft, Gesellschaft und Kultur die Sozialpolitik so zu entwickeln, daß Ausgrenzung und sozialer Abstieg durch neue Projekte im Interesse nachhaltigen Wirtschaftens kompensiert werden.

Wenn es gelingen könnte, überregionale Politik auf Grundsatzentscheidungen, allgemeine Zielbestimmungen, Verfahrensgestaltung und finanzielle Umverteilung zu konzentrieren, während auf den regionalen/dezentralen Ebenen die situations-

und regionsadäquaten Lösungen gesucht und gefunden würden, dann wären die Grundmauern für das Notwendige gelegt. Tragende Erkenntnis dieser Umgestaltung weg vom Zentralen, hin zum Regionalen ist die mittlerweile um sich greifende Einsicht der Unfähigkeit der Zentralen, inhaltliche Programme und deren praktische Umsetzung zu sichern, ein konkretes politisches Design zu erstellen und Ressourcen und Akteure zu handlungsfähigen Netzwerken zusammenzuführen; diese Prozesse können nur in den Regionen selbst geleistet werden (vgl. ebd., S. 53).

Aus Gores ökologischer Maxime "Wir sind, was wir gebrauchen" (Gore 1994, S. 197 ff.) sollten zwei regionalisierte Folgerungen erwachsen:

1. Der ökologische, ökonomische und soziale Modernisierungsdruck für mehr regionale Entscheidungskompetenz der Bürger entsteht aus der gegenwärtigen Problemlage in diesen drei Bereichen als sinnvoller und machbarer Weg.

2. Die Verwendung neuer Ressourcenstrategien, die Umstellung der Gesellschaft auf mehr Gemeinsinn und Partizipation sowie die Sicherung vor dem Absturz ins soziale Abseits sind Aufgaben, die genuin den Regionen zukommen. Damit deren Stellung und demokratische Kompetenz verstärkt werden, bedarf es eines Ausbaus der Regionalkulturen und der regionalen Identitätsbildung.

Regionalentwicklung wird aus diesem Blickwinkel eine kulturelle Aufgabe, die dem Denzentralisierungsbedarf in allen gesellschaftlichen Bereichen entspricht und sich mit basisdemokratischen Konzepten verbindet. Jenseits von Marktradikalisierung und zentralistischem Plan sind damit Transformationen denkbar, bei denen breite Partizipation, ökologisch-sozialer Umbau und ein neues Wachstumsmodell mit kultureller Vielfalt auf der Basis von Gerechtigkeit und Solidarität möglich erscheinen (vgl. ebd., S. 54 f.).

Für eine Weiterentwicklung von Regionalkultur und -identität sprechen einerseits Tendenzen, die "von unten" immer stärker, sogar in den etablierten Organisationen und Parteien, eingefordert werden:

- Entmonopolisierung des Sachstandes
- Informalisierung der Zuständigkeiten
- Öffnung der Entscheidungsstrukturen
- Herstellung von mehr Öffentlichkeit
- Selbstgesetzgebung und Selbstverpflichtung
  (vgl. Beck 1993, S. 190 f.).

Wenn Vorhaben und Projekte, Themen und Probleme auch unter diesen Aspekten weiterhin konfliktbehaftet bleiben, mag das zunächst enttäuschend erscheinen, gleichzeitig kann ein verstärkter demokratischer Regionalismus nur entstehen, wenn mit den Entscheidungsverfahren und Machtverteilungen neue Experimente erprobt werden. Dabei spielen meiner Ansicht nach zwei Modelle auf absehbare Zeit eine bedeutende Rolle: Die sogenannten "Runden Tische" und die Frage der Parlamentarisierung bzw. der Einführung von Plebisziten auf regionaler Ebene.

Der Runde Tisch, entstanden aus den Auflösungsprozessen der stalinistischen Systeme Ende der 80er Jahre, bietet vielleicht einen Weg, nicht nur "öffentliche Erfahrungsdiskursivität" (Beck 1993, S. 192) zwischen Bürgern, Politik und Gesellschaft zu realisieren, er könnte auch das entscheidende Instrument für das Initiieren von Umbauprojekten werden. Denn hier besteht im Rahmen einer Zeit der Unsicherheit und der Ungewißheit die Chance, ohne Zwänge und ohne interne Machtstrukturen Vorhaben anzustoßen, über die alle interessierten Bürger, die regionalen Organisationen und Verbände, Parteienvertreter, lokale Fachleute, Wissenschaftler, Kulturträger usw. diskutieren und beschließen können - sofern eine finanzielle Basis, aus der Region selbst oder (im schlechteren, aber oft unvermeidlichen Fall) aus einer übergeordneten Ebene erhältlich ist. Dieses Modell des "Runden Tisches", umgesetzt in konkreten Regionen, kann in der integrierten regionalen Entwicklungsförderung bereits vorbildliche Leistungen vorweisen, im Sinne des Bewußtmachens der Probleme und durch die Realisierung von Praxis in Richtung auf nachhaltiges Leben und Wirtschaften; Beispiele sind etwa das Zentrum Arbeit und Umwelt in Gießen (ZAVG), oder das Regionale Wissenstransferzentrum (RWZ) in Fulda, sowie der Verein Natur und Lebensraum Rhön.

Diese Anlaufstellen für endogene Projekte der Regionalentwicklung leisten die erforderliche Wissensbasis, die Vernetzung der Akteure, den Einsatz der Ressourcen und die Begleitung der Aktionen und Vorhaben vor Ort. Ihre Erweiterung auf die Regionen der EU setzt eine Regionalisierung der Struktur- und Regionalpolitik voraus, die vom derzeitigen System nicht erbracht werden kann. Sie stützen sich auf das praktisch-ethische und -technische Wissen der Regionsbürger und leben nicht von ihrer Fördermentalität, sondern von dem enorm starken Willen, Problemlösungen und Innovationen auf die Beine zu stellen. Sie arbeiten nach einem sehr einfachen Verfahren der Analyse, entstehend aus drei Fragen:

1. Welches sind die Probleme der Region?

2. Welche eigenen Lösungswege gibt es vor Ort?

3. Welche Lösung(en) ist (sind) richtig?

Erst nach der Bearbeitung dieser Fragen werden Fördermöglichkeiten geprüft und evtl. Mittel beantragt.

In der Realität zeigt sich allerdings - auch nach eigener Einschätzung derartiger Initiativen - daß nichtgeförderte Projekte oftmals besser und schneller zu positiven

Ergebnissen führen. Einerseits dürften dafür bürokratische Zeitverluste in Bewilligungsverfahren verantwortlich sein. Andererseits passen unabhängiges Handeln und sinnvolle Problemlösung durch Innovation sehr gut zusammen und implizieren gegenüber Fördermitteln eher eine ablehende Einstellung.

Unter den Bedingungen der bestehenden politischen Systeme und des real vorhandenen Ausmaßes an Föderalismus und Subsidiarität in der EU (vgl. Stewing 1992) halte ich es nicht für denkbar, daß sich diese Initiativen in Zukunft umfassend und frei entfalten können. Deshalb ist eine Diskussion über die Parlamentarisierung z.B. der Regierungsbezirke oder der regionalen Ebenen anderer EU-Staaten angebracht. Alternativ dazu sollten Plebiszite eingeführt werden, mit denen diese Initiativen ihre Projekte auch dann durchsetzen könnten, wenn trotz der hohen Qualität und der Angemessenheit für die regionale Problemsituation regionale oder lokale Instanzen einzelne (größere) Projekte be- oder verhindern wollen. Verfahrensweisen dieser Art bedingen wiederum eine erhebliche Zunahme des Interesses aller Bürger an Partizipation, Problemlösung und Umgestaltung im sozial-, umwelt- und regionalverträglichen Sinne. Sie knüpfen sich an die von Beck im Zusammenhang mit den "Runden Tischen" genannten Tendenzen, insbesondere an das Element "Selbstgesetzgebung und Selbstverpflichtung", das schon in der Gegenwart in Wirtschaft, Gesellschaft, Kultur, als Motiv an Kraft gewinnt, bisher aber in den Mechanismen der repräsentativen Demokratien der EU wenig Berücksichtigung gefunden hat. Als Perspektive könnte es bedeuten, daß die Bevölkerung ein unmittelbares Gesetzgebungsrecht bekommt (vgl. z.B. Evangelische Akademie Hofgeismar/Stiftung Mitarbeit 1991, S. 61 ff.).

Zu diesem Modell einer regionalen Demokratisierung gehören weitere Veränderungen, die erst als Gesamtheit eine Selbstregulierung der Demokratie durch die Bürger möglich machen (wobei es nicht um die Zerschlagung, sondern nur um die Ergänzung der bestehenden parlamentarisch-demokratischen Institutionen und Mechanismen gehen kann):

- Bürgerbeteiligung in verschiedenen Formen
- Akteneinsichtsrechte/Öffentlichkeit
- Bürgerbeauftragte
- Selbstverwaltung, Föderalismus, Genossenschaften
  (vgl. IDEE 1990).

Es wird immer wieder auf Gefahren verwiesen, die ein verstärkter Regionalismus bringen könnte; Tribalismus, Abschottung, Innovationsfeindlichkeit. Deshalb kann auch ein noch so demokratischer Regionalismus nur dann Offenheit, Toleranz und Solidarität gewährleisten, wenn er auf innerer und äußerer Kooperation beruht, d.h. es geht darum, daß die Regionen, Städte und Gemeinden der EU Partnerschaften über nationale und kontinentale Grenzen hinweg eingehen und intensivieren. Dabei ist eine Vielfalt der Formen und Kooperationen angebracht. Austausch von Erfahrungen, Reisen von Bürgern, gemeinsame Projekte in allen gesellschaftlichen Bereichen, Zusammenarbeit im Umweltbereich, Partnerschaften von Bildungseinrichtungen usw. bringen Impulse für alle Seiten, beruhen auf Solidarität und gegenseitigem Interesse und verdeutlichen den Sinn der Vielfalt und der Pluralität von Lösungen und Entwicklungswegen wie von Denk- und Verhaltensweisen. Soziale, ökologische und politische Anforderungen an die Regionen und Gemeinden werden im Verlauf des Umbauprozesses erheblich zunehmen. Auch deshalb ist die Städtepartnerschaft eigentlich keine freie Spielwiese, sondern eine notwendige Quelle für neue Ideen und Möglichkeiten, auch in kultureller Hinsicht. Verfehlt wäre eine Schwerpunktsetzung der Kooperationen nach der Größe der Städte, so daß z.b. die großen Zentren untereinander kooperieren (vgl. ARL 1990), die Mittelstädte unter sich und die kleinen Orte ebenfalls nur miteinander. Eine solche einseitige Strategie widerspricht dem Interesse an Information über anders gelagerte Probleme, über regionale Weiterentwicklung und auch dem Bedürfnis, vielfältige Anregungen vermitteln und gewinnen zu können (vgl. dazu z.B. KEG 1991p).

Ist eine Vereinfachung politischer Mechanismen, Zielsetzungen und Instrumente auf der Basis eines solchen Konzepts (mit den Stichworten Gerechtigkeit / Solidarität, demokratische Partizipation, ökologisch-soziale Umgestaltung, Regionalismus) vorstellbar?

Ulrich Beck hat unser Zeitalter in Anlehnung an W. Kandinsky als Epoche des "und" erläutert, in Abgrenzung zum 19. Jahrhundert, in dem durch Trennung, Spezialisierung, Bemühen um Eindeutigkeit und Berechenbarkeit das "entweder - oder" geherrscht habe. Das Zeitalter des "und" charakterisiert er u.a. mit Hilfe der Kategorien Nebeneinander, Vielheit, Ungewißheit, Fragen nach Zusammenhang und Zusammenhalt, Synthese, Austausch, Ambivalenz (vgl. Beck 1993, S. 9). Seine Zentralkategorie ist die "reflexive Modernisierung", d.h. er beobachtet, daß sich die moderne Gesellschaft nicht mehr "einfach so" weiterentwickelt wie bisher (technisch, materiell, kulturell usw.), sondern daß sie sich selbst in einem krisenhaften Prozeß sieht, ihre eigenen Probleme reflektiert, wobei die Reflexion selbst auch schon wieder Teil ihrer Weiterentwicklung ist.

Grundsätzlich ähnlich argumentiert Kondylis, der die liberale Moderne (der Vergangenheit) mit der massen-demokratischen Postmoderne (der Gegenwart) vergleicht und im Bereich der Ideologie eine zentrale Denkfigur für jede dieser Epochen feststellt. Die bürgerlich-liberale Denkfigur der Moderne bezeichnet er als "synthetisch-harmonisierend", während die postmoderne "analytisch-kombinatorisch ist" (Kondylis 1991, S. 15).

Natürlich ist damit nicht der gesamte Unterschied zwischen Moderne und Postmoderne (oder bei Giddens: Spätmoderne) beschrieben, aber eine zentrale

Differenz des Denkens und Handelns in beiden Sozialformationen, vor allem im sogenannten kulturellen Bereich, ist treffend charakterisiert. Bekannt und für alle erfahrbar ist die zunehmende Komplexität des Lebens in der Gegenwart, sei es im Bereich Technologie, im Informationssektor, der Wirtschaft, dem Verkehr, der Freizeit usw. Diese Komplexität nimmt im politischen System und den Politikfeldern ebenfalls weiter zu. Sie wird durch das hier vorgestellte Programm allerdings noch erheblich verstärkt, wenn und insofern, als die Partizipation der Individuen verstärkt und die inhaltlichen Ziele der Politik umgestellt werden sollen. Ein schrittweiser Umbau, hin zur gesellschaftlichen und regionalen Selbststeuerung von Ökonomie, Ressourcenverwendung und Kultur, ist ein sehr komplexes Unterfangen, das keineswegs mit einfachen Mitteln zu bewerkstelligen sein wird. Von Vereinfachung der Regionalpolitik kann in diesem Punkt keine Rede sein.

Zugleich impliziert ein Ausbau der Zivilgesellschaft in Form kommunitärer Demokratie und regionaler Partizipation nicht nur eine gewisse Entzauberung des Staates, sondern auch - durch den Aufbau direktdemokratischer, regionalisierter Entscheidungsmöglichkeiten, durch Eigenaktivitäten der Bürger in allen Bereichen - eine Zurücknahme staatlicher Steuerungsansprüche (vgl. v. Beyme 1991, S. 139) und Tendenzen weg vom Handlungsstaat zum Verhandlungsstaat (vgl. Beck 1993, S. 216); verschiedene staatliche Aufgaben verschwinden, neue werden definiert und konstituiert (vgl. ebd., S. 217). Der Weg in die Bürgergesellschaft scheint schließlich sogar ohne einen "primären Programmtypen" auszukommen.

Der postmoderne Staat beschränkt bzw. konzentriert sich auf dezentrale Steuerungsparameter und bietet auch dadurch eine Zurücknahme von (zentralen) Staatsfunktionen an:

Abb. 52

Zuordnung von Staatsfunktionen und rechtlichen Programmtypen

Funktionen	Staatsform	primärer Programmtyp
1. Ordnung	liberaler Staat	Konditionalprogramm (repressiv + restitutiv)
2. Ordnung	Interventionsstaat	Zweckprogramm (globale Parameter)
3. Ordnung	Wohlfahrsstaat	Zweckprogramm (globale und Mikroparameter) ?
4. Ordnung	postmoderner Staat	(dezentrale Steuerungsparameter)

v. Beyme 1991, S. 142

199

Politik - und damit auch ein Teilfeld wie die Regionalpolitik - könnte dabei durchaus einfacher werden für die Individuen, denn sie können selbst mehr und direkter bestimmen, was geschieht, wie es geschieht und mit welcher Absicht. Eine Dezentralisierungs- und Demokratisierungsstrategie entlastet den Staat: seine Verwaltungen, seine Legislativen, seine Exekutiven, evtl. auch seine Kassen. Damit kommt diese Strategie dem ohnehin festzustellenden Drang des Staates nach weniger Verantwortung, weniger Intervention und weniger Vorgaben für die Gesellschaft (der teilweise Lehren aus Überschätzungen des Staates im Kapitalismus wie im Realsozialismus gezogen hat) entgegen. Der Staat selbst strebt eine Reduktion von Komplexität (Luhmann 1987, S. 50) an und trifft zugleich auf eine Gesellschaft, die mit der Umsetzung der hier entwickelten Strategie diese Komplexitätsreduktion um eine ganze Qualitätsstufe verstärken würde, ohne dabei die erforderlichen Funktionen des Staates als "Apparat" aufzugeben - diese werden lediglich an die Gesellschaft selbst gegeben; die Gesellschaft hat in diesem Zusammenhang natürlich auch gezielt die Absicht, dabei berührte Verfahren, Instrumente, Mechanismen zu vereinfachen und für die Partizipation handhabbar zu machen.

Selbstverständlich entsteht durch das neue Modell wieder eine neue Komplexität, die es erst zu "erlernen", zu gebrauchen gilt. Aber sie könnte bei erfolgreicher Praxis in den Händen der Bürger immer wieder das Bedürfnis auslösen, die Mechanismen zu vereinfachen und die Partizipation damit zu intensivieren, gerade bei Reflexion der in der Vergangenheit allzuoft von Experten installierten bürokratischen Prozesse der Politikfindungs- und Umsetzungsverfahren.

Unbestritten ist gleichzeitig, daß die zusätzliche Möglichkeit (eben im Sinne des "und" bzw. des analytisch-kombinatorischen Denkens), neben den parlamentarischen Entscheidungsgremien plebiszitäre und andere Dezisionen einzurichten, die Komplexität des politischen Systems selbst vergrößert und nicht reduziert. Auf der Ebene des jetzt existierenden Systems der EU-Regionalpolitik mit den Instanzen EU-Ministerrat, -Kommission, Europäisches Parlament, Nationalregierungen, Regionen, den verschiedenen Fonds, der EGKS, der EIB usw. ist jedoch die Chance einer deutlichen Vereinfachung gegeben, ohne die Vielfalt der Aufgaben angesichts der differenzierten Problemstellungen zu ignorieren.

Ein weiterer Strang in Richtung auf eine Vereinfachung von Regionalpolitik besteht darin, deren Inhalte und Methoden nicht an bestimmte Wirtschaftsformen zu binden. Als sehr schwierig und im wesentlichen gescheitert müssen alle Versuche betrachtet werden, im Sinne des nicht mehr tragfähigen "entweder - oder"-Axioms Regionalpolitik (und darüber hinaus alle Arten von Politiken) an die Position "Marktradikalismus" oder an die Position "Planungssozialismus" zu binden. Beide Konzepte haben sich als unfähig erwiesen, das Problem des regionalen Unterschieds zu analysieren und zu lösen, weil sie die Vielfalt der realen,

pluralistischen Wirtschafts- und Kulturformen ignorieren und von einem verkürzten, einseitigen Bild von Mensch und Gesellschaft (vgl. dazu Arnold 1988, S.
355) ausgehen. Regionalpolitik, die sich in das Konzept der radikalen Marktwirtschaft einfügt, macht sich selbst unmöglich, denn die Kernthese des klassischen
Marktradikalismus steht im Widerspruch zu systematisch regulierenden oder
modifizierenden Eingriffen des Staates oder der Gesellschaft in die räumliche
Verteilung der Marktprozesse; die Regionalpolitik kann also im Verbund mit
diesem Ansatz nicht gut existieren.

Andererseits wird sie im zentralistischen System des Planungs- und Staats-
sozialismus zu einem reduzierten Element der Wirtschaftspolitik und kann weder
regionale noch kurzfristige oder konfliktbehaftete Interessen berücksichtigen; sie
verkommt zu einem Anhängsel regionsferner und nichtpartizipativer Staatspolitik,
ihre Kraft ist gering. Eine Regionalpolitik aber, die ihre Wirtschaftsformen frei
läßt von dogmatischer Festlegung, kann einfacher arbeiten. Sie kann mit Stützung
auf ein Demokratiekonzept, das sowohl Konflikte als auch eine gewisse Ein-
heitlichkeit umfaßt und direkte Partizipation anstrebt, ihren Weg quasi zwischen
den uns bekannten Formen von Kapitalismus und Sozialismus suchen, zwischen
privatem und öffentlichem Eigentum im Unternehmensbereich. Mit einer breiten
Rahmenvorgabe in der Ökonomie, einer gemischten Wirtschaft, bestehend aus
Konkurrenz und Konflikt, aus Markt und Plan, aus zentralen und dezentralen
Entscheidungsinstanzen (vgl. Taylor 1993), kann neben der Demokratie auch eines
ihrer Teile, die Regionalpolitik, eine freiere, einfachere, kraftvollere Wirkung
entfalten, als es in den alternativlosen Einheitskonzepten der klassischen Moderne
denkbar und real möglich war. Deshalb bedeutet die Offenheit der Wirtschaftsformen eine wesentliche Erleichterung für die Praxis einer regional ausgleichen-
den Politik.

6.2 Aspekte einer praktischen Alternative
zur EU-Regionalpolitik

6.2.1 Ziele

Die Regionalpolitik der EU ist ein Instrument, mit dem die Annäherung der
Lebensqualität in den Regionen der EU angestrebt wird. Ihre Ziele sind nicht nur
ökonomisch. Alle Maßnahmen zielen auf die Herstellung einer gleichwertigen
ökologischen, sozialen und wirtschaftlichen Qualität der Lebensverhältnisse, auf
allen geographisch-chorologischen Ebenen, vom Staat über die Region bis zur
Gemeinde, sowie EU-weit. Zur Qualität der Lebensverhältnisse gehören das
Einkommensniveau, die Beschäftigungssituation, die Lage der Umweltfaktoren,

die demographischen Aspekte, das Gesundheitswesen, die Bildungssituation, die kulturelle Ausstattung, die Lebensweise, die Sozialstrukturen und die sozialen Unterschiede, das Regionalbewußtsein und die Partizipationsmöglichkeiten in der Politik. Ziele der EU-Regionalpolitik müssen von diesen komplexen Begriffen der Qualität der Lebensverhältnisse her begründet werden, wobei eine Schwerpunktsetzung, z.b. einmal im ökonomischen Bereich, für einen anderen Regionstypen im Bildungssektor, für einen dritten im Umweltbereich usw., möglich ist. Grundlegend ist der Gedanke, daß die EU wie die gesamte Menschheit nur dann überlebensfähig bleiben wird, wenn es gelingt, die natürlichen Grundlagen für die Existenz der menschlichen Gesellschaften zu erhalten und mit Ressourcen so umzugehen, daß die ökologischen Systeme geschont und nicht zerstört werden. Alle Ziele der EU-Regionalpolitik sind in eine Strategie einzuordnen, die Wege zum globalen Überleben öffnet und kulturellen Wandel, Kreativität sowie den sozialen und ökologischen Umbau auf globaler wie lokaler Ebene anstrebt, in strikter Abgrenzung zu dem verhängnisvollen Komplex aus überholten Werten, zerstörerischer Wirtschafts- und Lebensweise, unsozialer Politik und ungenügenden Partizipatiosmöglichkeiten, der nach wie vor die Gegenwart weitgehend bestimmt (vgl. z.B. Laszlo 1994).

Das entscheidende Mittel, um dieses Ziel zu erreichen, ist der Ausbau von drei Elementen des politischen, gesellschaftlichen und alltäglichen Lebens: Transparenz/Information, Partizipation, kulturelle Vielfalt. Die Erweiterung dieser Faktoren durch das gezielte Handeln der Bürger der EU ist die Basis für eine neue Theorie und Praxis von Regionalpolitik, die sich komplex und den Problemlagen angemessen zeigt und in der die Bedürfnisse der Menschen und der Natur gemeinsam an erster Stelle stehen. Wesentliche Bedeutung haben in diesem Kontext sowohl das Föderalismusprinzip (vgl. Deuerlein 1972; Rossolillo 1992) als auch der Gedanke der Subsidiarität (vgl. Constantinesco 1990), vor allem aber die Idee des demokratischen Regionalismus, der eine Regionalisierung der Politik, der Wirtschaft, der Kultur und der Partizipation umfaßt (vgl. Schüttler 1994). Oberstes Ziel der Regionalpolitik ist demnach nicht der Transfer von Ressourcen zwischen den Regionen, sondern ein kultureller Wandel, in dessen Verlauf Regionen sich - vermittelt über ihre spezifische Identität und Kultur - zu selbstgesteuerten Subjekten entwickeln, die die Lösung ihrer ökologischen, wirtschaftlichen und sozialen Probleme selbst in die Hand nehmen. Durch die Nutzung endogener Potentiale, die Aktivitäten regionaler Entwicklungsgruppen, die Anwendung neuer und regionalverträglicher Prinzipien (Dezentralisierung, Kooperation, Ganzheitlichkeit, Selbstverantwortung), die Verlagerung der Eigenaktivitäten zu den weicheren Standortfaktoren wird "das Entstehen ausgeprägter und unverwechselbarer Regionalkulturen ... zum vorrangigen Ziel moderner Regionalpolitik" (ebd., S. 173).

Regionalpolitik zielt letztlich auf das Leitbild "Regionalcharakter"; dieses bindet Kultur, Soziales, Wirtschaft ein. Verknüpft mit ökologiegerechten Formen stellt es die dynamische Zielkategorie dar, auf die eine ausgleichende, Differenz aber nicht negierende Politik gegenüber den regionalen Disparitäten auszurichten ist (vgl. ebd., S. 174 ff.). Das Ziel der Regionalpolitik der EU besteht also einerseits aus der Annäherung der qualitativen Lebensverhältnisse in und zwischen den Regionen, andererseits in der Stärkung des Selbstbewußtseins und der Selbststeuerung der einzelnen Region mit ihren Besonderheiten.

Teilziele in diesem Rahmen sind u.a., je nach der Situation der jeweiligen Region:

- Schaffung neuer, nachhaltiger Arbeitsmöglichkeiten
- Einkommenssteigerung für die schwächeren sozialen Gruppen und Schichten
- Besondere Hilfen für Langzeitarbeitslose
- Förderung der ländlichen Räume durch vielfältige Methoden
- Entwicklung neuer Produkte, Dienstleistungen und Technologien, die umwelt- und regionalverträglich sind
- Förderung privater, gemeinschaftlicher, genossenschaftlicher und staatlicher Investitionen
- Ausbau der Infrastruktur
- Aus- und Weiterbildung
- Anpassungsmaßnahmen für Land- und Forstwirtschaft
- Investitionen in Forschung und Entwicklung sowie Regionalanalysen
- Revitalisierung städtischer Krisenviertel
- Mittel für die Konversion zur Friedensproduktion
- Bau von Wohnungen
- Ausbau öffentlicher Verkehrssysteme
- Wohnungsmodernisierung im sanitären Bereich
- Entwicklung der Telekommunikationsnetze
- Verbesserung der Hygienebedingungen
- Erhöhung des Technikstandards von Privathaushalten
- Beseitigung von Umweltschäden
- Schaffen von Teilzeitarbeitsplätzen
- Einrichtung von Regionalläden
- Aufbau regionaler Konsum- und Produktionsgenossenschaften
- Aufbau regionaler Initiativ- und Entwicklungsgruppen und -projekte
- Innovationsentwicklung für nachhaltige Produkte, Dienste und Verfahren in allen Lebensbereichen
- Wissens- und Technologietransfer
- Förderung weicher Standortfaktoren wie z.B. Regionalmärkte, Naturparks, Freizeiteinrichtungen, Regionalmarketing, Naturschutz

- Kreislaufwirtschaften
- Kunst, Theater, Literatur, Wissenschaft
- Ausbau von Beratungs- und Medieneinsatz in Wirtschaft und Kultur
- Entwicklung neuer Formen von Demokratie und Partizipation
- Kooperation zwischen den Regionen und Gemeinden
- Diversifizierung von Ökonomie und Kultur
- Stärkung der regionalen Eigenheiten
- Abbau von Negativfaktoren
- Förderung von Verfahren zur Kostensenkung in allen Bereichen
- Energieeinsparung
- Umstellung auf regenerative Energien
- Einführung von Umweltbesteuerungsverfahren
- Förderung ökologischer Verfahren in allen Bereichen der Industrie, der Landwirtschaft und des tertiären Sektors
- Kontrollinstanzen für die Reduktion von Emissionen
- Förderung von Recyclingverfahren
- Umstellung von Unternehmen auf ökologische und soziale Strukturen
- Demokratisierung öffentlicher und privater Unternehmen sowie Institutionen und Organisationen
- Sicherung der Menschen- und Bürgerrechte für Minderheiten, benachteiligte Personen, sozial Ausgegrenzte
- Unterstützung von Bürgerinitiativen
- Ein- und Durchführung von Umweltverträglichkeitsprüfungen
- Verbreitung neuer Konzepte und Werte für den ökologisch-sozialen und demokratischen Umbau
- Entwicklung von Demokratiemodellen für alle Ebenen der EU
- Einführung ökologisch realistischer Preissysteme
- Aufbau von Instanzen zur Prüfung von Umwelt-, Sozial- und Regionalverträglichkeit.

6.2.2 Qualitative und quantitative Indikatoren der regionalen Unterschiede

Dieser Zielkatalog einer alternativen Regionalpolitik bedingt ein Abgehen von der bisherigen Erfassung der regionalen Disparitäten, die im wesentlichen durch quantitativ-relative Kriterien erfolgte: Höhe des BIP, Arbeitslosenquote, Anteile der industriellen Erwerbstätigen, Anteil der in der Landwirtschaft beschäftigten, niedrige Agrareinkommen, geringe Bevölkerungsdichte usw.

Grundsätzlich müßten für die Begründung von Regionalpolitik, die schließlich die von den Bürgern aufgebrachten Mittel benutzt bzw. verteilt, zunächst die Einstellungen und Ansichten dieser Bürger, die letztlich erst Regionalpolitik möglich machen, erfragt werden. Über Wahrnehmung und Einschätzung des Themas der regionalen Disparitäten durch die Bevölkerung der EU liegen mittlerweile Studien vor, in denen repräsentative Befragungen verarbeitet wurden. Das größte Projekt dieser Art wurde im Oktober/November 1991 durchgeführt. Seine Ergebnisse sind in diesem Kontext sehr aufschlußreich und stimmen mit meiner Konzeption in etlichen Punkten überein (vgl. KEG 1992i; KEG 1992o).

Die große Mehrheit der Europäer fühlt sich mit ihrer Region (87 %), ihrer Stadt oder ihrem Dorf (85 %) stark verbunden, mit der EU oder Europa fühlen sich dagegen nur 48 % bzw. 47 % stark verbunden. Besonders auffällig ist die äußerst starke emotionale Bindung an die Region in den drei (ökonomisch weniger starken) Ländern Griechenland (97 %), Portugal (94 %) und Spanien (93 %), in denen zugleich auch die Verbundenheit mit der Wohngemeinde am größten ist. Damit wird gerade für die wirtschaftlich schwächeren Gebiete der EU der hier vertretene Ansatz einer Regionalisierung und Demokratisierung der Regionalpolitik durch die Einstellungen und Meinungen der Bürger der Regionen bestätigt. Andererseits ist die Verbundenheit mit Idee und Wirklichkeit der EU in den wirtschaftsstärkeren Staaten eher hoch - z.B. Italien 61 %, Frankreich 54 %, Belgien 47 % -, so daß auch aus dieser Perspektive grundsätzlich eine positive Haltung gegenüber der regionalen Hilfestellung für die schwächeren Staaten und Regionen angenommen werden könnte. Starkes Interesse an der jeweiligen nationalen Regionalpolitik zugunsten der Regionen besteht vor allem in den Staaten Griechenland, Portugal, Spanien und Frankreich, wobei aber nur insgesamt 46 % der Europäer die nationale Regionalpolitik kennen. 85 % von diesen "Kennern" befürworten diese Politik.

Die Regionalpolitik der EU ist noch wenigen Menschen bekannt: 41 % wissen davon, aber in Griechenland sind es 62, in Irland 59 %, in Portugal 54 und in Spanien 44 %, d.h. in den schwächeren Ländern ist der Informationsstand überdurchschnittlich hoch. Die Überzeugung von der Notwendigkeit der EU-Regionalpolitik ist am stärksten in Spanien (85 %), Portugal (84 %) und Griechenland (84).

44 % der EU-Bürger betrachten die Chancengleichheit der Regionen als Hauptziel der EU-Regionalpolitik, für 41 % geht es vorrangig um die Hebung des materiellen Lebensstandards. Die größte Bedeutung hat die Steigerung des Lebensstandards in Portugal (85 %), Griechenland (82 %), Spanien (82 %) und Irland (82 %), in den Ländern mit den ärmsten Regionen. In den acht übrigen EU-Staaten wird die Chancengleichheit der Regionen an erster Stelle genannt.

22 % der EU-Bürger wissen im Spätherbst 1991 etwas über die Aktivitäten des EFRE. In Portugal sind es 50 %, in Irland 49 %, in Spanien 32 % und in Griechenland 28 %. Rundfunk, Fernsehen und Presse haben die größten Anteile bei der Bekanntmachung der Tätigkeit dieses Fonds.

Abb. 53

ENTWICKLUNG DER BENACHTEILIGTEN REGIONEN
BEKANNTHEITSGRAD DER NATIONALEN POLITIKEN ZUGUNSTEN DER REGIONEN

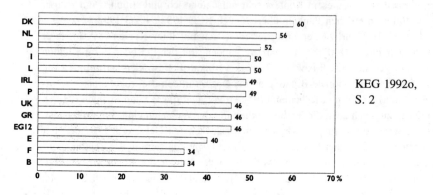

KEG 1992o,
S. 2

Abb. 54

ENTWICKLUNG DER BENACHTEILIGTEN REGIONEN
BEKANNTHEITSGRAD DER EUROPÄISCHEN REGIONALPOLITIK

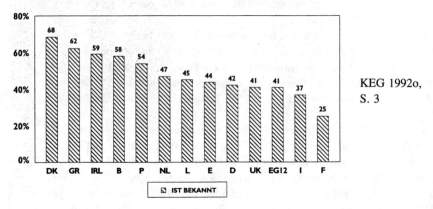

KEG 1992o,
S. 3

206

Abb. 55

ENTWICKLUNG DER BENACHTEILIGTEN REGIONEN
POTENTIELLES INTERESSE FÜR DIE NATIONALEN POLITIKEN ZUGUNSTEN DER REGIONEN

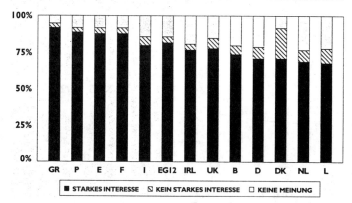

KEG 1992o,
S. 3

Abb. 56

ENTWICKLUNG DER BENACHTEILIGTEN REGIONEN
ERWARTUNGEN AN DIE EUROPÄISCHE REGIONALPOLITIK

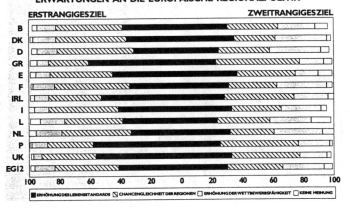

KEG 1992o,
S. 4

Abb. 57

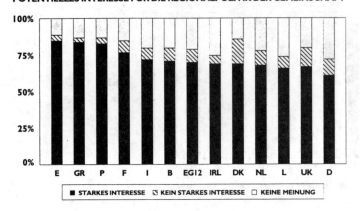

ENTWICKLUNG DER BENACHTEILIGTEN REGIONEN
POTENTIELLES INTERESSE FÜR DIE REGIONALPOLITIK DER GEMEINSCHAFT

KEG 1992o,
S. 4

■ STARKES INTERESSE   ▨ KEIN STARKES INTERESSE   ☐ KEINE MEINUNG

Abb. 58

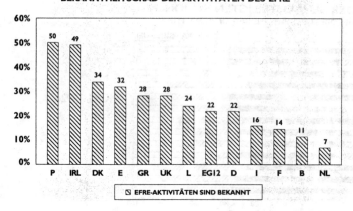

ENTWICKLUNG DER BENACHTEILIGTEN REGIONEN
BEKANNTHEITSGRAD DER AKTIVITÄTEN DES EFRE

KEG 1992o,
S. 5

▨ EFRE-AKTIVITÄTEN SIND BEKANNT

Abb. 59

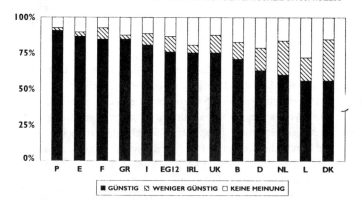

ENTWICKLUNG DER BENACHTEILIGTEN REGIONEN
EINSCHÄTZUNG DES EINFLUSSES DER REGIONEN AUF DEN ENTSCHEIDUNGSPROZESS

KEG 1992o,
S. 6

Abb. 60

ENTWICKLUNG DER BENACHTEILIGTEN REGIONEN
QUELLEN DER KENNTNIS DES EFRE

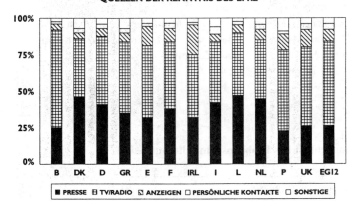

KEG 1992o,
S. 5

Eine weitere Unterstützung für den Ausbau der Regionskompetenzen und die Dezentralisierung besteht in dem Befürworten eines Mitspracherechts der Regionen im EU-Entscheidungsprozeß durch 76 % aller EU-Bürger. Die höchsten Quoten finden sich auch hier wieder vor allem in den schwächeren Ländern: Portugal 89 %, Spanien 87 %, Frankreich 86 %, Griechenland 85 %, Italien 85 %. Die niedrigen Quoten kommen aus den wirtschaftsstärkeren Ländern: Dänemark 56 %, Niederlande 61 %, Westdeutschland 61 %.

Für eine qualitativ andere materielle Regionalisierung steht auch ein weiteres EU-Befragungsergebnis vom Mai 1991. Dabei wurden die Bürger gefragt, wie sie bei eigener Entscheidungsmöglichkeit ihre Steuern zwischen den verschiedenen Ebenen der öffentlichen Verwaltung aufteilen würden. Gemeinde- und Stadtverwaltungen waren die klaren Gewinner. Knapp drei Viertel würden ihnen einen großen (31 %) oder durchschnittlichen (41 %) Teil ihre Steueraufkommens zuweisen (vgl. Eurobarometer 36, 1991, S. 34 f.). Würde diese Äußerung der EU-Bevölkerung durch direktdemokratische Verfahren in geltendes Recht umgesetzt, hätte eine kommunitäre, regional angelegte Regionalpolitik erheblich bessere finanzielle Ausgangsbedingungen, und es könnten lokal und regional umfassendere und weitreichendere Projekte und Umbauvorhaben realisiert werden.

Deutliche, massive Mehrheiten gibt es in der EU-Bevölkerung auch für die hohe Gewichtung des Umweltthemas, das von 85 % als akutes und dringend zu lösendes Problem betrachtet wird (Eurobarometer 37, 1992, S. 66 f.), wobei sich diese Meinung seit 1988 erheblich verstärkt hat. Den Ausbau der Sozialpolitik im Zusammenhang mit der Vollendung des EU-Binnenmarktes zum 01.01.1993 fordert in allen EU-Staaten die Mehrheit des jeweiligen Landes; auch hier weisen die schwächeren Staaten überwiegend große Zustimmung (mit den Rängen 1, 3, 5 und 6 auf der Skala) auf (vgl. ebd., S. 34).

Tab. 57

Dringlichkeit des Problems Umweltschutz-EU 12

Hochaktuelles, dringendes Problem:	85 %
Mehr ein Zukunftsproblem:	11 %
Kein wirkliches Problem:	2 %
Weiß nicht:	3 %

Eurobarometer 37, 1992, S. 66

Tab. 58

Soziale Dimension des Projekts Binnenmarkt 1992:
gute oder schlechte Sache? (in Prozent)

	gut	schlecht
P	81	1
I	78	2
GR	76	2
HL	75	6
IRL	72	4
E	68	2
F	65	10
D	64	8
L	62	7
UK	58	17
B	57	5
DK	52	29

Eurobarometer 37, 1992, S. 34

Sinn und Notwendigkeit einer Regionalisierung, einer ökologisch-sozialen Umgestaltung und einer dezentralisierenden Demokratisierung sind also keine Erfindungen von Spezialisten, Umweltexperten oder Politologen, sondern entsprechen in wesentlichen Aspekten den schon seit Jahren vorhandenen Auffassungen der Mehrheit der EU-Bürger. Die tatsächliche Regionalpolitik der EU befindet sich, das kann mit Nachdruck gesagt werden, gegenüber dem Wissen, den Wünschen und Zielen der Bürger dieser Gemeinschaft in einem qualitativen Rückstand, für den wenig Verständnis aufgebracht werden sollte und der schleunigst aufzuholen ist.

Dieser Aufholprozeß wird jedoch nur möglich sein, wenn die Bevölkerung selbst als regionalpolitischer Akteur, insbesondere auf der lokalen und regionalen Ebene, die Dinge in die Hand nimmt und eine Neuentwicklung durchsetzt.

Dabei ist als Konsequenz aus den zitierten Umfragen zu beachten, daß für die Menschen in den wirtschaftlich schwächsten Gebieten der Wunsch einer Einkommenssteigerung ("Hebung des Lebensstandards") eine besondere Rolle spielt.

Folgerungen aus diesem qualitativen Indikator müssen gezogen werden; eine der Konsequenzen ist die zumindest teilweise Orientierung auf die Umverteilung von einkommenssteigernden Ressourcen in diese EU-Regionen. Es wäre andererseits ein schwerer Fehler, würde man aus diesem Grund in diesen Gebieten weiterhin umwelt- oder sozialzerstörerisches Wachstum fördern. Die schwächsten Regionen sollten mit einem etwas stärkeren Gewicht als andere Regionstypen in der Förderung der wachstumsorientierten Innovationen unterstützt werden, d.h. sie sollten relativ mehr Fördermittel für den Ausbau von (selbstverständlich ausschließlich umweltverträglichen) Industrien und "produktiven" Branchen erhalten und relativ weniger für Dienstleistungen als andere Regionen.

Das bestehende quantitative Indikatorensystem für die Regionalpolitik der EU ist einseitig und ökonomisch. Es mißt zentrale wirtschaftliche Daten, ist eher statisch als dynamisch ausgerichtet und klammert Daten zu Lebens-, Umwelt- und Partizipationsqualität völlig aus. Ein sinnvoller Kriterienkatalog zur Feststellung der komplexen regionalen Disparitäten müßte verschiedene gesellschaftliche Sphären umfassen und dabei geographische Verhältnisse in und zwischen den Regionen integrieren. Es ist zu beachten, daß alle Indikatoren in einem wechselseitigen Zusammenhang, direkt oder vermittelt, stehen und sich ständig gegenseitig beeinflussen.

In einer Auftragsarbeit des Europäischen Parlaments wird zutreffend darauf hingewiesen, daß die Konzentration der Indikatoren auf Arbeitslosenquote und BIP im Sinne der Vereinfachung ihren Reiz hat, zumal daraus auch Rückschlüsse auf andere charakteristische Merkmale einer Region gezogen werden können; für die starken regionalwirtschaftlichen Unterschiede in der EU sind diese beiden Indikatoren aussagefähig (vgl. Europäisches Parlament 1991b, S. 101; Götzmann/-Seifert 1991, S. 42). Für eine neue Konzeption von Regionalpolitik, die sich Ökonomie, Ökologie, Kultur, Soziales, Lebensweise und Demographie nur noch als integrierten Komplex vorstellen kann, bedarf es aber weiterer Indikatoren, die z.B. Auskunft geben über Infrastruktureinrichtungen, soziale Leistungen, Säuglingssterblichkeit, ärztliche Versorgung, Wohnungsausstattung, Verteilung von Kultur- und Gebrauchsgütern, Lebenserwartung, Umweltverschmutzung, Bildungseinrichtungen, Qualifikation der Bewohner, Krankheitsverteilungen, Arbeitsbedingungen, Armut bzw. soziale Schichtung, Energie, Verkehr, Freizeitverhalten, Beteiligung am gesellschaftlichen und politischen Leben bzw. System usw.

Da diese Kriterien- und Indikatorenliste tendenziell unendlich wäre, müssen Schwerpunktsetzungen erfolgen. Zuvor ist die kritische Diskussion des vorherrschenden Indikators BIP bzw. BSP notwendig. Beide Indikatoren werden von der EU-Regionalpolitik exzessiv als Förder- und Analysemaßstäbe eingesetzt; dabei messen sie nicht die wirklichen ökonomischen und sozialen Geschehnisse, sondern verdecken wichtige negative Folgen des Wirtschaftsprozesses: "Sie ignorieren die Sozialkosten, die in der Degradierung der natürlichen und gesellschaftlichen Umwelt des Menschen ihren Ausdruck finden" (Kapp 1987, S. 162). Der

Reichtum aller Art wird ohne Verlustabzug in der volkswirtschaftlichen Buchführung durch BSP bzw. BIP verbraucht, d.h. zwischen der Zerstörung natürlicher Ressourcen und der Schaffung von Einkommen wird bei diesen Kriterien kein Unterschied gemacht, sie sind deshalb für eine ökologisch-sozial begründete Messung regionaler Disparitäten allein unbrauchbar (vgl. Brown u.a. 1992, S. 124 ff.). Denn die Konzentration auf derartige verfälschende Indikatoren ist häufig sogar dafür verantwortlich, daß Länder oder Gebiete, die ihre unersetzbaren Ressourcen exportieren oder verschwenden, Hauptziele internationaler Investitionen sind, während andere, die sich z.b. verstärkt dem Ausbau von Infrastruktur und Bildung widmen, weniger Beachtung im weltweiten Wirtschaftsprozeß finden (vgl. Laszlo 1994, S. 118 f.).

Leider ist die Entwicklung alternativer Maßstäbe noch nicht weit genug gediehen, um hier flächendeckend neue Verfahren einsetzen zu können. Das gilt z.b. für den bisher lediglich auf die USA angewandten umfassenden "Index dauerhafter ökonomischer Wohlfahrt" (ISEW), der den durchschnittlichen Konsum, die Einkommensverteilung und die Umweltschädigung umgreift und dadurch z.b. deutliche disparitäre Entwicklungen von BSP und den tatsächlichen Nettovorteilen des Wirtschaftswachstums aufzeigt; seit ca. 1976 geht die individuelle Lebensqualität in diesem Land zurück, obwohl das BSP weiter gestiegen ist.

Abb. 61

**Pro-Kopf-Bruttosozialprodukt und Index
Dauerhafter Ökonomischer Wohlfahrt, 1950-88, USA (Dollar/1990)**

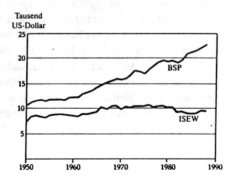

Brown u.a. 1992, S. 131

Ein anderer Indikator, der Index Menschlicher Entwicklung (HDI) der Vereinten Nationen, ist wiederum zu wenig differenziert, um die regionalen Disparitäten in der Europäischen Union zu messen, denn er impliziert lediglich die Lebenserwartung bei der Geburt, den Alphabetisierungsgrad der Erwachsenen und das BIP pro Kopf (das damit auch wieder so stark gewichtet wird, daß seine genannte Problematik ungeschmälert in die Messung eingeht) (vgl. ebd., S. 129; Kennedy 1993, S. 445 ff.).

Es gibt darüber hinaus eine Vielzahl von Indikatoren zur Messung der Lebensqualität, bis zur Mikroebene, die vor allem von Geographen entwickelt wurden; z.b. von Smith, Harvey, Hägerstand (vgl. Dicken/Lloyd 1984, S. 321). Die Suche nach einem idealen Index, der noch dazu auf alle EU-Regionen anwendbar ist, muß sich - will sie mittelfristig erfolgreich sein - an einigen pragmatischen Vorgaben der bestehenden EU-Statistik und auch der realen EU-Regionalpolitik orientieren. Sicherlich wäre ein idealer Indikator denkbar, der Nachhaltigkeit, Bürgerbeteiligung, Verteilung des Reichtums, Situation der Frauen, ökologische Stabilität usw. (vgl. Brown u.a., 1992, S. 133) mißt, ein sinnvolles Entwicklungsprojekt für die Zukunft; ich kann das aber hier und jetzt nicht leisten und werde vor allem versuchen, die bestehenden Statistiken so auszuwerten, daß eine Messung der regionalen Disparitäten in dieser Richtung möglich wird. Natürlich ist damit die längerfristige Aufgabe einer Entwicklung und Anwendung von komplexen, ökologisch und sozial aussagekräftigen Indikatoren nicht aufgehoben, sondern lediglich aufgrund mangelnder Daten für jetzt aufgeschoben.

Für die Messung der regionalen Disparitäten in der EU sollten Daten aus den Bereichen materieller Lebensstandard/Einkommen, soziale Lebensqualität, kulturelle Lebenssituation, Umwelt, Innovationspotential und geographische Lage verwendet werden. Regionalpolitische Fördermaßnahmen und Mittelzuweisungen sollten auf der Basis eines Komplexes aus ökonomischen Tatsachen der einzelnen Regionen vergeben werden, nicht allein aufgrund der Messungen, des BIP und der Arbeitslosenzahlen. Denn die Problemlagen der Regionen sind weitaus vielfältiger, als diese beiden Indikatoren belegen können, und sie sind in aller Regel von den Regionen allein, ohne Kooperation, Austausch, Diskussion und finanzielle Mittel, ohne Umbau und politische Veränderung, nicht zu lösen. Deshalb ist dieser - leider auch immer noch begrenzte - umfassendere Maßstab einer Messung (und damit zugleich regionalpolitischer Begründung von Maßnahmen) erforderlich.

Indikatoren der regionalen und sozialen Disparitäten

1. Materieller Lebensstandard/Einkommen

   a) BIP je Einwohner in KKS 1989 x 2
   b) Entwicklung des BIP je Einwohner in KKS 1980-1990 x

2. Soziale Lebensqualität

   a) Arbeitslosenquote 2
   b) Säuglingssterblichkeit

3. Kulturelle Lebenssituation

   a) Jugendliche (15-19 Jahre) in allgemeiner und beruflicher
      Ausbildung 2
   b) Anteil der weiblichen Studierenden
   c) Erwerbsquote der Frauen

4. Umwelt

   a) Stickoxidemissionen 2
   b) Waldfläche
   c) Anteil naturschutzwürdiger Flächen

5. Innovationspotential

   a) Ausgaben für Forschung und Entwicklung 2
   b) Anteil der Personen unter 25 Jahren

6. Geographische Lage

   a) großräumige Lage in Europa bei kombinierter Verkehrsmittel-
      benutzung 2
   b) Lage zum nächsten Agglomerationszentrum

Aus diesen sechs Themenkreisen läßt sich leicht für jede NUTS 2-Region der EU ein Index erstellen, der Aufschluß gibt über ihre wesentlichen Strukturen und Probleme, soweit sie regionalpolitische Relevanz haben, d.h. den Mitteln und Zwecken der Regionalpolitik zugänglich sind und von diesen verbessert werden können.

Ein einfaches rechnerisches Verfahren bestünde z.B. darin, bei den relativ zum EU-Durchschnitt gemessenen Indikatoren (markiert durch ein X), jede negative Abweichung durch einen Punkt zu bewerten (also z.B. eine Säuglingssterblichkeit von 125 % des EU-Durchschnitts mit 25 Punkten) und bei einer positiven Abweichung (z.B. 120%iger Anteil von Personen unter 25 Jahren, gemessen am EU-Durchschnitt) ebenso 20 Pluspunkte zu vergeben. Für alle anderen Indikatoren lassen sich nach verschiedenen quantitativen Vorgaben Gruppen bilden, die ebenfalls ohne Probleme in eine zahlenmäßige Hierarchie zu bringen sind. Die Arbeitslosenquote kann als Punktzahl in ihrer absoluten Höhe verwendet werden, allerdings mit dem Faktor 2 multipliziert. Dieser Multiplikator ist für alle, je Themenblock zuerst genannte Indikatoren zu verwenden, um die einzelnen Meß-zahlen in sich noch einmal - entsprechend ihrer Aussagekraft für das jeweilige Problem - qualitativ zu unterscheiden. Diese Indikatoren sind in der Aufstellung mit einer 2 versehen.

Der Anteil der weiblichen Studierenden wird mit der Abweichung von 50 %-Anteil bewertet, also bei einer Quote von 46 % mit 4 Minuspunkten. Für die Stickoxidemissionen werden 6 Gruppen gebildet, jede Gruppe wird von 10 x 2 Minuspunkten eingestuft. Beim Anteil naturschutzwürdiger Flächen sind 5 Grup-pen gebildet worden, für jede Gruppe gibt es 3 Pluspunkte. Bei den Ausgaben für Forschung und Entwicklung ergibt sich eine Gruppenbildung von jeweils einem Pluspunkt, so daß bei Verdoppelung maximal 12 Punkte zu erreichen sind. Die großräumige Lage in Europa wird mit 6 Abstufungen hierarchisiert, je Stufe gibt es 2 Punkte, durch die Doppelung des Indikators werden bis zu 20 Minuspunkte erreicht; die Lage zum nächsten Agglomerationszentrum wird mit 0 - 5 Minus-punkten gemessen.

Ich möchte dieses Indikatorenraster auf einige Regionen anwenden, um seine praktische Verwendbarkeit zu belegen: die derzeitige Ziel 1-Region Sizilien, das Ziel 2-Gebiet Yorkshire and Humberside und die Region Darmstadt.

Zum Zweck einer realistischen Gewichtung wurden bei den Kriterien 2b, 3c, 4b und 5b jeweils 3 Punkte für jeweils 10 Prozent Abweichung vom EU-Durch-schnitt vergeben.

Tab. 59
Anwendung eines neuen Indikatorsystems

Aufteilung der Tabelle	je Region	Sizilien	Yorkshire and Humberside	Darmstadt
1a	1	− 62	− 14	+ 96
1b	insges.	− 5 — − 67	+ 5 — − 9	+ 10 — + 106
2a	2	− 45	− 15	− 7
2b	insges.	− 9 — − 54	− 3 — − 18	+ 9 — + 2
3a	3	− 18	− 12	+ 12
3b		0	− 4	− 13 (Hessen)
3c	insges.	− 9 — − 27	+ 6 — − 10	+ 3 — + 2
4a	4	− 80	− 100	− 100
4b		− 18	0	− 21
4c	insges.	+ 9 — − 89	− 3 — − 97	− 3 — − 76
5a	5	+ 2	+ 6	+ 12
5b	insges.	+ 4 — + 6	0 — + 6	− 6 — + 6
6a	6	− 8	− 8	0
6b	insges.	− 2 — − 10	− 1 — − 9	0 — 0
Summe als Index der Regionalen Disparitäten		− 241	− 137	+ 40

Bei positiven Zahlen in den einzelnen Bereichen kein regionalpol. Handlungsbedarf

Indikatoren 1a - 6b vgl. S. 215; Datenbasis: Eurostat, KEG 1987, KEG 1991b, KEG 1991d, Lutter/Pütz 1993, Europäische Kommission 1994

217

Die detaillierte Umsetzung des Konzepts zeigt, daß für die ökonomisch schwächste Region die Problemsituation der Umwelt und die Armut am gravierendsten sind, gefolgt von der sozialen Lebensqualität. In der Industrieregion im Niedergang ist das Umweltproblem noch größer, während die anderen Meßzahlen relativ unauffällig bleiben, relevant ist noch die soziale Lebensqualität. Auch für die nicht geförderte Wachstumsregion im EU-Zentrum ist das Umweltproblem eindeutig und von erheblicher Bedeutung, während sich in allen anderen Bereichen positive Daten zeigen, also regionalpolitische Aktivitäten überflüssig sind. Eine der Schlußfolgerungen daraus könnte sein, daß die Umweltbelastung ein EU-weit vorhandenes, nicht allein durch die Regionen lösbares Problem darstellt und insofern auch EU-Zentralkompetenzen Sinn haben; eine andere Konsequenz könnte für den rein materiellen Sektor des Lebensstandards bzw. des Einkommens gezogen werden. Denn hier sind in einzelnen Regionen materielle Reichtümer vorhanden, die bei einem für beide Seiten, die arme und die reiche Region, weiterführenden Verhältnis aus Umverteilung, Investition, Nachfrageförderung und Kooperation durchaus von den Regionen selbst, in direkter oder indirekter Zusammenarbeit, durch private und öffentliche Initiative und Mechanismen, auch im Interesse der armen und der reichen Region eingesetzt werden könnten - ohne daß hierbei eine EU-Instanz in die Kooperation oder die Mittelverwendung in der Praxis eingreifen brauchte; wobei natürlich von dem genannten Punkt der Umweltverträglichkeit bzw. der Verbesserung der Umweltsituation abzusehen ist. Umweltverträglichkeitsprüfungen müssen in jedem Fall von Förderung unter Beteiligung der EU durchgeführt werden, ebenso die Begleitung und Kontrolle der jeweils geförderten Vorhaben und Projekte.

6.2.3 Ein neues Modell für die Praxis:
Vereinfacht - regionalisiert - ökologisch - partizipatorisch

Die einfachste und zugleich wahrscheinlich am schwierigsten zu sichernde Voraussetzung dieses neuen Modells ist die völlige Abschaffung der nationalen Regionalpolitiken bzw. der staatsbezogenen regionalen Wirtschaftspolitiken in allen Mitgliedsländern der EU. Diese Politiken, die noch immer praktiziert werden, laufen in vielerlei Hinsicht den Bemühungen auf der Ebene der EU zuwider, sind eine ständige Quelle unlösbarer Konflikte und führen zur Vergeudung umfangreicher Mittel und Energien. Eine Regionalpolitik, die von den Regionen getragen wird und die sich an einen EU-weiten Rahmen von Festlegungen und Indikatoren hält, hat eine Chance, die regionalen Unterschiede zu verringern. Der jetzt noch bestehende, widersprüchliche Komplex aus EU-weiten, nationalen, regionalen und lokalen Aktivitäten steht diesem Ziel im Wege und muß überwunden werden. Die hier vorgelegte Konzeption soll das massive Umdenken in diese Richtung beschleunigen; Verzögerungen werden nur dazu führen, daß die regionalen Disparitäten an Konsistenz gewinnen.

Im Verlauf der letzten Jahre ist ohnehin ein teilweiser Rückzug des Bundes aus der Regionalpolitik festzustellen, und insgesamt sind die strukturpolitischen Instrumente der EU innovativer, moderner, besser angepaßt und den regionalen Problemlagen adäquater als z.B. die GRW in der Bundesrepublik (vgl. Gräber 1994, S. 160), die insgesamt wenig Positives aufzuweisen hat (vgl. Priewe/Hickel 1991, S. 218 ff.).

Eine regionalisierte Regional- und Strukturpolitik, die die Kompetenzen der Nationalstaaten reduziert, muß mittel- und langfristig vor allem drei Leistungen erbringen, die direkt miteinander verknüpft sind:

1. Aufbau einer regionalen Entwicklungsstrategie, die von regionalen und lokalen Akteuren konzipiert und umgesetzt (aber nicht unbedingt auch finanziert) wird;

2. Abstimmung der raumwirksamen Politikbereiche der EU auf regionaler Ebene (z.B. Regional-, Arbeitsmarkt-, Agrar- und Technologiepolitik);

3. eine neue, sinnvolle Bestimmung der konstituierenden Merkmale von Regionen, die wahrscheinlich nur machbar sein wird, wenn vorliegende raumplanerische, statistische und vor allem politisch-administrative Regionsabgrenzungen in einem wiederum pragmatischen Herangehen verwendet werden (vgl. z.B. Albers 1993, S. 16 ff.). Den äußerst differenzierten und wirklichen Idealvorstellungen entsprechenden Regionsbegriff, den das Europäische Parlament 1988 in seiner Gemeinschaftscharta der Regionalisierung vorgeschlagen hat (u.a. gemeinsame geographische Elemente, Gemeinsamkeiten von Sprache, Kultur, Geschichte, Wirtschaft, Verkehrswesen und eine Berücksichtigung der rechtlich-politischen regionalen Einheiten) (vgl. Hummer/Bohr 1992, S. 78 ff.), halte ich angesichts der bestehenden Unterschiede im politisch-administrativen Aufbau für unrealistisch, wenn man die kommenden 20 Jahre als Umbauphase dieser Regionalpolitik versteht. Nach Ansicht dieser Autoren gibt es derzeit einen föderalen Staat (BRD), drei regionalisierte Staaten (Belgien, Italien, Spanien), drei dezentralisierte Staaten (Frankreich, Niederlande, Portugal) und fünf unitarische Staaten (Dänemark, Griechenland, Großbritannien, Irland, Luxemburg) (vgl. ebd., S. 81 f.).

Der praxisgerechte Ausweg besteht nicht in der Bildung neuer administrativer Regionen. Wonach sollten diese sich auch ausrichten? Nach kulturellen Traditionen? Wirtschaftlichen Strukturen? Verkehrsverflechtungen? Bildungsgeographischen Daten? Regionsbildungen werden noch lange, vielleicht für immer uneinheitlich, konfliktbehaftet und je nach Themenbereich differenziert sein, so daß es keine "endgültige Lösung" geben kann. Es bestehen aber relativ gefestigte Regionsabgrenzungen in der EU auf der Ebene NUTS 2, auf deren Basis auch die für die Regionalpolitik relevante Regionalstatistik arbeitet. Für eine demokratisierende Konzeption stellt sich aber das Problem, daß nicht alle NUTS 2-Regionstypen eine demokratische Legitimation durch die Regionsbevölkerung besitzen - wie z.b. die deutschen Regierungsbezirke. Eine solche demokratische Legitimation ist Voraussetzung meines Modells; sie könnte im Rahmen des bundesdeutschen Föderalismus z.b. auch darin bestehen, daß die Regierungsbezirke durch die Möglichkeit regionaler Plebiszite direkt demokratische Einflußmöglichkeiten auf alle Politikbereiche bekämen, die ansonsten alleine von den Länderparlamenten über den Bezirksregierungen entschieden werden. Man könnte hier - wie in den anderen NUTS 2-Ebenen der übrigen EU-Staaten so verfahren, daß Gesetze der übergeordneten NUTS 1-Ebene durch Volksabstimmungen abgelehnt und durch Plebiszit auch eigene Vorschläge der Regionsbevölkerung nicht nur ins Palament der NUTS 1-Ebene eingebracht, sondern auch eigenständig, im Rahmen einer neuen Arbeitsteilung zwischen diesen politisch-administrativen Einheiten, durchgesetzt werden könnten. Größere Bürgernähe kann es in der EU nur dann geben, wenn ein wirklich entscheidungsfähiges, massendemokratisches Europa der Regionen aufgebaut wird und es zu einer "Bündelung der wirtschaftlichen, gesellschaftlichen und politischen Kräfte auf dieser Ebene" (Albers 1993, S. 19) kommt; das gilt auch und ganz besonders für die Regionalpolitik.

Abb. 62

NUTS-Ebenen und nationale Verwaltungseinheiten (Stand 1992)

	NUTS		NUTS 2		NUTS 3	
B	Régions	3	Provinces	9	Arrondissements	43
DR	-	1	-	1	Ämter	15
D	Länder	16	Regierungsbezirke	40	Kreise	543
GR	Zus.fassung von Fördergebieten	4	Fördergebiete	13	Nomoi	51
E	Agrupacion de comunidades autonomas	7	Comunidades autonomas + Ceuta y Melilla	17 / 1	Provincias	50
					+ Ceuta + Melilla	2
F	Zeat	8	Régions	22	Départments	96
	+ DOM	1	+ DOM	4	+ DOM	4
IRL	-	1	-	1	Planning regions	9
I	Gruppi di regioni	11	Regioni	20	Provincie	95
L	-	1	-	1	-	1
NL	Landsdelen	4	Provincies	12	C.O.R.O.P.-Regio's	40
P	Continente	1	Comissaoes de coordenaçao regional	5	Grupos de Concelhos	30
	+ Regioes autonomas	2	+ Regioes autonomas	2		
UK	Standard regions	11	Groups of counties	35	Counties/Local authority regions	65
EUR 12		71		183		1 044

Sternberg 1993, S. 59

6.2.3.1 Ein Fonds für alle Aufgaben,
getragen von der gesamten EU (alle Regionen)

Bei ausreichender Differenzierung der Ziele und einer demokratisch-regionalisierten Umsetzung der EU-Regionalpolitik ist nur ein Fonds erforderlich, der alle regionalen ökonomischen, ökologischen, sozialen und sozio-kulturellen Disparitäten ins Visier nimmt. Auch alle Mittel für die große Zahl kleiner Programme und Gemeinschaftsinitiativen sind Teil dieses Fonds, ebenso der neue Kohäsionsfonds für Länder mit max. 90 Prozent des EU-Durchschnitts-BIP. Dieser Fonds braucht eine rechtliche Grundlage, die EU-weit gültig ist. Dieser rechtliche Rahmen ist einzig und allein vom Europäischen Parlament festzulegen, Modifikationen wären möglich durch evtl. weitere Lesungen in der Zweiten Kammer der EU, die ausschließlich aus parlamentarisch gewählten Personen aus den NUTS 1- und NUTS 2-Ebenen (jeweils 50 % je EU-Staat) bestehen sollte. Diese Personen können sowohl Parlamenten als auch Regierungen oder Verwaltungen dieser Ebenen angehören, sie müssen aber vom entsprechenden Parlament als Delegierte für die Zweite EU-Kammer gewählt werden.

Ziele und Programme, die der Fonds unterstützt, wurden bereits aufgelistet. Insgesamt werden die nachhaltige regionale Entwicklung, der Abbau der sozialen und wirtschaftlichen Disparitäten zwischen Regionen und Personengruppen, die Sicherung und Schaffung regional-, umwelt- und sozialverträglicher Arbeitsplätze sowie regionale und lokale Projekte der Versorgung mit Gütern und Dienstleistungen unterstützt. Der Fonds, der den Namen "Europäischer Regional- und Sozialfonds (ERSF)" tragen könnte, ist ein bedeutendes, materiell gut ausgestattetes Instrument einer wirtschaftlichen, sozialen, gesellschaftlichen und ökologischen Gestaltungspolitik in der Region (vgl. Albers 1993, S. 92), keine zentralistische Vergabeinstanz "von Brüsseler Gnaden".

Die Vergabeinstanz der Mittel sind die regionalen öffentlichen Haushalte; die Mittel werden erst dann verausgabt, wenn parlamentarische oder plebiszitäre Entscheidungen in der Region oder für die Region getroffen wurden. Tendenziell soll dabei angestrebt werden, im Sinne einer wirklich weitreichenden demokratischen Subsidiarität, die Kommunalparlamente - zumindest der Städte ab 100.000 Einwohnern - an den Mittelverteilungen zu beteiligen, insbesondere in dem Bereich der Armutsbekämpfung in den Städten.

Da es sich um einen Fonds handelt, der auch den sozialen Zusammenhalt fördert, enthält er eine Abteilung, die die ärmsten Haushalte in der Gemeinschaft direkt unterstützt (und nicht nur Verteilungen in bestimmte Regionen vornimmt, wie das bisher der Fall ist): Diese Abteilung wird deshalb ins Leben gerufen, weil die Armut in der EU eines der größten Hindernisse für die weitere Integration ist und offensichtlich von der Sozialpolitik der 12 EU-Staaten nicht zu überwinden ist. Die größten relativen Armenanteile bestehen in Portugal, Griechenland, Irland und Spanien mit 28, 24, 22 und 20 Prozent, aber auch in Frankreich, Dänemark, Großbritannien und Italien liegt die Quote über 10 Prozent (vgl. Mermet 1993, S. 236).

Tab. 60

Armut, relativ und absolut

Ländervergleich, Anteil der Armen[1] an der Bevölkerung und am BSP pro Kopf (1985, BSP in Kaufkrafteinheiten):

	Armenanteil	Rangfolge	BSP/Kopf	Rangfolge
Portugal	28,0	1	6617	1
Griechenland	24,0	2	7205	2
Irland	22,0	3	8254	3
Spanien	20,0	4	9111	4
Frankreich	17,5	5	14043	9
Dänemark	14,7	6	14829	11
England	12,0	7	13166	6
Italien	11,7	8	13144	5
Bundesrepublik	8,5	9	14491	10
Luxemburg	7,9	10	15703	12
Holland	7,4	11	13615	7
Belgien	7,2	12	13841	8

[1] die, nach EG-Definition, über weniger als die Hälfte des Durchschnittseinkommens des Landes verfügen

Mermet 1993, S. 236

45 Millionen Menschen in der EU-12 leben in Armut, das sind ca. 13 Prozent der Gesamtbevölkerung (vgl. ebd., S. 236). Um dieses Problem ernsthaft einer Lösung zuzuführen, sind daher mindestens 15 Prozent aller Mittel des ERSF für die direkte Mittelvergabe an die Armen vorzusehen; das widerspricht der bisherigen Vergabepraxis, die ausschließlich an unternehmerische Investoren gerichtet war, grundlegend und bedeutet eine inhaltliche Umkehr im Sinne der wichtigsten Stellungnahme des Europäischen Parlaments zur Regionalpolitik: "Die Gemeinschaft ist zum Wohle der Bürger da und nicht nur für einige wirtschaftliche Interessengruppen" (EP 1991b, S. 19).

Eine direkte soziale Umverteilung ist auch deshalb kein zweifelhaftes Projekt, weil die bisherige Verausgabung von Finanzmitteln nicht in jedem Fall zur Sicherung oder Schaffung von Arbeitsplätzen geführt hat; dagegen bringt die direkte Zuwendung an die einkommensschwächsten Gruppen in jedem Fall eine volkswirtschaftlich positive Erhöhung der Konsumnachfrage und ist konjunkturfördernd. Den Empfängern könnten gemeinnützige oder ehrenamtliche Tätigkeiten angeboten werden, die ihren Interessen oder ihrer Qualifikation entsprechen, und es kann mit ihnen abgestimmt werden, Teile der Mittel für Weiterbildungsmaßnahmen einzusetzen. Jede Art von Zwang ist auszuschließen; die Zahlung der Mittel beruht ausschließlich auf der materiellen Bedürftigkeit und ist nicht an Leistungen gebunden. Motivierende Gespräche mit den betreffenden Leistungsempfängern werden - daran besteht angesichts des leistungsorientierten Gesamtmilieus in der EU-12 kein Zweifel - in vielen Fällen dazu führen, daß solche Aufgaben und Tätigkeiten angenommen, evtl. sogar von den Empfängern selbst initiiert und aufgebaut werden; der Bedarf an Arbeiten im reproduktiven/sozialen Bereich der "nachindustriellen" Gesellschaften ist jedenfalls enorm (vgl. Werner 1992, S. 67), und der entsprechende Ideenreichtum für angemessene Lösungen dürfte gerade bei den von Armut und Ausgrenzung gefährdeten Personen besonders groß sein, weil sie über direkte, eigene Erfahrungen mit dem Problem verfügen. Mit der direkten Mittelvergabe von 15 % des ERSF könnte besonders gut an "Armut 3" angeknüpft werden, das bereits existierende EU-Programm mit bescheidenen 55 Mio. ECU zur ökonomischen und sozialen Eingliederung benachteiligter Gruppen von 1989-1994 (vgl. KEG 1993c, S. 105; KEG 1992f, S. 6 f.).

Abb. 63

Projekte gegen die Armut:
Armut 3 - Europa gegen die soziale Ausgrenzung

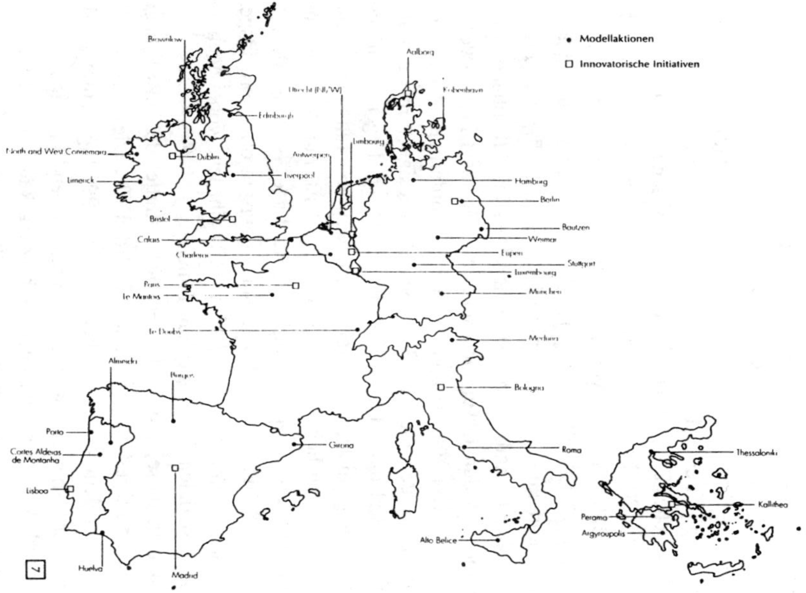

- Modellaktionen
- ☐ Innovatorische Initiativen

KEG 1992f, S. 7

Die Zuweisung der Mittel an die einzelnen Regionen erfolgt nach dem synthetischen Index als verpflichtenden Kriterienkatalog, ergänzt durch die regionale Armutsquote; diese Quote bestimmt die Höhe der Mittel, die direkt an die Armen ausgezahlt werden. D.h für die Berechnung dessen, was eine Region an Mitteln des ERSF erhalten könnte, muß dieser Index vollständig und detailliert nach dem oben erläuterten Beispiel umgesetzt werden, und er ist zu ergänzen durch die Feststellung, wie hoch der Anteil der Armen an der regionalen Bevölkerung ist.

Die Mittelvergabe an diese benachteiligten Gruppen ist so hoch, daß sie nicht mehr unter 50 % des jeweiligen natürlichen Einkommensdurchschnitts liegen.

Damit ist die Frage nach der absoluten Höhe der Mittel des ERSF aufgeworfen. In Verbindung mit einer Berechnung durch das Europäische Parlament könnte als erstes realistisches Ziel gesetzt werden, die heutigen sogenannten Ziel 1-Regionen im Laufe von 20 Jahren auf 90 % des BIP-pro-Kopf-Durchschnitts der EU anzuheben. Dafür wären Mittel in Höhe von ca. 25 Mrd. ECU jährlich erforderlich (vgl. EP 1991 b, S. 110). Für die Verbesserung der Indikatoren für die soziale und kulturelle Lebensqualität bis zur Überwindung von negativen Punktwerten innerhalb von 20 Jahren wären erhebliche Investitionen in Unternehmen, in den Gesundheitssektoren, für das Bildungswesen und für die Gleichstellung von Frauen und Männern erforderlich. Angesichts des großen Kostenaufwands, den allein die Themen Arbeitslosigkeit und Bildung ausmachen, dürften die Mittel dafür bis ca. 20 Mrd. ECU p.a. liegen. Sanierung, Schonung und Entwicklung im Umweltbereich verlangen ebenfalls einen hohen Aufwand, der mit 10 Mrd. jährlich eher knapp bemessen ist. Für den Ausbau der Faktoren "Innovationspotential" und "geographische Lage" sind 8 Mrd. ECU jährlich ebenfalls eine Summe, die sich am Notwendigsten orientiert. Insgesamt entsteht so eine Gesamtsumme von ca. 63 Mrd. ECU jährlich, wobei noch die Beträge für den direkten sozialen Zusammenhalt fehlen.

Nimmt man diese, mit 15 % der Gesamtmittel des ERSF angesetzt, hinzu, ergibt sich ein Jahresbedarf von ca. 75 Mrd. ECU. Dieser Betrag liegt um ca. 5 Mrd. ECU über dem EU-Gesamthaushalt von 1993 (vgl. Timmann 1993, S. 134). Angesichts der bisherigen, wenig bemerkenswerten Leistungen der Regional- und Strukturpolitik kann eine solche Einschätzung kaum verwundern, denn es wird immer wieder von allen Seiten betont, daß die zur Verfügung stehenden Mittel viel zu gering sind für einen effektiven regionalen (und sozialen) Ausgleich.

Für die hier vorgeschlagene Konzeption ist deshalb eine neue Fundierung des EU-Haushaltes, durch neue Mittel und Instrumente, unabdingbar. Zusätzliche Einnahmen werden allerdings noch nicht durch den Beitritt von Österreich, Schweden und Finnland allein entstehen, es bedarf eines neuen Verfahrens, um einen EU-Haushalt zu sichern, der ca. 150 Mrd. ECU p.a. umfaßt, so daß die Mittel für den ERSF ca. 50 % davon ausmachen. Derartige Mittelsteigerungen sind möglich bei der EU-weiten Einführung von Ökosteuern, Energiesteuern und bei einer Verschärfung der Abgabevorschriften im Erbschaftsbereich in den reicheren Staaten und Regionen. Denkbar wäre zusätzlich eine Differenzierung der Mehrwertsteuer nach dem BIP auf der NUTS 1-Ebene oder die Erhöhung des relativen Beitrages der reicheren Regionen zum EU-Haushalt. Ökologisch und gesundheitspolitisch angemessen wäre auch die weitere Erhöhung der Benzin-, Tabak- und Alkoholsteuern zugunsten der Einnahmeseite der EU.

Daneben muß der Haushalt insgesamt einer Neubewertung aus regionalanalytischer und -politischer Sicht unterzogen werden. Die unter dem Aspekt des regionalen Ausgleichs kontraproduktiven Verteilungen der Mittel für die Agrarpolitik und die Forschungs- und Technologiepolitik sind neu zu gestalten, so daß auch von diesen erheblichen Aufwendungen vor allem die schwächeren Regionen profitieren. Regionalpolitik muß Bestandteil eines EU-Haushaltes sein, der auch für die Sach- und Fachpolitiken die regionalen Auswirkungen bedenkt und in diesen Arbeitsfeldern dafür sorgt, daß ein ausgewogenes, geographisch gleichmäßig strukturiertes System finanzieller Transfers entwickelt wird, in dem den strukturschwachen Gebieten große Aufmerksamkeit zukommt.

Schließlich ist zu überlegen, ob der EU-Haushalt die Konfrontation mit den großen materiellen Problemen der Gegenwart - Arbeitslosigkeit, Umweltzerstörung, regionale und soziale Ungleichheit, Integration von Osteuropa - nicht besser bestehen kann, wenn durch staatliche Nettokreditaufnahmen seine Verfügbarkeit erweitert wird (vgl. z.B. Huffschmid 1994, S. 185 f.).

Gemeinsam mit einer Erhöhung der Eigenmittel auf ca. 3 % des BSP der EU könnte dieser Haushalt dann ein wirksames Finanzinstrument zur Bewältigung der ökonomischen, ökologischen und sozialen Probleme der EU-Regionen werden.

Entscheidende Voraussetzung für den Erfolg in den Regionen und für den adäquaten Einsatz der Mittel ist ein System der Kooperation zwischen den Regionen, bei dem die reicheren Regionen (z.B. ab 100 % des BIP-Durchschnitts pro Kopf der EU-12) die ärmeren Regionen (unter 90 % dieses Indikators) jeweils direkt in konkreter Kooperation finanziell unterstützen, durch private und öffentliche Investitionen, durch wissenschaftliche und andere Hilfe, durch Bildungs- und Sozialprogramme usw. Bedingung dieses Systems ist die enge Kooperation zwischen zwei oder mehr Regionen mit unterschiedlichem Situations- und Regional-Index, wobei Mittelflüsse aus den Regionen mit positivem Index in diejenigen mit negativem Index, bezogen jeweils auf eines oder mehrere Themen des Index, fließen. So könnte eine intensive, für beide Regionen förderliche, Verflechtung zwischen einer armen und einer reichen Region entstehen, in deren Verlauf die Disparitäten abnehmen und sich gegenseitige kulturelle und soziale Lernprozesse einstellen. Für dieses direkt-kooperative Segment sollte der ERSF ca. 50 % seiner Mittel zur Verfügung stellen, damit die Regionalisierung der Regionalpolitik auch materiell machbar wird. Die andere Hälfte der Mittel sollte direkt von den Regionen beim ERSF abrufbar sein, d.h. hier wäre jeweils eine Zusammenarbeit der jeweiligen Region mit diesem Fonds angeraten. In diesen Bereich sollten schwerpunktmäßig alle Vorhaben fallen, die derzeit als Gemeinschaftsinitiativen betrieben werden, also ca. 15 % der ERSF-Mittel in der Zukunft, sowie alle Projekte, die mit der Verbesserung der regionalen Umweltsituation zusammenhängen. Das Modell der endogenen regionalen Entwicklung ist also keinesfalls so zu verstehen, daß völlige Autarkie angestrebt wird. Es geht dagegen um die Förderung und den Ausbau der regionalen Möglichkeiten in allen Lebensbereichen, in Kooperation mit anderen Regionen, aber auch mit den Instanzen der EU, soweit diese eigenständige regionale Aktivitäten fördert. Die Konzeption wird deutlicher, wenn die an die Träger von Projekten zu stellenden Anforderungen geklärt werden. Bisher stellt die EU-Regionalpolitik in dieser Hinsicht leider keinerlei Bedingungen, weil ihr Erfolgsmaßstab überwiegend in der Verausgabung der vorhandenen Mittel besteht, nicht in der nachhaltigen, sozial- und regional-verträglichen Qualität der geförderten Projekte. Die besten Chancen, diese Qualitäten zu erreichen, bieten Träger, die in ihrer Struktur und Dynamik selbst ebenfalls diese Merkmale aufweisen. Von einem zentralistisch geführten, aggressiv rationalisierenden Großunternehmen der chemischen Industrie kann nicht erwartet werden, daß es Projekte im hier gemeinten Sinn vorschlagen oder realisieren wird. Kriterien für Träger, also private Unternehmen, Staatsbetriebe, Genossenschaften, Vereine, Organisationen, Verbände, Institutionen, Hochschulen usw., die durch den ERSF finanzierte oder mitfinanzierte Projekte und Programme durchführen wollen, müssen sich auf folgende Punkte konzentrieren:

1. Betreibt der Träger internen, systematischen Umweltschutz?

2. Werden Schadstoffmessungen regelmäßig durchgeführt?

3. Gibt es ein ökologisches Gesamtkonzept, bezogen auf interne Strukturen und externe Leistungen?

4. Gibt es eine/n Umweltbeauftragte/n oder eine entsprechende Arbeitsgruppe?

5. Ist der Träger in die Sicherung von Umweltschutz und -verträglichkeit der Region eingebunden, durch Kooperation mit anderen Institutionen?

6. Werden Rohstoffverarbeitung, Produktion, Produktnutzung, Organisation, Arbeit und Entsorgung nach ökologischen Kriterien durchgeführt?

7. Bestehen interne Mitbestimmungs- und Partizipationsstrukturen, die den Mitarbeitern ein Höchstmaß an Entscheidungskompetenz ermöglichen? D.h. besteht in allen wesentlichen Fragen zumindest Parität zwischen Mitarbeitern und Leitung bzw. Eigentümer/n?

8. Besteht im Bereich der ökologischen und sozialen Folgen von Leitungsentscheidungen ein Vetorecht für die Mitarbeiter, sofern sie negative Prognosen belegen können?

9. Ist die organisierte Interessenvertretung der Arbeitnehmer/der Mitarbeiter ständiger Diskussionspartner der Leitung?

10. Orientiert sich der Träger nachweislich an Vollbeschäftigung bei ausreichendem Einkommen der Mitarbeiter?

11. Ist das Leistungsspektrum modern, bedürfnisgerecht und auf die regionale Wirtschaft und Kultur bezogen?

12. Fördert der Träger den Abbau von Arbeitslosigkeit durch angemessene Arbeitszeitverkürzung und die Neuverteilung von Arbeitsmöglichkeiten?

13. Stellt der Träger durch seine Leistungen oder Produkte Bezüge zur regionalen Kreislaufwirtschaft her und gibt er Impulse in dieser Richtung?

14. Werden experimentelle Projekte für ökologische, sozialpolitische und arbeitsmarktpolitische Verbesserungen unterstützt?

15. Ist die Gesamtpolitik des Trägers sozial- und regionalverträglich, indem sie die ökonomische, kulturelle, soziale, ökologische und partizipatorische Situation verändern hilft?

16. Gibt der Träger selbst finanzielle Mittel für die Förderung von Projekten, die den Kriterien von Punkt 15. entsprechen?

Damit steht diese Konzeption offensichtlich in starkem Gegensatz zu den Denkweisen von Führungskräften bzw. den Handlungsweisen von Organisationen, die die Ist- und Soll-Ziele von Organisationen darstellen.

Abb. 64

Ist- und Soll-Ziele von Organisationen
nach Auffassung von Führungs- und Nachwuchskräften

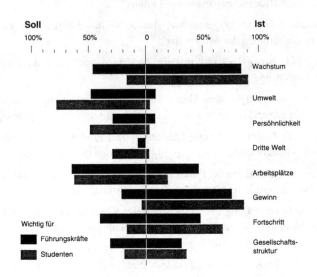

Politische Ökologie 28, 1992, S. 32

Mit der Festlegung auf diesen strukturell-inhaltlichen Kriterienkatalog für die Auswahl von Projekt- und Programmträgern würde die EU-Regionalpolitik einen entscheidendem Schritt tun: Sie würde gestalterisch aktiv in die Umsetzung der Programme und in die demokratische, soziale und ökologische Strukturierung der Unternehmen und Organisationen eingreifen, die Förderungsmittel beantragen und einsetzen können. Durch die Verbindung dezidierter Anforderungen an die Projekte mit gezielten strukturellen Anforderungen an alle Personen und Institutionen, die diese Projekte durchführen wollen, wären verfehlte Vorhaben (wie z.B. der Ausbau von Eukalyptusplantagen), d.h. Unternehmungen, die gegen die Maßstäbe der Regional-, Umwelt- und Sozialverträglichkeit und gegen die Mitentscheidungsmöglichkeiten der regionalen Bevölkerung verstoßen, grundsätzlich ausgeschlossen.

6.2.3.2 Regionale statt gemeinschaftliche Förderkonzepte

Die Verteilung der Mittel des ERSF soll für die Regionalmittel (also ausgenommen die direkten Zahlungen an die Armen) nach dem Regional-Index garantiert werden, hier noch einmal innerhalb der Region differenziert nach der jeweiligen Punktzahl für die einzelnen Indikatoren-Blöcke. Entsprechend dem derzeit praktizierten Verfahren stehen am Anfang jeglicher Regionalpolitik die Förderkonzepte als Pläne. Diese Pläne enthalten für jede Region (NUTS 2) sechs Teile:

1. Sozioökonomische Analyse der Region und ihrer Probleme, incl. ökologischer Situation (z.b. Bevölkerung, Wirtschaftssektoren, Umweltbelastung, Erwerbsquote, Armutsquote)

2. Entwicklungsschwerpunkte und Strategie für die regionale Entwicklung (z.b. Förderung des Ausbaus des Tourismus, Anwerben neuer Dienstleistungen)

3. Interventions- und Projektformen (z.b. Winzergenossenschaften, Berufsbildungsmaßnahmen, Verbesserung der Infrastruktur im ländlichen Raum)

4. Finanzplan nach Prioritäten und sekundären Gewichtungen (5- oder 10-Jahrespläne, mit Förderhierarchie nach Schwerpunkten in der Region)

5. Abgrenzung zu bzw. Verbindung mit anderen Formen von EU-Politiken (z.B. Wirtschaftsförderung durch die EIB, Forschungs- und Technologiepolitik)

6. Durchführungsbestimmungen (z.B. Durchführung, Begleitung, Bewertung, Änderungsmöglichkeiten im Verlauf der Projekte, Informationen, Technische Hilfe).

Eine weitere erhebliche Vereinfachung bedeutet der Wegfall des Grundsatzes der Komplementarität: EU-Regionalpolitik besteht nach meiner Konzeption darin, regionale Disparitäten, die durch zuverlässige und aussagefähige Indikatoren gemessen worden sind, in relativer Angemessenheit an die jeweilige regionale Problemlage abzubauen - durch die Vergabe von Mitteln an Regionen, die konkreten Bedarf nachweisen. Dabei darf es keine Rolle spielen, ob die vorgeschlagenen regionalen Projekte und/oder Programme aus irgendwelchen nationalen oder anderen Quellen unterstützt werden, denn diese Unterstützung folgt einer Festlegung, die nicht auf den EU-weit angewandten Indikatoren beruht, sondern auf anderen Maßstäben, im Zweifelsfall auf Willkür oder Zufall. Regionale Förderkonzepte bestehen aus den o.a. sechs Teilen, wobei alle diese Elemente - mit Ausnahme der EU-weit einheitlichen Durchführungsbestimmungen - von der Region selbst entwickelt und definiert werden. Diese Konzepte orientieren sich nicht an den derzeitigen Zielen 1-5 der EU, sondern an der Problemlage jeder einzelnen Region, die der Regionalindex quantifiziert.

Die regionalen Förderkonzepte, die von den Regionen erstellt werden, haben lediglich diese beiden Vorgaben:

1. Die Förderschwerpunkte müssen mit dem Regional-Index als Analyseverfahren übereinstimmen, d.h. für die am höchsten quantifizierten Probleme müssen die größten Mittelbeträge eingesetzt werden;

2. Die EU selbst verteilt die Mittel an jede Region entsprechend dem Gesamt-Regional-Index und praktiziert damit einen regionalen Finanzausgleich als Regionalpolitik; ihr zweites wesentliches Instrument ist die Begleitung und Bewertung, die ihr bei negativen Erkenntnissen die Möglichkeit gibt, die Mittel einer Region zu kürzen oder einzustellen bzw. die Projekte und Programme nur unter Auflagen weiterführen zu lassen.

Ein regionales Förderkonzept wird nicht mit der EU-Kommission verhandelt, sondern von der Region erstellt und in der Region demokratisch beschlossen (falls keine parlamentarische oder plebiszitische Struktur auf der Regionsebene existiert, so ist diese zu schaffen; bis dahin darf die nächsthöhere Regionsebene (z.B. NUTS 1) dieses Förderkonzept beschließen, allerdings ebenfalls nur parlamentarisch oder direktdemokratisch). Dadurch wird gegenüber der bisherigen Dominanz von Verwaltungen im Entscheidungsablauf (EG-Kommission, nationale Ministerialbürokratien, Regierungen der Bundesländer usw.) eine völlig neue demokratisch-politische Qualität hergestellt, die dem Problem und der politischen Strategie seit langem zusteht.

Die zu erstellenden Förderkonzepte enthalten ausschließlich regionale, keine nationalen Pläne. Sie werden von den Regionen entwickelt und ausformuliert und von der EU lediglich darauf geprüft, ob sie für die jeweilige Region mit den quantitativ festgestellten Defiziten des Regionalindex insofern übereinstimmen, als die Projekte und Vorhaben sich auf Bereiche beziehen müssen, in denen dieser Index negative Punktwerte aufweist. Eine wesentliche Neuerung des Systems regionaler Förderkonzepte besteht daneben in den Fördermöglichkeiten für wohlhabende Regionen, die z.B. Umweltdefizite im Regionalindex verzeichnen. Sie können - zweckgebundene - Mittel aus dem ERSF beantragen, die ausschließlich für den jeweils negativ gemessenen Bereich des Index zu verwenden sind.

Vereinfachung und Beschleunigung wird sich in diesem Verfahren auch bei der Programm- und Zeitplanung einstellen. Sobald für einen Zeitraum von fünf Jahren der Haushaltsrahmen für die Regional- und Strukturpolitik vom Europäischen Parlament verabschiedet ist, können die Regionen ihre Förderkonzepte bei der EU vorlegen: Spätestens drei Monate nach Inkrafttreten des Haushaltsgesetzes. Innerhalb von drei Monaten - anstatt bisher sechs - entscheidet dann das Europäische Parlament nach Prüfung der quantitativen Richtigkeit der Förderkonzepte jeder einzelnen NUTS 2-Region durch die EU-Kommission über die Förderkonzepte aller Regionen als Gesamtpaket. Diese Verfahrensweise setzt voraus, daß das Förderkonzept einer Region gültig für einen Zeitraum von fünf Jahren, zuvor in der Öffentlichkeit diskutiert und transparent gemacht wird und in seinen Grundzügen vom regionalen Souverän - also vom Regionalparlament oder durch direktdemokratische Entscheidung der regionalen Bevölkerung - akzeptiert wurde; erst danach kann es an die EU-Institutionen weitergeleitet werden.

Da die Abläufe im Entscheidungsprozeß der Legislative zeitlich gestrafft werden, muß der Diskussionsvorlauf in der jeweiligen Region frei sein, d.h. es dürfte ca. 6-9 Monate dauern, bis in der Region selbst der demokratische Abstimmungs- und Kommunikationsprozeß abgeschlossen ist. Vorbedingung wäre, daß das EP einen Finanzrahmen für fünf Jahre beschließt, in dem die jährlichen Mittel für Regional- und Strukturpolitik ausgewiesen sind, und zwar mindestens im oben angegebenen Umfang.

Ein demokratisch angelegtes regionales Förderkonzept kann nicht die bisherige Form der GFK übernehmen. Diese sind u.a. durch ihre Intransparenz gekennzeichnet; darüber hinaus ist ihr tatsächlicher Entstehungsprozeß (im Geflecht von Lobbyismus, politischem Protektionismus, Willkür und sinnvollen Projekten und Plänen) kaum durchschaubar und von Dezisionismus geprägt. In den Finanzplänen eines regionalen Förderkonzepts müssen nicht nur Prioritäten, d.h. Ziele, öffentliche und private Aufwendungen und die Gesamtkosten aufgeführt werden, sondern es ist so zu verfahren, daß alle Träger von Projekten und alle Empfänger von Mitteln des ERSF in den Förderkonzepten namentlich genannt werden, gleichgültig, ob es sich um private Unternehmen, öffentliche Einrichtungen, Organisationen, staatliche Träger oder Stiftungen, Hochschulen, Einzelpersonen usw. handelt. Sofern bei der Erstellung des Konzepts noch nicht alle Empfänger von Fördermitteln bekannt sind, müssen diese spätestens dann veröffentlicht werden, wenn sie aus dem verabschiedeten Förderkonzept Mittel beantragen. Dabei müssen die konkreten Vorhaben und Projekte von Trägern ebenfalls der Öffentlichkeit nach Ziel, Zweck und materiellem Umfang bekanntgemacht werden. Allein durch die Veröffentlichung der Träger und der Projekte, die die bisherige administrativ-geheimpolitische Praxis der EU-Regionalförderung überwindet, werden sich Mißbrauch und Verschwendung von Mitteln erheblich verringern. Außerdem wird damit die Begleitung und Kontrolle der Projekte in effektivem Ausmaß der Öffentlichkeit zugewiesen, die im wesentlichen in der Bevölkerung besteht; schließlich ist es ja die Bevölkerung der EU, die die EU-Regionalpolitik finanziert bzw. durch ihre beruflichen und sonstigen Tätigkeiten die Grundlage für die Bezahlung von Vorhaben, sei es durch staatliche oder private Einrichtungen, legt. Deshalb stehen ihr auch, zusammen mit den demokratisch-legislativen Institutionen, entscheidende Kontrollrechte zu.

6.2.3.3 Regionale, nationale und EU-Kompetenzen in der Regionalpolitik

Die Erstellung eines EU-weiten gesetzlichen Rahmens, die Begleitung, Bewertung und Kontrolle, die Festlegung der Gesamthöhe der Mittel, die Festlegung der regionalen und sozialen Indikatoren und Förderkriterien, die Prüfung der Umweltverträglichkeit (UVP) und die Innovationen für neue Konzeptionen sollten als Kompetenzen der EU Bestandteil der EU-weiten Regionalpolitik sein, wobei der gesetzliche Rahmen vom EP festzulegen ist. Begleitung, Bewertung und Kontrolle, Erörterung der Indikatoren und Förderkriterien, die UVP und Vorschläge für konzeptionelle Änderungen sind Aufgaben, für die bei der EU-Kommission die größte Erfahrung vorliegen dürfte.

Die nationalen Kompetenzen beschränken sich im wesentlichen auf die Sicherung ausreichender finanzieller Mittel für den EU-Haushaltsposten "Regionalpolitik", die von den Steuermitteln aus den NUTS 1- oder NUTS 2-Ebenen allein nicht gedeckt werden kann. Darüber hinaus sind begrenzte nationale Mitbestimmungskompetenzen denkbar bei der gleichmäßigen Anwendung der Regionalindikatoren (z.B. auf der Basis der offiziellen Statistiken der EU-Staaten) im Gebiet eines Mitgliedstaates und bei der Prüfung der Umweltverträglichkeit von Vorhaben, die z.B. die Grenzen von NUTS 2-Regionen überschreiten. Nationale Institutionen könnten auch eine relativ nivellierende Funktion ausüben bei der korrekten Verteilung der Mittel, die als Direktzahlungen an die Bevölkerungsgruppen gehen, die über weniger als 50 % des nationalen Durchschnittseinkommens verfügen, jedenfalls bei den kleineren Staaten wie Luxemburg, Belgien, Niederlande, Portugal, Griechenland; dabei würde auch der Bezug zu den national, nicht EU-weit und nicht regional ausgerichteten Sozialversicherungs- und Sozialpolitiksystemen eine wesentliche Rolle spielen.

Durch den Wegfall des heutigen Prinzips der Zusätzlichkeit der Mittel wird die Befugnis der nationalen Ebene in der Systematik der EU-Regionalpolitik ganz entscheidend reduziert, zugunsten der EU-Ebene, aber vor allem zugunsten der Regionen.

Die damit einhergehende Dezentralisierung und aus dem Konzept ebenfalls - durch die Abschaffung des Systems der 5 Ziele zugunsten einer breit angelegten Politik des regionalen Ausgleichs - erwachsende Deregulierung führt dazu, daß die Regionen zu den entscheidenden Instanzen werden. Ihre Aufgabe besteht nicht nur in der Regionalanalyse und der Planentwicklung, sondern auch darin, Projekte und Projektträger so zu organisieren, daß ökologische, soziale, ökonomische und partizipatorische Weiterentwicklung vor Ort Wirklichkeit wird. Die Zuweisung von Fördermitteln, die Annahme oder Ablehnung von Vorhaben, die öffentliche

Diskussion von Projekten und Trägern, die Prüfung der Regional-, Sozial- und Umweltverträglichkeit, die Messung der Erfolge und die Durchsetzung politischer Prioritäten, die Vernetzung von Trägern, öffentlichen Einrichtungen und Beratern/- Wissenschaftlern, die Sicherung der demokratischen und der materiellen Basis - das sind Aufgaben, die nur von den Regionen selbst übernommen werden können.

Eine erhebliche Aufstockung der Mittel des ERSF wäre möglich, wenn sich die Staaten der EU verpflichten würden, Mittel in Höhe der 1994 verausgabten Beträge für die nationale Regionalpolitik (bzw. Regionale Wirtschaftspolitik) ab sofort jedes Jahr in diesen Fonds einzuzahlen. Das dürfte angesichts der für Umweltprojekte fällig werdenden ERSF-Leistungen an die wohlhabenden Regionen auch für diese Gebiete akzeptabel sein und den Wegfall der nationalen Regionalpolitiken kompensieren. Für die wirtschaftlich schwächeren Staaten müßte im voraus festgelegt werden, daß die früher für die jeweilige nationale Regionalpolitik verwendeten Geldbeträge auch wieder - ausschließlich - in diese Staaten fließen.

6.2.3.4 Demokratische Basis für die Regionalpolitik auf allen Ebenen

Parlamentsentscheidungen und Volksabstimmungen der jeweils betroffenen Bevölkerung (von der EU-12 bis zur Ebene NUTS-2, evtl. auch bis zu NUTS-3) sollen die demokratische Grundlegung der EU-Regionalpolitik bilden. Runde Tische (vgl. Beck 1993, S. 189 ff.), Bürgerinitiativen, Vereine, informelle Gruppen, Stiftungen, Regionalverbände, Planungsgemeinschaften, Organisationen usw., auch Parteien, Gewerkschaften, Berufsverbände u.ä. sind Elemente einer sich differenzierenden politischen Kultur in Europa, hinter deren Niveau die Grundlagen der EU-Regionalpolitik nicht zurückfallen dürfen. Angesichts der immer wieder betonten großen Schwierigkeiten, gleichwertige Lebensverhältnisse auch nur annähernd herzustellen (vgl. z.B. Hübler u.a. 1980), bedarf es einer äußerst breiten Basis für diese Politik; diese kann nur in den Regionen aufgebaut werden, denn hier wissen die Menschen am meisten über die regionalen Probleme, die Erfahrungen mit Lösungsansätzen und die evtl. machbaren Aktivitäten vor Ort. Eine regionale Schwerpunktsetzung, die Herstellung von Öffentlichkeit, die Feststellung des endogenen Potentials und der Außenbeziehungen, der Sinn von Projekten und Vorhaben, das Thema Umwelt, die Sicherung sozialer Standards sowie die Entwicklung aussagekräftiger Maßstäbe und Indikatoren werden sich immer dann am besten auf die regionalen Bedingungen beziehen können, wenn möglichst viele, möglichst unterschiedliche Formen von regionalen Aktivitäten entstehen und sich frei entfalten können. In dieser Entfaltung liegt die eigentliche demokratische und zukunftsträchtige Begründung für eine europäische Regional- politik.

6.3 Mittel und Wege für den Übergang zu dieser Konzeption

Schritte in die Richtung, die diese Konzeption vorsieht, können in vielen einzelnen Aspekten der EU-Regionalpolitik beobachtet werden; das gilt vor allem für die sehr vielfältigen Gemeinschaftsinitiativen in Hinsicht auf Inhalte und Förderprojekte (allerdings nicht hinsichtlich der erforderlichen Förderbeträge), aber auch für die umfangreiche, wenig bürokratische und für viele geographische Regionen außerhalb der EU offene Darlehenspolitik der EIB (vgl. EIB 1994), in der regionaler Ausgleich, leistungsfähige Verkehrs- und Telekommunikationsnetze, verbesserte Lebens- und Umweltbedingungen, diversifizierte Energieversorgung, wettbewerbsfähige Industrie sowie die Unterstützung mittel- und osteuropäischer Länder, der AKP-Staaten und des Mittelmeerraumes außerhalb der EU zusammenfließen.

Für Übergangsschritte zu einer alternativen Regionalpolitik der EU sind in erster Linie zwei dominierende Änderungen erforderlich:

Die institutionellen Regelungen müssen durch bestimmte, sukzessive Transformationen gewandelt werden, und es müssen zentrale Inhalte der Regionalpolitik umgestellt werden.

Für den Wandel der institutionellen Strukturen ist die Ausgangsthese, daß die Erhaltung bzw. der Ausbau der EU alle Anstrengungen verdienen, Europa kann aber nicht zusammengeschmiedet werden, sondern nur unter aktiver Partizipation seiner Bürger zusammenwachsen (vgl. Krause 1992, S. 112). Zur Zeit "gestaltet sich Westeuropas Exekutive ihre Gesetze selbst und praktiziert ein System von bizarrer Widersprüchlichkeit: Kein europäischer Staat, der so verfaßt wäre wie die EG, könnte deren Mitglied werden" (Martens/Schumann 1993, S. 111). Nach Jahren des Abbaus demokratischer Kultur im Zeichen der europäischen Einigung gibt es heute kaum noch eine soziale Basis für die europäische Integration, die über die Vorstände von Konzernen und deren Euro-Verbände und -lobbyisten hinausgeht (vgl. ebd., S. 114).

Die Herstellung einer politischen Öffentlichkeit, die Demokratisierung der Institutionen und der Aufbau direkter Entscheidungsmöglichkeiten durch die Bevölkerung - diese Ziele sind nur im Verlauf der praktischen Erprobung von Teilzielen und Übergangsphasen erreichbar. Zu diesen Übergängen können folgende Mittel und Wege gerechnet werden:

- Ausstattung des Europäischen Parlaments mit einem (bisher allein der Kommission vorbehaltenen) Initiativrecht
- als Regelfall gemeinsame Entscheidungen von EP und Europäischem Rat
- qualifizierte Mehrheit im Rat als Regelfall

- Kontrolle der Europapolitik der Mitgliedstaaten durch die nationalen Parlamente
- Einführung einer Beteiligung lokaler und regionaler Gebietskörperschaften im EU-Entscheidungsprozeß
- stärkere Beachtung des Subsidiaritäsprinzips
- Weiterentwicklung der Partnerschaften von Städten und Gemeinden
- Erweiterung des Jugendaustauschs
- Aufbau eines stärker fremdsprachlich orientierten Bildungssystems
- strikte Regeln gegen Machtmißbrauch, Korruption und illegale Parteienfinanzierungen
  (vgl. dazu Fraktion der Sozialdemokratischen Partei Europas 1993, S. 28 ff.).

Aus der Sicht des DGB sollten folgende Teilschritte im Rahmen der Demokratisierung der EU gesichert werden:

- Mitsprache des EP in der Außen-, Sicherheits-, Justiz- und Innenpolitik
- Benennung der Kandidaten für die Kommission bzw. des Präsidiums der Kommission schon im Europa-Wahlkampf
- Bindung der Kommission an die mit absoluter Mehrheit beschlossenen Vorlagen des EP
- öffentliche Beratung des Ministerrats, sofern dieser als Gesetzgeber tätig ist
- systematische Berücksichtigung der Vorschläge des Wirtschafts- und Sozialausschusses im Gesetzgebungsprozeß der EU
- Einsetzung einer Europäischen Versammlung aus Mitgliedern des EP und der nationalen Parlamente in 1995 zur Reform des Vertrages zur Europäischen Union
- Entwicklung eines neuen, 1996 in Kraft tretenden Vertrages, der über die hier genannten Änderungen hinaus das EP bei Mehrheitsentscheidungen im Ministerrat zum gleichberechtigten Gesetzgeber macht, dem Parlament das Vorschlagsrecht für die Zusammensetzung der Kommission gibt und den Europäischen Gerichtshof in seiner Rolle als Verfassungsgericht stärkt
  (vgl. dazu DGB 1993, S. 10 f.).

Eine gewisse Relevanz für den weiteren Prozeß der EU-Demokratisierung könnte auch der 1994 entstandene, mit Anhörungsrechten ausgestattete Ausschuß der Regionen (vgl. Kalbfleisch - Kottsieper 1993) mit seinen 189 Regionalvertretern erlangen; Voraussetzung dafür ist die Übertragung von legislativen Funktionen auf EU-Ebene und wahrscheinlich auch die Aufnahme von Mitgliedern, die nicht den Regions- oder Landesregierungen der Staaten angehören, sondern demokratisch gewählten Parlamenten oder Initiativen unterhalb der Staatsebene.

Auch von seiten der Europäischen Volkspartei liegen Vorschläge auf dem Tisch, die zur Demokratisierung der EU beitragen können. So wird z.B. eine europäische Verfassung gefordert, die drei fundamentale Erfordernisse enthält: Subsidiarität, Effizienz und Demokratie; nach den Vorstellungen dieser Partei muß das EP das letzte Wort im Gesetzgebungsverfahren haben (vgl. Politische Ökologie 37, 1994, 17 Special).

Einen direkten Bezug zur EU-Regionalpolitik stellt die Anforderung dar, ökologische Auswirkungen und Umweltverträglichkeit sowie den sozialen Nutzen von Produktionen und Produkten im Förderungsbereich zu berücksichtigen (vgl. ebd., S. 29 Special); diese Idee wird vom Bündnis 90 / Die Grünen eingebracht. Es erscheint mir evident, daß diese Anforderungen nur zu realisieren sind, wenn alle genannten Übergangsschritte und -methoden zur Ablösung der jetzt existierenden "aristokratischen" Struktur der EU-Gesetzgebung durch ein demokratisches, von den Bürgern gestaltetes EU-Europa beitragen.

Abb. 65

Die aristokratische EG
(EG-Gesetzgebung lt. Maastrichter Vertrag)

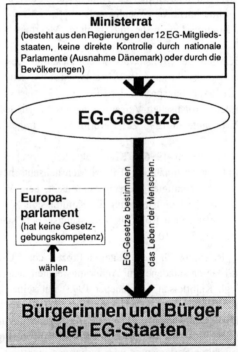

Das Fehlen von demokratischen Rechten verhindert eine Einflußnahme der Bevölkerungen auf die Gesetzgebung.

Text u. Gestaltung: IDEE

Mayer 1993, S. 172

Abb. 66

Das demokratische Europa
(Utopie für eine europ. Demokratiebewegung)

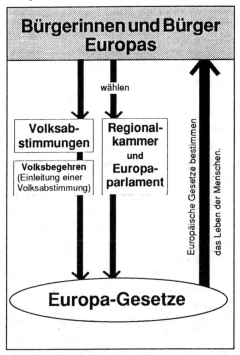

Direkte und indirekte Mitgestaltungsrechte ermöglichen, daß jede/r Europäer/in an politischen Entscheidungen, die sein Leben betreffen. mitwirken kann.

Mayer 1993, S. 173

Schritte in die richtige Richtung sind auch bezüglich der eigentumsrechtlichen Trägerschaft der Regionalpolitik vorgeschlagen worden. Erwähnenswert erscheint mir die These von einer umfassenden Beteiligung des öffentlichen und des privaten Sektors auf lokaler und regionaler Ebene für die endogene Wirtschaftsentwicklung (vgl. EP 1991b, S. 19). Diese Beteiligung sollte abweichend vom derzeitigen Usus möglichst für sämtliche Programme und Projekte als Interaktion organisiert werden, so daß die Kooperation der beiden Sektoren immer enger wird. Durch diese Zusammenarbeit könnte - ebenso wie durch die Verwirklichung weitreichender Transparenz und Öffentlichkeit - nicht nur dem Mißbrauch von Fördermitteln entgegengewirkt werden, sondern auch die Effektivität des Mitteleinsatzes deutlich steigen. Ich meine hier nicht jenes jetzige Verfahren, bei dem Vorhaben nur dann von der EU finanziert werden können, wenn sie ebenfalls aus nationalen "Töpfen" Unterstützung erhalten. Vielmehr geht es mir darum, eine langfristig angelegte Politik der engen Verzahnung privater und öffentlicher Unternehmen anzuvisieren, die der wirtschaftlichen und sozialen Entwicklung der Regionen von großem Nutzen sein wird. Diese Strategie folgt nicht nur Taylors Ansatz einer gemischten Wirtschaft der Zukunft (vgl. Taylor 1993), sondern sie ebnet die EU-Regionalpolitik in eine beschäftigungspolitische, bedürfnisorientierte, ökologische, preispolitische und sozialpolitische Gesamtkonzeption ein (vgl. Huffschmid 1994, S. 178), die nur durch viele kleinere und größere Zwischenschritte erreicht werden kann.

Die Qualifizierung der Arbeitnehmer/Innen, insbesondere in Regionen mit Strukturschwächen und/oder hoher Arbeitslosigkeit, der Ausbau des Bildungswesens und die Förderung regionaler Innovationstätigkeiten sind Elemente dieser Konzeption in Etappen. Die Selbstverantwortung der Regionen für die Regionalpolitik braucht regionale Instrumente wie z.B. Regionale Entwicklungsgesellschaften, die unter Beteiligung aller gesellschaftlicher Gruppen und Institutionen die Konzipierung, Umsetzung und Kontrolle regionaler Programme durchführen; andere Instrumente könnten Regionale Sozial- und Entwicklungsbeiräte mit Initiativ- und Kontrollrechten sein (vgl. zu diesen Vorschlägen Hockel 1990, S. 217). Regionalisierte Wirtschafts- und Sozialräte, Beschäftigungsgesellschaften und Beratungsagenturen sind weitere Formen aktiver Beteiligung innerhalb der EU (vgl. Albers 1993, S. 184 f.). Bereits jetzt ist nachweisbar, daß die Mitentscheidungs- und Beteiligungsmöglichkeiten der Bevölkerung in Gebieten mit einer ausgeprägten Identität und mit allgemein überdurchschnittlichen Regionskompetenzen besonders deutlich ausgeprägt sind (vgl. ebd., S. 184 ff.). Hockel erläutert die Vorbildfunktion der regionalen Unternehmen, die ökologische und beschäftigungsschaffende Investitionen vornehmen können, und erörtert die Rolle privater, aber vor allem öffentlicher Banken für die Strukturentwicklung der Regionen (vgl. Hockel 1989, S. 217).

Eine solche Grundlage ist durch eine höchst überfällige Berichterstattung über die ökologischen und sozialen Folgekosten des Wirtschaftens zu sichern, mit Hilfe der einschlägigen Disziplinen Ökonomie, Ökologie, Statistik und Politik (vgl. Hickel/Priewe 1991, S. 45 f.).

Für die Verwirklichung dieser Vorstellungen gibt es eine nicht zu unterschätzende Vorbedingung: die Förderung der Chancengleichheit von Frauen und Männern, verknüpft mit einer entsprechenden Beschäftigungspolitik. Es sollte Aufgabe des ERSF sein, wirtschaftliche und soziale Entwicklungen zu unterstützen, also z.b. auch die Finanzierung von Kinderbetreuungseinrichtungen und Pflegeeinrichtungen für ältere Menschen, die Entwicklungspläne der Regionen sollten eine detaillierte Analyse der Beschäftigungslage von Frauen und Männern in der Region enthalten, ebenso Vorschläge zur Verbesserung der Situation der Frauen; die spezifischen Berufs- und Ausbildungsprogramme für Frauen sollten auch in der Zukunft durch die EU gefördert werden (vgl. EGB 14.6.93, S. 4).

Für die Weiterentwicklung partizipatorischer Strukturen ist die Ausweitung der Mitbestimmung durch den EGB eine sehr förderliche Angelegenheit, die sich auch auf die Gemeinschaftsinitiativen beziehen muß (vgl. EGB 24.9.93).

Tendenziell sollten die Gemeinschaftsinitiativen, derzeit ein vielfältiges und hochspezialisiertes Konglomerat kleiner und kleinster Programme mit weitgehenden Verstößen gegen Gleichheits- und Transparenzanforderungen (vgl. Bündnis 90 / Die Grünen 1994, S. 35), durch zwei spezielle Programme abgelöst werden:

1. Ein Programm zur Förderung experimenteller Projekte für Ökologie, Sozialpolitik, Arbeitsmarktpolitik unter Berücksichtigung der Geschlechterverhältnisse;

2. ein Programm zur Unterstützung transnationaler Vorhaben, die die Verständigung und Zusammenarbeit europaweit positiv beeinflussen. (vgl. ebd., S. 36)

Im Umweltbereich geht es nicht nur um eine weitere Steigerung der für Umweltprojekte investierten Mittel von ca. 700 Mio. ECU für 1991 (vgl. Rat der EG 1993, S. 74), sondern auch um die Prüfung der Umweltverträglichkeit und der Übereinstimmung mit den Anforderungen einer dauerhaften Entwicklung der jeweiligen Region. Sowohl bei dem neuen Kohäsionsfonds als auch bei der EIB ist auf die deutliche Erhöhung der Mittel für umweltfördernde Zwecke hinzuarbeiten (vgl. die aktuellen Zahlen ebd., S. 75). Die EIB hat übrigens eine eigene Definition des Förderbereichs Umweltschutz vorgelegt, die als guter - aber nicht ausreichender - Anfang zu sehen ist; sie umfaßt die Projektförderung für:

- Gewässerschutz
- Entsorgung von festen Abfällen
- Bekämpfung der Luftverschmutzung
- Natur- und Denkmalschutz
- Verringerung der Verschmutzung in städtischen Gebieten.
(vgl. ebd., S. 75)

Es ist ein großes Versäumnis der EU, daß sie bisher keinen Bericht über die Umweltdimensionen der EU-Regionalpolitik vorgelegt hat (vgl. EURES 1991, S. 17). Dennoch kann vermutet werden, daß die Prioritäten für Investitionen im Straßen-, Autobahn- und Flughafenausbau liegen. D.h., die EU-Regionalpolitik folgt einem umweltschädigenden und energieverschwenderischen Modell der hochindustriellen Zentren der EU.

Denzentralisierung, Ökologisierung und Erhaltung plus Modernisierung der kleinindustriellen Ökonomie werden in diesem Weißbuch der Umweltverbände am Beispiel konkreter Einzelmaßnahmen als Ausweg erläutert:

- Kooperation unter den Kleinindustrien
- Aufbau von Dienstleistungs- und Beratungsnetzen
- Umwelttechnologietransfer für die KMU
- Programm für umweltgerechte Technologieentwicklung
- Verschärfung der Umweltstandards
- Einführung von Ökosteuern (vgl. ebd., S. 17).

Die Umweltverbände haben 1991 einen Umweltbeirat für den Regionalfonds gefordert sowie ein Vetorecht der Generaldirektion Umwelt für die Kontrolle der EU-Regionalpolitik (vgl. ebd., S. 18).

In einem Übergangsmodell zu einer grundlegend veränderten EU-Regionalpolitik hat die Kulturalisierung (vgl. zum folgenden Häußermann/Siebel 1993) einen hohen Stellenwert. Das ergibt sich nicht allein aus den Regionalisierungstendenzen der europäischen Gesellschaften sondern auch aus dem Verlust an Erklärungskraft, den die klassischen Elemente regionaler Disparitätsanalysen aufweisen (Infrastruktur, Flächen, Branchen, Betriebsgrößen, Qualifikationen der Arbeitskräfte usw.). Soziale und kulturelle Faktoren (Lebensqualität, Mentalitäten, Lebensweise, industrielle Beziehungen, Politikstile u.ä.), der Gesamtkomplex an weichen Standortfaktoren, haben wesentlich an Bedeutung gewonnen.

Das regionale Milieu muß für die Entwicklung einer regional anwendbaren regionalpolitischen Konzeption detailliert untersucht werden: ökonomische, soziale, kulturelle und physische Elemente eines komplexen Zusammenhangs im regionalen Raum. Für die Regionalentwicklung scheint die Stärkung eines innovativen regionalen Milieus besonders wichtig zu sein; seine entscheidenden Triebkräfte sind:

- eine Balance zwischen Konkurrenz und Kooperation bei gleichzeitiger Offenheit nach außen und Heterogenität der Akteure
- ein relatives Machtgleichgewicht der Akteure
- eine spezifische, breit angelegte Qualität der politischen Interventionen.

Konsequenzen für eine erfolgreiche Regionalpolitik sehen die Autoren in diesen Maßnahmen und Methoden:

1. Verbindung der demokratischen, offenen und dezentralen Planung von unten mit Standards, die von einer professionellen Elite von oben vorgegeben werden,

2. Förderung von Motivation, Verflechtung und Begabung durch indirekte, diffuse Instrumente wie z.b. Kamingespräche, Werkstätten, Arbeitskreise, Besprechungszenarien, Projektgruppen, Bühnen und Foren.

Inhalt dieses kulturalistischen Konzepts ist die Integration kultureller Aspekte in Regionalanalyse und Regionalpolitik. Sein Ziel besteht darin, die endogenen Potentiale der Regionen zu mobilisieren und dabei soziale und kulturelle Erneuerung durch Öffentlichkeit, Partizipation, mehr Selbstbestimmung und Innovation zu erreichen. Die kulturalistische Orientierung hat als neue Kultur einen zentralen Zweck: den demokratischen Prozeß, der mit der neuen Kultur der Regionalpolitik gleichgesetzt wird.

Damit ist zugleich gesagt, daß auch die Übergänge und Zwischenschritte einer alternativen Regionalpolitik nur dann gelingen können, wenn auch sie mit dem qualitativen Ausbau der Demokratie auf allen chorologischen Ebenen verknüpft sind. Alle Konzeptionen, die diese Erkenntnis unzureichend beachten, werden scheitern.

Scheitern müssen auch, das sei abschließend betont, alle Konzepte, die auf die Stärkung der internationalen Wettbewerbsfähigkeit ausgerichtet sind und dieses Ziel durch eine Verschärfung des Standortwettbewerbs im Innern der EU anstreben. Der Gesamtverbund der EU kann nur gestärkt werden durch den Abbau der Regionenkonkurrenz innerhalb der EU, d.h. durch die intensive Kooperation und Integration der Regionen auf kulturellem, politischem, ökonomischem, sozialem und ökologischen Gebiet.

Thesen des
Deutschen Verbandes für Angewandte Geographie
zur Zukunft Europas

vorgestellt anläßlich der DVAG-Jahrestagung 1991
Die Vereinigten Staaten von Europa - Anspruch und Wirklichkeit

1. Der DVAG begrüßt die Europäische Integration, die sich abzeichnende Politische Union der EG und die Wirtschafts- und Währungsunion. *Dies kann aber nur der Anfang sein!*

2. Wir fordern alle europäischen Demokraten auf, den Aufbau der Vereinigten Staaten von Europa zu forcieren und innerhalb der nächsten zwanzig Jahre abzuschließen, denn *Europa ist größer als die EG!*

3. Die Vereinigten Staaten von Europa sind eine *Lebensgemeinschaft* und nicht nur eine Wirtschaftsgemeinschaft.

4. Dieses Europa muß ein *demokratisches, ökologisches und soziales Vorbild* für die *Menschheit* sein.

5. Dieses Europa soll nicht zentralistisch sein, sondern gerade *von der Vielfalt und der Kraft der Regionen leben.*

6. Die EG *als stärkste europäische Institution sollte den Aufbau der Vereinigten Staaten von Europa organisieren,* denn wir sehen in der Politischen Union der EG einen weiteren Schritt hin zu den Vereinigten Staaten von Europa.

7. Das Europa, das wir anstreben, muß *demokratisch* sein:

- Das Europäische Parlament wird von allen Einwohnern der Vereinigten Staaten von Europa gewählt.
- In den Vereinigten Staaten von Europa hat das Europäische Parlament die vollen demokratischen Rechte. Es wählt aus seiner Mitte heraus die Europäische Regierung.
- Der Europäische Rat, die Kammer der Mitgliedstaaten, wird paritätisch aus Vertretern der nationalen Regierungen und der Regionen besetzt.
- Die Präsidenten der Vereinigten Staaten von Europa werden von den Einwohnern direkt gewählt und haben repräsentative Aufgaben.

8. Das Europa, das wir anstreben, muß *ökologisch* sein:

   - Es ist Vorreiter in der Umweltpolitik, insbesondere bei der Bekämpfung des Treibhaus-Effektes durch die Förderung regenerativer Energiequellen.
   - Es ist Vorreiter bei der ökologischen Land- und Forstwirtschaft.
   - Es ist Vorreiter bei der ökologischen Land- und Forstwirtschaft.
   - Es ist Vorreiter für einen umweltverträglichen Verkehr; deshalb wird der Ausbau des schienengebundenen Nah- und Fernverkehrs sowie der umweltverträglichen Stadtverkehrsmittel (Fußgänger-, Rad- und Öffentlicher Verkehr) gefördert und der Luftverkehr sowie der private PKW- und LKW-Verkehr reduziert.
   - Es ist Vorreiter bei der ökologischen Raumnutzung und Raumentwicklung.

9. Das Europa, das wir anstreben, muß *sozial* sein:

   - In diesem Europa sind die Lebens- und Arbeitsbedingungen gleichwertig, auf höchstem Niveau harmonisiert.
   - In diesem Europa werden die regionalen Disparitäten durch Stärkung der regionalen Kompetenzen sowie durch Förderung einer eigenständigen Regionalentwicklung kleiner.
   - In diesem Europa wird es einen regionalen Finanzausgleich geben, wie es ihn heute schon in Deutschland und in Spanien gibt.

Bonn, im Juni 1991

Marquardt-Kuron u.a. 1991, S. 10 f.

7. Bibliographie

Albers, D.: Regionalpolitik der europäischen Gewerkschaften, Köln 1993

Albrecht, W./*Faber,* P.: Regionalpolitik in der EG: Zur Tätigkeit des Europäischen Regionalfonds und des Ausschusses für Regionalpolitik, in: PVS 1983, S. 203 ff.

Amt für amtliche Veröffentlichungen der EG (Hg.): Europa in Zahlen, Luxemburg 1989

Anderson, P.: Zum Ende der Geschichte, Berlin 1993

ARL (Hg.): Eigenständige Entwicklung von Regionen und Gemeinden und die Politik der EG, Hannover 1988

-   Stadtforschung in Ost und West, Hannover 1990

-   Europäische Integration, Hannover 1990a

-   Regionale Wirtschaftspolitik auf dem Wege zur europäischen Integration, Hannover 1992

Arnold, H.: Soziologische Theorien und ihre Anwendung in der Sozialgeographie, Kassel 1988

BDI (Hg): Regionalpolitik für Deutschland und Europa, Köln 1992

-   Europäische Regionalpolitik, Köln 1993

-   EG-Beihilfen im Prozeß der europäischen Integration, Köln 1993a

Beck, U.: Risikogesellschaft, Frankfurt am Main 1986

-   Die Erfindung des Politischen, Frankfurt am Main 1993

-   u.a.: Politik in der Risikogesellschaft, Frankfurt am Main 1991

Beckmann, D. u.a.: Europa '92: Grenzenloser Sozialstaat oder unsoziale Grenzenlosigkeit? in: Heine u.a. 1991, S. 115 f.

Beyme v., K.: Theorie der Politik im 20. Jahrhundert, Frankfurt am Main 1991

Bocklet, R: Ancien Régime, in: EG-Magazin 1/2 1992, S. 10 ff.

Borst, R. u.a. (Hg.): Das neue Gesicht der Städte, Basel u.a. 1990

Bothe, A.: Regionalpolitik und Marktwirtschaft, in: Weltwirtschaft 1987, H. 1, S. 116 ff.

Brettschneider u.a.: Materialien zu Gesellschaft, Wirtschaft und Politik in den Mitgliedstaaten der EG, in: Gabriel 1992, S. 433 ff.

Brown, L.R. u.a.: Zur Rettung des Planeten Erde, Frankfurt am Main 1992

Brüggemann, B./*Riehle,* R.: Ökologie und Mitbestimmung, Düsseldorf 1991

Brumlik, M./*Brunkhorst,* H. (Hg): Gemeinschaft und Gerechtigkeit, Frankfurt am Main 1993

Buchheim, C.: Industrielle Revolutionen, München 1994

Bündnis 90/Die Grünen: Programm zur Europawahl 1994, Bonn 1994

Bürk, R./Weis, B.: Grüne Zeiten, schwarze Zahlen!, München 1994

Bukold, S./Thinnes, P.: Boomtown oder Gloomtown?, Berlin 1991

Bullmann, U.: Stärkung der dritten europäischen Ebene - Rahmenbedingungen und Strategien, in: ders. u.a. 1994, S. 46 ff.

-        u.a.: Europa als Chance - Sozialdemokratische Strategien für Hessen, Marburg 1994

Bundesrat: Mitteilung der Kommission der EG über die gemeinschaftlichen Strukturpolitiken - Bilanz und Perspektiven, in: Bundesratsdrucksache 215/92, Bonn 1992a

Bursig, B.: Die Regionalpolitik der Europäischen Gemeinschaft, Frankfurt am Main u.a. 1990

Busch, B.: Einkommensgefälle in der Europäischen Gemeinschaft, in: IW-Trends 4/92, S. 103 ff.

Busch, K.: Umbruch in Europa, Köln 1991

Buttler, F. u.a.: Grundlagen der Regionalökonomie, Reinbek 1977

Carmona-Schneider, J.-J.: Die Integration der neuen Bundesländer in die Europäische Gemeinschaft, in: Marquardt-Kuron u.a. 1991, S. 105 ff.

-        Die Strukturfonds der EG 1994-1999 - was wird sich durch die Revision ändern?, in: ISA-Consult 1993, S. 9 ff.

Castells, M. (Hg.): High technology, space and society, Beverly Hills u.a. 1985

Cecchini, P.:   Europa 92, Baden-Baden 1988

Cheshire u.a.: Urban problems and regional policy in the European Community, Luxemburg 1988

Clout, H.: Regional variations in the European Community, Cambridge 1986

Coates, B. u.a.: Geography and Inequality, Oxford 1977

Coffey, P. (Hg.): Main Economic Policy Areas of the EEC - Towards 1992, Dordrecht 1988

Constantinesco, V.: Subsidiarität: Zentrales Verfassungsprinzip für die Politische Union, in: Integration 4/90, S. 165 ff.

Costa-Schott, M.: Raumwirksamkeit regionalpolitischer Maßnahmen, insbesondere der EG-Regionalpolitik: Das Beispiel der Region Kalabrien/Italien und die Übertragung von Erfahrungen auf die Region Alentejo/Portugal, Frankfurt am Main 1988

Däubler, W.: Sozialraum Europa, in: Steinkühler 1989, S. 145 ff.

Dahrendorf, R.: Eine große, universelle Sicht - die Entzauberung der Moderne, in: Schöps/Wild 1993, S. 7 ff.

Deppe F./Weiner K.-P. (Hg.): Binnenmarkt '92, Hamburg 1991

Deuerlein, E.: Föderalismus, Bonn 1972

Deutscher Bundestag: 20. Rahmenplan der Gemeinschaftsaufgabe "Verbesserung der regionalen Wirtschaftsstruktur" für den Zeitraum 1991 bis 1994 (1995), in: Bundestagsdrucksache 12/895, 1990

- 22. Rahmenplan der Gemeinschaftsaufgabe "Verbesserung der regionalen Wirtschaftsstruktur" für den Zeitraum 1993 bis 1996 (1997), in: Bundestagsdrucksache 12/4850, 1992

- Umweltgutachten des Rates von Sachverständigen für Umweltfragen, in: Bundestagsdrucksache 12/6995, 1994

DGB: Forderungen des DGB zur Wahl des Europäischen Parlaments v. 12.6.1994

DGB-Kreis Jena: Strukturpolitisches Programm, Jena 1993

Dicken, P./Lloyd, P.E.: Die moderne westliche Gesellschaft, New York 1984

Dönhoff, M. u.a.: Weil das Land sich ändern muß, Reinbek 1992

Döring, T.: Subsidiaritätsprinzip und EG-Regionalpolitik, Bonn 1993

Düesberg, P./Walther, R.: Das Verhältnis der gemeinschaftlichen Wettbewerbspolitik zur Regionalpolitik, in: RR 1983, S. 28 ff.

Eagleton, T.: Ideologie, Stuttgart u.a. 1993

EGB: Revision der Strukturfondsverordnungen: die Position des EGB, Brüssel 1993 (14.6.93)

- Stellungnahme zur Zukunft der Gemeinschaftsinitiativen im Rahmen der Strukturfonds, Brüssel 1993a (24.9.93)

Ehring, W.: EG-Strukturfonds und Regionalförderung der Länder - Aushöhlung des Föderalismus?, in: Eisenmann/Rill 1992, S. 24 ff.

EIB: Darlehen für die Zukunft Europas, Luxemburg 1992

- Jahresbericht 1992, Luxemburg 1993

- Jahresbericht 1993, Luxemburg 1994

Eisenmann, P./Rill, B. (Hg.): Das Europa der Zukunft, Regensburg 1992

Emerson, M./Huhne, C.: Der ECU-Report, Bonn u.a. 1991

Empirica: Die wirtschaftlichen Auswirkungen des Binnenmarktes 1992 auf Sektoren und Regionen der Bundesrepublik Deutschland, Kurzfassung, Bonn 1989

- Zukunftsstandorte in Osteuropa, Bonn 1992

- Produktionsstandorte in West- und Osteuropa, Bonn 1993

Empirica: Zukunftsstandorte in Westeuropa, Bonn 1993a

Enzweiler, T./Nölting, A.: Hongkong liegt in Böhmen, in: Manager-Magazin 7/93, S. 94 ff.

EP: Die regionalen Auswirkungen der Gemeinschaftspolitiken, Luxemburg 1991a

- Eine neue Strategie für den sozialen und wirtschaftlichen Zusammenhalt nach 1992, Luxemburg 1991b

- Die Auswirkungen von EG 92 und der damit verbundenen Rechtsvorschriften auf die benachteiligten Regionen der Gemeinschaft, Luxemburg 1991c

Ereco: European Regional Prospects, Abridged Version, Cambridge 1993

Eser, T.: Europäische Einigung, Föderalismus und Regionalpolitik, Trier 1991

Esser, J./Hirsch, J.: Stadtsoziologie und Gesellschaftstheorie, in: Prigge 1987, S. 31 ff.

Eures (Hg.): Konzepte für eine Umweltgemeinschaft, München 1991

Europäische Kommission: Wettbewerbsfähigkeit und Kohäsion: Tendenzen in den Regionen, Luxemburg 1994

Europäische Stiftung zur Verbesserung der Lebens- und Arbeitsbedingungen: Örtliche Gemeinschaftsaktionen und Sozialpolitik, Luxemburg 1993

Eurostat (Hg.): Sozialporträt Europas, Luxemburg 1991

- Begegnung in Zahlen, Luxemburg 1991a

- Europa in Zahlen, 3. Ausgabe, Luxemburg 1992

Evangelische Akademie Hofgeismar/Stiftung Mitarbeit (Hg.): Direkte Demokratie in Deutschland, Bonn 1991

Feyerabend, P.: Erkenntnis für freie Menschen, Frankfurt am Main 1980

FGAT: Regionalentwicklung als kooperativer Innovationsprozeß, Düsseldorf 1991

Fischer, J.: Der Umbau der Industriegesellschaft, Frankfurt am Main 1989

Fischer, M.: Wenn die EG Flüsse versetzt, in: EG-Magazin 10/93, S. 25 ff.

Foerster, R.H. (Hg.): Die Idee Europa 1300-1946, München 1963

Fraktion der Sozialdemokratischen Partei Europas (Hg.): Arbeit schaffen, den sozialen Fortschritt sichern, den Zusammenhalt fördern, Bonn 1993

Franke, H./Buttler, F.: Arbeitswelt 2000, Frankfurt am Main 1991

Franke, J.: Die Regionalpolitik der Europäischen Gemeinschaft, Bochum 1989

Frankenberg, G. (Hg.): Auf der Suche nach der gerechten Gesellschaft, Frankfurt am Main 1994

Franzmeyer, F. u.a.: Die Reform der EG-Strukturfonds von 1988, Berlin 1993

Friedrichs, J. u.a. (Hg.): Süd-Nord-Gefälle in der Bundesrepublik, Opladen 1986

Frühauf, W./Giesinger, T.: Europa ohne Grenzen - Alarm für die Umwelt, Hamburg 1992

Gabriel, H.: Neuordnung der EG-Strukturfonds, in: Welzmüller 1990, S. 273 ff.

- Neuordnung der EG-Strukturfonds, in: Welzmüller 1990, S. 273 ff.

Gabriel, O. (Hg.): Die EG-Staaten im Vergleich, Opladen 1992

Galtung, J.: Kapitalistische Großmacht Europa oder Die Gemeinschaft der Konzerne?, Reinbek 1973

- Eurotopia, Wien 1993

Gans, P.: Regionale Disparitäten in der EG, in: GR 1992, S. 691 ff.

Ganser, K u.a. (Hg.): Die Zukunft der Städte, Baden-Baden 1991

Gebauer, C.: Die Regionalpolitik der EG, Berlin 1983

Gesterkamp, T.: Portugal gegen Vorpommern, in: Die Mitbestimmung 10/93, S. 38 ff.

Giddens, A.: Kritische Theorie der Spätmoderne, Wien 1992

Giersch, H. u.a.: Kampf der Kontinente, Wien 1990

Gillespie, A.: Telecommunications and the development of Europe's less-favoured regions, in: Geoforum 1987, S. 229 ff.

Ginderachter v., J.: Die Reform der Strukturfonds, in: IR 1989, S. 567 ff.

Giolitti, A.: Die Regionalpolitik der EG, in: RR 1983, S. 9 ff.

Görg, C. (Hg.): Gesellschaft im Übergang, Darmstadt 1994

Götzmann, B./Seifert, V.: Räumliche Disparitäten und EG-Regionalpolitik, in: Heine u.a. 1991, S. 41 ff.

Gore, A: Wege zum Gleichgewicht, Frankfurt am Main 1994

Gorz, A: Und jetzt wohin?, Berlin 1991

Gräber, H.: Europäische und hessische regionale Strukturpolitik - Abstimmungsprobleme und neue Konzeptionen, in: Bullmann u.a. 1994, S. 153 ff.

Graf, R.: Umweltpolitik, Mainz 1992

Gretz-Roth, V.: EG-Binnenmarkt: Auswirkungen auf Hessen?, Wiesbaden 1988

Gross, A.: Plädoyer für eine europäische Demokratiebewegung, in: Hugenroth 1993, S. 123 ff.

Günther, K.: Was heißt: "Jedem das Seine"?, in: Frankenberg 1994, S. 151 ff.

Habermas, J.: Die Neue Unübersichtlichkeit, Frankfurt am Main 1985

Häckel, E./Elsner, W.: Kritik der Jungen Linken an Europa, Bonn 1974

Häußermann, H. u.a.: Stadt und Raum, Pfaffenweiler 1991

- */Siebel,* W.: Neue Urbanität, Frankfurt am Main 1987

Häußermann, H./Siebel, W.: Die Kulturalisierung der Regionalpolitik, in: GR 1993, S. 218 ff.

Hagelstange, T.: Die Entwicklung von Klassenstrukturen in der EG und in Nordamerika, Frankfurt am Main u.a. 1988

Halvorsen, K.: European Integration and the Effects on Regional Development in Norway, in: Lundqvist/Persson 1993, S. 61 ff.

Hammerschmidt, A./Stiens, G.: Regionale Disparitäten in Europa, in: GR 1976, S. 169 ff.

Hans-Böckler-Stiftung (Hg.): Europäische Betriebsräte, Düsseldorf 1993

Harvey, D.: The condition of postmodernity, Cambridge/Mass. 1992

Haß, H.-J.: Anforderungen an die europäische Regionalpolitik aus Sicht der Wirtschaft, in: BDI 1993, S. 18 ff.

Hauchler, J. (Hg.): Globale Trends 93/94, Frankfurt am Main 1993

Hauck, G.: Geschichte der soziologischen Theorie, Reinbek 1984

Heine, M.: Von der Peripherie zur Wirtschaftsmetropole - und zurück, Berlin 1989

- EG-Binnenmarkt und Regionalentwicklungen in der BRD, in: ders. u.a. 1991, S. 59 ff.

- u.a. (Hg.), Schwarzbuch EG-Binnenmarkt, Berlin 1991

Heinemann, F.: Vertikal oder horizontal?, in: EG-Magazin 10/93, S. 11 ff.

Henke, R.: Wer in der Banane lebt, hat ausgesorgt, in: RaumPlanung 54, 1991, S. 170 ff.

Henry, P.: Regionale Effekte der gemeinsamen Agrarpolitik, in: RR 1983, S. 39 ff.

Heß, G.: Regionale Disparitäten in der EG, in: Praxis Geographie 9/91, S. 28 ff.

Hesse, J.: Stadt - Staat - Europa, in: Ganser u.a. 1991, S. 185 ff.

Hey, C.: Umweltpolitik in der EG, in: Welzmüller 1990, S. 191 ff.

Hickel, R./Priewe, J.: Das Stabilitäts- und Wachstumsgesetz, in: Junkernheinrich/Klemmer 1991, S. 37 ff.

Hillenbrand, O.: Umweltpolitik, in: Weidenfeld/Wessels 1993, S. 167 ff.

Hirn, W./Nölting, A.: Flucht nach Osten, in: Manager-Magazin 3/94, S. 84 ff.

Hirsch, J.: Auf dem Wege zum Postfordismus, in: Das Argument 151, 1985, S. 325 ff.

Hobsbawm, E.: Die Blütezeit des Kapitals, Frankfurt am Main 1980

Hockel, D.: Regionalpolitische Leitvorstellungen, in: Institut für Europäische Politik 1990, S. 216 ff. (1989 ersch. in: Die Mitbestimmung, H. 12)

Hondrich, K.O./Koch-Arzberger, C.: Solidarität in der modernen Gesellschaft, Frankfurt am Main 1992

Honneth, A.: Desintegration, Frankfurt am Main 1994

Horx, M.: Trendbuch, Düsseldorf u.a. 1993

Hradil, S.: Sozialstruktur und gesellschaftlicher Wandel, in: Gabriel 1992, S. 50 ff.

Hrbek, P.: Die Regionen in Europa, in: Weidenfeld/Wessels 1993, S. 281 ff.

Hrbek, P./S. Weyand: Betrifft: Das Europa der Regionen, München 1994

Huber, J.: Regionalentwicklung in der Kommunikationsgesellschaft, Opladen 1993

Hübler, K.-H. u.a.: Zur Problematik der Herstellung gleichwertiger Lebensverhältnisse, Hannover 1980

Hübner, K.: Theorie der Regulation, Berlin 1990

Huffschmidt, J.: Wem gehört Europa? Band 1: Wirtschaftspolitik in der EG, Heilbronn 1994

Hugenroth, R. (Hg.): Kein leichter Weg nach Eurotopia, Bonn 1993

Hummer, W./Borh, S.: Die Rolle der Regionen im Europa der Zukunft, in: Eisenmann/Rill 1992, S. 65 ff.

Hutter, C.-P. u.a.: Die Ökobremser, Stuttgart u.a. 1993

Huyssen, S./Scherpe, K. (Hg.)., Postmoderne, Reinbek 1989

IDEE (Hg.), In neuer Verfassung, Bonn 1990

- Volksbegehren und Volksentscheid, München 1993

Institut für Europäische Politik (Hg.), Politische Gemeinschaft Europa, Bonn 1989

- Europa sozial - Der EG-Binnenmarkt 1992 und seine soziale Dimension, Bonn 1990

Ipsen, D.: Stadt und Land, in: Häußermann u.a. 1991, S. 117 ff.

Irmen, E./Sinz, M.: Zur Wettbewerbsfähigkeit der Regionen in der EG, in: IR 1989, S. 589 ff.

ISA-Consult (Hg.): Europas Pecunia, Bochum 1993

Jensen-Butler, C.: The regional economic effects of European Intergration, in: Geoforum 1987, S. 213 ff.

- Development Strategies in the southern European Periphery: Comparisons with the Northern Periphery, in: Lundqvist/Persson 1993, S. 225 ff.

Junkernheinrich, M./Klemmer, P. (HG.): Ökologie und Wirtschaftswachstum, Berlin 1991

Junne, G.: Managementstrategien und Standortwahl, in: Welzmüller 1990, S. 84 ff.

252

Kaelble, H.: Auf dem Weg zu einer europäischen Gesellschaft, München 1987.

Kalbfleisch-Kottsieper, U.: Geburtswehen einer dritten Kammer, in: EG-Magazin 12/93, S. 30 ff.

Kapp, K.W.: Soziale Kosten der Marktwirtschaft, Frankfurt am Main 1979

- Erneuerung der Sozialwissenschaften, Frankfurt am Main 1983

- K.W.: Für eine ökosoziale Ökonomie, Frankfurt am Main 1987

Kasten, H.: Die europäische Wirtschaftsintegration, München 1978

Kastning, L.: Regionalentwicklung und Regionalpolitik in der EG, in: Strübel 1990, S. 184 ff.

Keating, M./*Jones,* B. (Hg.): Regions in the European Community, Oxford 1985

Keeble, D. u.a.: Peripheral regions in a Community of twelve member states, Luxemburg 1988

KEG: Die Regionen Europas, Luxemburg 1981

- Die Regionen der erweiterten Gemeinschaft, Luxemburg 1987

- Urban problems and regional policy in the European Community, Luxemburg 1988

- Die Politik auf dem Gebiet der Forschung und der technologischen Entwicklung, Luxemburg 1988

- Beschäftigung in Europa 1989, Luxemburg 1989a

- Der EFRE in Zahlen: 1975-1988, Luxemburg 1989b

- Leitfaden zur Reform der Strukturfonds, Luxemburg 1989d

- Europäischer Fonds für regionale Entwicklung, 14. Jahresbericht 1988, Luxemburg 1990

- Die EG und die deutsche Vereinigung, Luxemburg 1990a

- Die europäische Einigung - die Entstehung und Entwicklung der EG, Luxemburg 1990b

- Die soziale Dimension der EG, Luxemburg 1990c

- Die Umsetzung der Einheitlichen Europäischen Akte, Luxemburg 1990d

- Europäischer Fonds für regionale Entwicklung, Luxemburg 1990e

- Für eine humane Gesellschaft: Europa, Luxemburg 1990 f.

- Regionen - Finanzbeiträge der Gemeinschaft für Investitionen 1987, Luxemburg 1990g

- Regionen - Statistisches Jahrbuch 1989, Luxemburg 1990h

- Die Gemeinschaftscharta der sozialen Grundrechte der Arbeitnehmer, Luxemburg, 1990i

KEG: Willkommen in der Gemeinschaft, Bonn 1990k

-    Ziel 92, Luxemburg 1990l

-    Die neue Strukturpolitik der Europäischen Gemeinschaft, Luxemburg 1990m

-    Die EG 1992 und danach, Luxemburg 1991a

-    Die Regionen in den 90er Jahren, Luxemburg 1991b

-    Europa im Dienst der Regionen, Luxemburg 1991c

-    Europa 2000, Luxemburg 1991d

-    Leitfaden für Gemeinschaftsinitiativen im Rahmen der Reform der Strukturfonds, 2. Ausgabe, Luxemburg 1991e

-    Die soziale Herausforderung, Luxemburg 1991f

-    Informations- und Kommunikationstechnologien: Die Rolle Europas, Luxemburg 1991g

-    Der EFRE 1989, Luxemburg 1991h

-    Gemeinschaftliches Förderkonzept 1991-1993, Luxemburg 1991i

-    Der Europäische Sozialfonds, Luxemburg 1991k

-    Umweltschäden kennen keine Grenzen, Luxemburg 1991l

-    Europa - Partner der Welt, Luxemburg 1991m

-    Die Europäische Gemeinschaft und die ländliche Entwicklung, Luxemburg 1991n

-    Europa der Bürger, Luxemburg 1991o

-    Ein Europa der Städte und Gemeinden, Luxemburg 1991p

-    1992: Ein entscheidenden Jahr; Arbeitsprogramm der Kommission für 1992, Luxemburg 1992a

-    Zweiter Jahresbericht über die Durchführung der Strukturfonds 1990, Luxemburg 1992b

-    The economic and social impact of reductions in defence spending and military forces on the regions of the Community, Luxemburg 1992c

-    Die EG fördert die Regionen, Luxemburg 1992d

-    Der EFRE im Jahr 1991, Luxemburg 1992e

-    Die Gemeinschaft im Kampf gegen die soziale Ausgrenzung, Luxemburg 1992f

-    Den ländlichen Raum bewahren, Luxemburg 1992h

-    Les politiques régionales dans l'opinion publique, Luxemburg 1992i

-    Die soziale Entwicklung in den Städten, Luxemburg 1992k

-    Socio-economic situation and development of the regions in the neighbouring countries of the Community in Central and Eastern Europe, Luxemburg 1992l

KEG: Gemeinschaftliche Förderkonzepte 1989-1993 zur Entwicklung des ländlichen Raums (Ziel Nr. 5b) Bundesrepublik Deutschland, Luxemburg 1992m

- Die Zukunft unserer Landwirtschaft, Luxemburg 1992n

- Kein Europa ohne Regionen, Luxemburg 1992o

- Regions - Nomenclature of territorial units for statistics NUTS. Luxemburg 1992p

- Beschäftigung in Europa 1993, Luxemburg 1993

- Die Europäische Gemeinschaft - Fragen und Antworten, Luxemburg 1993a

- Europäischer Rechnungshof: Jahresbericht zum Haushaltsjahr 1992, in: Amtsblatt der EG C 309 v. 16.11.1993b

- Europäische Sozialpolitik, Luxemburg 1993c

- Gleiche Chancen für die Frauen in der EG, Luxemburg 1993d

- New location factors for mobile investment in Europe, Luxemburg 1993e

- Portrait der Regionen, Bd. 1-3, Luxemburg 1993f

- Progress Report on the Integrated Mediterrannean Programmes (IMP), Brüssel 1993g

- Die Stärkung der Demokratie in der EG, Luxemburg 1993h

- Strukturfonds der Gemeinschaft 1994-1999, Luxemburg 1993i

- Vierter Jahresbericht der Kommission über die Durchführung der Strukturfondsreform 1992, Luxemburg 1993k

- Die Zukunft unserer Landwirtschaft, Luxemburg 1993l

- Dritter Jahresbericht über die Durchführung der Strukturfondsreform 1991, Luxemburg 1993m

- Der EFRE im Jahr 1991, Luxemburg 1993n

- Life-Informationspaket, o.O. 1994

- Die Karte der Solidarität, Brüssel o.J.

- Generaldirektion Landwirtschaft, Waldschadensbericht der Europäischen Gemeinschaft 1989, Luxemburg 1990

Kemper, P. (Hg.), "Postmoderne" oder Der Kampf um die Zukunft, Frankfurt am Main 1988

Kennedy, P.: Aufstieg und Fall der großen Mächte, Franfurt am Main 1991

- In Vorbereitung auf das 21. Jahrhundert, Frankfurt am Main 1993

Kersting, W.: Verfassung und kommunitäre Demokratie, in: Frankenberg 1994, S. 84 ff.

Kimm, I.: Griechenlands Regionalentwicklung und -politik und der EG-Beitritt, Frankfurt am Main 1987

King, A./*Schneider*, B.: Die globale Revolution, Hamburg 1991

Kleine-Limberg, W./*Knieling*, J.: Eigenständige Regionalentwicklung, in: RaumPlanung 1991, S. 156 ff.

Knieling, J.: Intermediäre Organisationen und kooperative Regionalentwicklung, in: RR 1994, S. 116 ff.

Koll, R.: Die Entwicklung der europäischen Regionen und Großstädte, in: IFO-Schnelldienst 17/18, 1992, S. 5 ff.

Koller, P.: Gesellschaftsauffassung und soziale Gerechtigkeit, in: Frankenberg 1994, S. 129 ff.

Kondylis, P: Der Niedergang der bürgerlichen Denk- und Lebensform, Weinheim 1991

Krämer-Badoni, T.: Postfordismus und Postmoderne, in: Prigge 1987, S. 167 ff.

Krätke, S., Städte im Umbruch, in: Borst u.a. 1990, S. 7 ff.

Krause, R.-D.: Europa auf der Kippe, München 1992

Kremer, U., Gezeitenwechsel - Der weltweite Niedergang des Marktliberalismus, in: BdiP 1991, S. 1494 ff.

Krieger-Boden, C.: Zur Regionalpolitik der Europäischen Gemeinschaft, in: Weltwirtschaft 1987, H. 1, S. 82 ff. a

Krüger, R.: Die Geographie auf der Reise in die Postmoderne?, Oldenburg 1988

Kühne, K.: Europa 1993: Geburt eines neuen Demiurgen?, in: Steinkühler 1989, S. 25 ff.

Kuhl-Greif, M.: Probleme der Bevölkerung in kleinen Gemeinden, Frankfurt am Main 1973

Läpple, D.: Zur Diskussion über "Lange Wellen", "Raumzyklen" und gesellschaftliche Restrukturierung, in: Prigge 1987, S. 59 ff.

Läufer, T.: EWG-Vertrag, Bonn 1990

Laszlo, E.: Der Laszlo-Report, München 1994

Lauschmann, E: Grundlagen einer Theorie der Regionalpolitik, Hannover 1970

Leborgne, D./*Lipietz*, A: Neue Technologien, neue Regulationsweisen: einige räumliche Implikationen, in: Borst u.a. 1990, S. 109 ff.

Lendi, M.: Regionalentwicklung für Europa, in: RR 1989, S. 2 ff.

Lichtblau, K./*Rhein*, A.: Regionaler Strukturwandel in Westdeutschland 1980-1992, in: IW-Trends 4/93, S. 57 ff.

Lindner, R. (Hg.): Die Wiederkehr des Regionalen, Frankfurt am Main u.a. 1994

Lipietz, A.: Demokratie nach dem Fordismus, in: Das Argument 189, 1991, S. 677 ff.

Luhmann, N.: Soziale Systeme, Frankfurt am Main 1987

Lundqvist, L./Persson, L.O.: (Hg.): Visions and Strategies in European Integration, Berlin u.a. 1993

Lutter, H./Pütz, T.: Erreichbarkeit und Raumentwicklung der Regionen in Europa, in: IR 9/10 1993, S. 619 ff.

Lutz, B.: Der kurze Traum immerwährender Prosperität, Frankfurt am Main u.a. 1989

Lyotard, J.-F.: Das postmoderne Wissen, Graz u.a. 1986

Marquardt-Kuron, A. u.a. (Hg.): Die Vereinigten Staaten von Europa, Berlin 1991

Marques, A., Regionalbeihilfen und Kohäsion, in: RR 1994, S. 127 ff.

Marshall, M.: Long waves of regional development, New York 1987

Martens, H./Schumann, H.: "Die Zeit läuft davon" - Europas langer Weg ins organisierte Chaos, in: Schöps/Wild 1993, S. 108 ff.

Marx, F.: EG-Rgionalpolitik, Aachen 1992

Marx, K.: Das Kapital, Berlin 1973

Mayer, T.: Europa: Mit oder ohne Demokratie?, in: Hugenroth 1993, S. 115 ff.

McNamara, B.: Die Rolle der regionalen Analyse bei der Gestaltung der Regionalpolitik der Gemeinschaft, in: BR 1983, S. 21 ff.

Mermet, G: Die Europäer, München 1993

Mertins, G. (Hg.): Vorstellungen der Bundesrepublik Deutschland zu einem europäischen Raumordnungskonzept, Marburg 1993

Meyer, B.: Die Europäische Investitionsbank zwischen Markt und Lenkung, Köln 1984

Mills, C.W.: The power elite, Oxford 1956

Molle, W.: Regional policy, in: Coffey 1988, S. 67 ff.

- The economics of European integration, Aldershot u.a. 1990

Moltke v., K./Meiner, H.: Regionale Aspekte der gemeinschaftlichen Umweltpolitik, in: RR 1983, S. 49 ff.

Moulaert, F./Swyngedouw, E.: Regionalentwicklung und die Geographie flexibler Produktionssysteme, in: Borst u.a. 1990, S. 89 ff.

Müller, H.P.: Sozialstruktur und Lebensstile, Frankfurt am Main 1992

- Abschied in der Klassengesellschaft, in: Görg 1994, S. 120 ff.

Müller, W.: Regionale Auswirkungen des europäischen Binnenmarktes auf die neuen Bundesländer, in: RR 1994, S. 87 ff.

Münch, R.: Das Projekt Europa, Frankfurt am Main 1993

Myrdal, G.: Ökonomische Theorie und unterentwickelte Regionen, Frankfurt am Main 1974

Naisbitt, J./Aburdene, P.: Megatrends 2000, Düsseldorf u.a. 1991

Nebe, J.: Regionale und soziale Unterschiede der "Lebensqualität" im Bundesgebiet, in: GR 1976, S. 178 ff.

Nerb, G. u.a.: Großräumige Entwicklungstrends in Europa und wirtschaftspolitischer Handlungsbedarf, in: IFO Schnelldienst 17/18 1992, S. 13 ff.

Noé, C.: Wo sind 19,5 Milliarden DM geblieben?, in: RR 1983, S. 15 ff.

OECD (Hg.), OECD in figures, Paris 1990

Oelke, E.: Geographische Auswirkungen der ökonomischen Integration in den EWG-Ländern, in: Geographische Berichte 1976, S. 254 ff.

- Regionale Entwicklungsprozesse im Integrationskerngebiet der EWG, in: Geographische Berichte 1979, S. 73 ff.

- Ökonomische Integration und regionale Entwicklungstendenzen in den EG-Ländern, in: Geographische Berichte 1987, S. 217 ff.

Padoa-Schioppa, T. u.a.: Effizienz, Stabilität und Verteilungsgerechtigkeit, Wiesbaden 1988

Peffekoven, R.: Deutscher Finanzausgleich: Modell für Europa?, in: EG-Magazin 9/91, S. 26 ff.

Peschel, K.: Die Wirkungen der europäischen Integration auf die Regionalentwicklung, in: IR 1989, S. 549 ff.

Peters, H.-R.: Grundlagen der Mesoökonomie und Strukturpolitik, Bern u.a. 1981

Platzer, H.-W.: Lernprozeß Europa, Bonn 1993

- */Ruhland,* W.: Welches Deutschland in welchem Europa?, Bonn 1994

Poetschki, H.: Zukunftsperspektiven europäischer Strukturpolitik, in: IR 1989, S. 581 ff.

Pöttering, H.-G./Wiehler, F.: Die vergessenen Regionen, Baden-Baden 1983

Polanyi, K.: Ökonomie und Gesellschaft, Frankfurt am Main 1979

Popp, H. (Hg.): Probleme peripherer Regionen, Berlin u.a. 1987

Positionen des DGB zur regionalen Struktur- und Entwicklungspolitik, in: Welzmüller 1990, S. 297 ff.

Preuß, S.: Auf dem Weg zum proökologischen Lebensstil, in: Zukünfte 8, Mai 1994, S. 32 ff.

Priewe, J./Hickel, R.: Der Preis der Einheit, Frankfurt am Main 1991

Prigge, W. (Hg.): Die Materialität des Städtischen, Basel u.a. 1987

Rat der EG: Gemeinschaftsprogramm für Umweltpolitik und Maßnahmen auf eine dauerhafte und umweltgerechte Entwicklung, in: Amtsblatt der EG C/138/1, 1993

Rat der EG: Vertrag über die Europäische Union, Luxemburg 1992

Rawls, J.: Eine Theorie der Gerechtigkeit, Frankfurt am Main 1991

Reese-Schäfer, W.: Was ist Kommunitarismus, Frankfurt am Main 1994

Reichenbach, H.: Kohäsion: Zauberformel oder Zankapfel?, in: EG-Magazin 9/91, S. 8 ff.

Ridinger, R.: EG-Regionalpolitik, Hamburg 1992

Rödel, U. u.a.: Die demokratische Frage, Frankfurt am Main 1989

Rode, R.: Deutschland: Weltwirtschaftsmacht oder überforderter Euro-Hegomon, in: Leviathan 1991, S. 229 ff.

Röttinger, M./Weyringer, C. (Hg.): Handbuch der europäischen Integration, Wien 1991

Romus, P.: L'europe et les régions, Paris u.a. 1979

Rosenstiel v., L.: Wie grün sind die Manager von morgen?, In: Politische Ökologie 28, Oktober 1992, S. 31 ff.

Rossolillo, R.: Föderalismus in der postindustriellen Gesellschaft, in: Integration 2/92, S. 94 ff.

de Rougemont, D.: Die Zukunft ist unsere Sache, München 1987

Sana, H.: Die Lüge Europa, Hamburg 1993

Sand, S.: 1992 - Das Europa der Konzerne, München 1990

Sander, W.: Welche Zukunft hat Europa? Schwalbach 1990

Schäfers, M.: Die Kohäsionspolitik der Europäischen Gemeinschaft, Baden-Baden 1993

-      Ein Hemmnis für die EG-Erweiterung?, in: EG-Magazin 10/1993a, S. 14 ff.

Schätzl, L.: Wirtschaftsgeographie 1, Paderborn u.a. 1993

-      Wirtschaftsgeographie der Europäischen Gemeinschaft, Paderborn u.a. 1993 a

-      Wirtschafts- und Regionalentwicklung in Ostdeutschland, in: ders., 1993a, S. 197 ff. (1993b)

-      Regionalentwicklung der EG im Überblick, in: ders., 1993a, S. 11 ff. (1993c)

Scharnagl, W., Konzern Europa, München 1972

Schelsky, H.: Die skeptische Generation, Düsseldorf u.a. 1963

Schiller, T.: Raumnutzungskonzeptionen für strukturschwache Regionen in der EG, in: Mertins 1993, S. 143 ff.

Schmidhuber, R.: Eine erste Bilanz, in: EG-Magazin 4/94, S.22 ff.

Schmidt, V./Sinz, V.: Gibt es den Norden des Südens?, in: IR 9/10, 1993, S. 593 ff.

Schmitz, K.: Bock auf Europa, Recklinghausen 1987

Schön, K.P.: Struktur und Entwicklung des Städtesystems in Europa, in: IR 9/10, 1993, S. 639 ff.

Schöps, H.J./Wild, D. (Hg.): Die Erde 2000, Hamburg 1993

Schoneweg, E.: Regionalpolitik, in: Röttinger/Weyringer 1991, S. 777 ff.

- Die zweite Reform der Strukturfonds der Europäischen Gemeinschaft, unveröff. Mskr., Brüssel 1993

Schrader, M.: Altindustrieregionen der EG, in: Schätzl 1993a, S. 111 ff.

Schubert, D.: Ein ungleiches Paar: EU-Strukturfonds und dauerhafte Entwicklung in Europa, in: Politische Ökologie, Heft 37, 1944, S. 21-Special ff.

Schüttler, K.: Eigenentwicklung und kulturelle Vielfalt "von unten", in: Bullmann u.a. 1994, S. 165 ff.

Schumann, H.: Selbtentmachtung der Politik - die programmierte Krise des EG-Systems, in: Kursbuch 107, März 1992, S. 177 ff.

Scott, A.: Flexible production systems and regional development, in: International Journal of Urban and Regional Research 1988, S. 171 ff.

Senghaas, D.: Von Europa lernen, Frankfurt am Main 1982

Sennett, R.: Verfall und Ende des öffentlichen Lebens, Frankfurt am Main 1991

- Das Ende der Soziologie, in: Die Zeit v. 30. September 1994

Shklar, J.N.: Über Ungerechtigkeit, Berlin 1992

Sinz, M.: Europäische Integration und Raumentwicklung in Deutschland, in: GR 1992, S. 686 ff.

- Raumordnung in Europa, in: RaumPlanung 60, 1993, S. 19 ff.

Soja, E.W.: Postmodern Geographies, London u.a. 1989

Spiekermann, B. u.a.: Europäische Regionalpolitik, Köln 1988

Steinkühler, F. (HG.), Europa '92, Hamburg 1989

Steinle, W.: Europäische Regionalpolitik zwischen Mittelkonzentration, Koordination und Flexibilität, in: RR 1983, S. 3 ff.

- /Stroetmann, K.: Gemeinschaftliche Forschungs- und Technologiepolitik als Beitrag zur regionalen Entwicklung in Europa, in: RR 1983, S. 57 ff.

Sternberg, R.: Wachstumsregionen der EG, in: Schätzl 1993a, S. 53 ff.

Stewing, C.: Subsidiarität und Föderalismus in der Europäischen Union, Köln u.a. 1992

Stiens, G.: Regionale Entwicklungspotentiale und Entwicklungsperspektiven, in: GR 1992, S. 139 ff.

Storper, M./*Scott,* A.: Geographische Grundlagen und gesellschaftliche Regulation flexibler Produktionskomplexe, in: Borst u.a. 1990, S. 130 ff.

Streit, M.E.: Regionale Entwicklung und Regionalpolitik in der Europäischen Gemeinschaft, in: RR 1981, S. 49 ff.

Strübel, M. (Hg.): Wohin treibt Europa? Marburg 1990

- Internationale Umweltpolitik, Opladen 1992

Struwe, J.: EG 92 - Europa der Unternehmer?, Frankfurt am Main 1991

Swann, D.: The Economics of the Common Market, London 1990

Taylor, C.: Wieviel Gemeinschaft braucht die Demokratie?, in: Neue Zürcher Zeitung v. 16. Januar 1993

Teske, H.: Europäische Gemeinschaft: Aufgaben, Organisationen, Arbeitsweise, Bonn 1991

Tetsch, F.: EG-Regionalpolitik und deutsche Regionalförderung, in: Städte- und Gemeinderat 1987, H. 7, S. 200 ff.

Timmann, H.-J., Haushaltspolitik, in: Weidenfeld/Wessels 1993, S. 131 ff.

Tjaden, K.H.: Mensch - Gesellschaftsformation - Biosphäre, Marburg 1992

Tudyka, K.P.: Marktplatz Europa, Köln 1975

Vattimo, G.: Das Ende der Moderne, Stuttgart 1990

Vertrag über die Europäische Union: München 1992

Vester, H.-G.: Soziologie der Postmoderne, München 1993

Volkmann, G.: Kriterien unternehmerischer Standortpolitik im EG-Binnenmarkt, in: Welzmüller 1990, S. 29 ff.

Volkmann, H.: Der europäische Rostgürtel, in: Praxis Geographie, H. 10, 1992a, S. 4 ff.

- Alte Industrieregionen im Vergleich, in: Praxis Geographie, H. 10, 1992b, S. 38 ff.

Vorstand der SPD (Hg.), Empirica Binnenmarktstudie (Kurzfassung), Bonn 1989

Walzer, M.: Sphären der Gerechtigkeit, Fankfurt am Main 1992

- Zivile Gesellschaft und amerikanische Demokratie, Berlin 1992a

Waniek, R.W.: Die Regionalpolitik der EG, Bochum 1992

Wegner, M.: Die Entdeckung Europas, Baden-Baden 1991

- Ein zusätzliches Kohäsionsproblem, in: EG-Magazin 10/93, S. 18 ff.

Weik, K.-U.: Die EG-Regionalpolitik am Beispiel Süditaliens, Reutlingen 1987

Weidenfeld, W./*Piepenschneider,* M.: Junge Generation und europäische Einigung, Bonn 1990

Weidenfeld, W./Wessels, W. (Hg.): Jahrbuch der Europäischen Integration 1992/93, Bonn 1993

Weilemann, P.R.: Einstellungen zur Europäischen Union nach Maastricht, St. Augustin 1992

Weise, C.: Sozial- und Regionalpolitik, in: Weidenfeld/Wessels 1993, S. 159 ff.

Weizäcker v., E.U.: Erdpolitik, Darmstadt 1992

Wellmer, A.: Bedingungen einer demokratischen Kultur, in: Brumlik/Brunkhorst 1993, S. 173 ff.

Welsch, W.: Unsere postmoderne Moderne, Weinheim 1991

Welzk, S./Weinz, W.: Europa 92, Köln 1990

Welzmüller, R. (Hg.): Marktaufteilung und Standortpoker in Europa, Köln 1990

Wenzel, J.: Regionale Beihilfen auf dem Prüfstand, in: EG-Magazin 5/93, S. 34 ff.

Werner, J.: Mythos und Realität der Erwerbsarbeit, Mainz 1992

Ziegler, A.: Mitbestimmung: Tatort Region, in: Die Mitbestimmung 10/93, S. 42 ff.

Zimmermann, H.: Die regionale Dimension des europäischen Binnenmarktes - Auswirkungen auf Regionsstruktur, föderativen Aufbau und regionsbezogene Politik, in: ARL 1990a, S. 9 ff.

Zinn, K.G.: Soziale Marktwirtschaft, Mannheim u.a. 1992

Zöpel, C.: Die Zukunft der Städte, in: Ganser u.a. 1991, S. 13 ff.

Verzeichnis der Abbildungen, Tabellen und Abkürzungen

Abbildungen

Tabellen

Abkürzungen

AKP	Afrika, Karibik, Pazifik
ARL	Akademie für Raumforschung und Landesplanung
BDI	Bundesverband der deutschen Industrie
BdiP	Blätter für deutsche und internationale Politik
BIP	Bruttoinlandsprodukt
BSP	Bruttosozialprodukt
DOM	Départements d'outre-mer
EB	Eurobarometer
ECU	European Currency Unit
EFRE	Europäischer Fonds für Regionalentwicklung
EFTA	European Free Trade Association
EGB	Europäischer Gewerkschaftsbund
EGKS	Europäische Gemeinschaft für Kohle und Stahl
EIB	Europäische Investitionsbank
EP	Europäisches Parlament
ERSF	Europäischer Regional- und Sozialfonds
ESF	Europäischer Sozialfonds
EU	Europäische Union
EWR	Europäischer Wirtschaftsraum
FGAT	Forschungsgruppe Arbeitssoziologie und Technikgestaltung
FIAF	Finanzinstrument für die Ausrichtung der Fischerei
FuE	Forschung und Entwicklung
GD	Generaldirektion
GDP	Gross Domestic Product
GFK	Gemeinschaftliches Förderkonzept
GR	Geographische Rundschau
GVA	Gross Value Added
IAB	Institut für Arbeitsmarkt- und Berufsforschung
INHAB	Inhabitant
IR (IzR)	Informationen zur Raumentwicklung
KEG	Kommission der EG
KKP	Kaufkraftparität
KKS	Kaufkraftstandard
KMU	Kleine und mittlere Unternehmen
NGG	Nahrung, Genußmittel, Gaststätten
NO	Nordosten
NUTS	Nomenclature of territorial units for statistics
NW	Nordwesten
OP	Operationelles Programm
PVS	Politische Vierteljahresschrift
RR	Raumforschung und Raumordnung

Weitere Titel in der Reihe "Stadtforschung aktuell"

Band 51 Stefan Bratzel

Extreme der Mobilität

*Entwicklung und Folgen
der Verkehrspolitik
in Los Angeles*

Im Mittelpunkt dieses Bandes steht der verkehrspolitische Extremfall Los Angeles: Symbol einer autoorientierten Mobilität mit allen negativen ökologischen und sozialen Begleiterscheinungen. Die Entwicklung von der Kleinstadt zur urbanen Agglomeration in ihrem Wechselverhältnis zu Mobilität und Verkehrspolitik wird analysiert.

Das Buch kommt zu dem Ergebnis, daß eine Politik, die zur Lösung der Verkehrsprobleme vornehmlich auf die flächenhafte Ausdehnung und Verbesserung des Angebots an Verkehrsträgern setzt, scheitern wird. Dabei ist es zweitrangig, ob die Kapazität des Schienenverkehrs oder des Straßenverkehrs erweitert wird.

Eine nachhaltige Bewältigung städtischer Mobilitätsprobleme ist erst dann zu erwarten, wenn die Entstehungsbedingungen von Verkehr mit ihren ökonomischen, ökologischen und sozio-kulturellen Implikationen in das politische Handeln integriert werden.

1995. 152 Seiten.
Broschur.
ISBN 3-7643-5186-1

Band 50 Eberhard von Einem
Christian Diller
Götz von Arnim

**Standortwirkungen
neuer Technologien**

*Räumliche Auswirkungen
der neuen Produktionstechnologien und der
"flexiblen Spezialisierung"*

Der Einsatz neuer Technologien und Formen der Produktionsorganisation bringt Folgen auf städtebaulichem und raumstrukturellem Gebiet mit sich. Diese wirken sich auf die räumliche Verteilung wirtschaftlicher Aktivitäten aus, z.B. auf

• das einzelne Gebäude im Hinblick auf bautechnische Anforderungen und architektonische Gestaltungsmöglichkeiten • den betrieblichen Mikrostandort im Hinblick auf die Umgebungsverträglichkeit • die Möglichkeiten zur Integration von Produktionsstätten in das Stadtgefüge • die großräumige Verteilung von Produktionsstätten

Mögliche räumliche Konsequenzen reichen von der Kontroverse zum Thema Flachbau/Geschoßbau über die Veränderung der Lagerhaltung, Möglichkeiten einer Nutzungsmischung bis hin zur Bildung neuer Standortkonzentrationen als Folge von *lean production* oder *just-in-time*-Strategien.

Dieser Band soll helfen, die Diskussion räumlicher Folgen neuer Technologien auf eine fundierte Basis zu stellen.

1995. 248 Seiten.
Broschur.
ISBN 3-7643-5169-1

Weitere Titel in der Reihe "Stadtforschung aktuell"

Band 49   Wilhelm Falk (Hrsg.)
Städtische Quartiere und Aufwertung
Wo ist Gentrification möglich?

Band 48   Matthias Schulze-Böing / Norbert Johrendt
Wirkungen kommunaler Beschäftigungsprogramme

Dieses Buch leitet aus den Präferenzen von Gentrifiern, aus Theorien zur Funktionsweise städtischer Bodenmärkte sowie aus Modellierungen des Verlaufes bisheriger *Gentrification*-Vorgänge ein Indikatorenset ab, das es ermöglicht, ohne zusätzliche Datenerhebungen frühzeitig Gebiete zu finden, in denen *Gentrification*-Prozesse möglich sind. Dabei werden vor allem Indikatoren berücksichtigt, die der laufenden Einwohnermeldedatei und der laufenden Baustatistik zur Verfügung stehen.

Als einzige Ausnahme werden die Merkmale für Gebietstypisierungen einbezogen, die vom KOSIS-Verbund zur Beobachtung des Wohnungsmarktes empfohlen wurden. Gegebenenfalls sind diese Kenntnisse jedoch durch Expertenwissen ersetzbar. Ergänzend werden die Voraussetzungen zum Erlaß einer Erhaltungssatzung (Milieuschutzsatzung) dargelegt; der erste und der zweite Nürnberger Kriterienkatalog sind im Anhang aufgeführt.

Durch die sozialen und wirtschaftlichen Folgen anhaltender Massenarbeitslosigkeit haben kommunale Beschäftigungsprogeramme seit den achtziger Jahren zunehmend an Bedeutung gewonnen. Mit umfangreichen Aktivitäten fördern immer mehr Kommunen die Ausbildung, Qualifizierung und Beschäftigung und versuchen so, einen eigenen Beitrag zur Bekämpfung von Arbeitslosigkeit zu leisten und die Beschäftigungspolitik „vor Ort" zu steuern. Es wurden Infrastrukturen mit zum Teil neuartigen Einrichtungen geschaffen.
Im Zuge dieses Ausbaus bekommen Wirkungsanalysen, Erfolgskontrollen une Evaluation immer mehr Gewicht.

Dieser Band versammelt erstmals ein breites Spektrum von Beiträgen aus Praxis und Wissenschaft zum Thema: zu Strategien kommunaler Arbeitsmarktpolitik, methodischen Problemen der Evaluation und neuen Ergebnissen der Wirkungsforschung in der Beschäftigungspolitik.

1994. 152 Seiten. Broschur. ISBN 3-7643-5142-X

1994. 226 Seiten. Broschur. ISBN 3-7643-5127-6

Weitere Titel in der Reihe "Stadtforschung aktuell"

Band 47 Ulfert Herlyn / Bernd Hunger

Ostdeutsche Wohnmilieus im Wandel

Eine Untersuchung ausgewählter Stadtgebiete als sozialplanerischer Beitrag zur Stadterneuerung

Die Städte in den neuen Bundesländern stehen nach den gesellschaftlichen Umwälzungen in einem Erneuerungsprozeß ohne gleichen. Um diese Dynamik städtebaulicher Erneuerung mit einer an den Wohnbedürfnissen der Bewohner orientierten Stadtplanung abzufedern, stellt die Studie Handlungswissen zur Verfügung. Einerseits wird empirisch untersucht, in welcher Weise unterschiedliche Wohnmilieus typischer erneuerungsbedürftiger Quartiere (randstädtische Plattenbausiedlung, innenstadtnahes Gründerzeitgebiet, Altstadtkern und Werksiedlung) für ihre Bewohner Ressourcen der Lebensbewältigung unter den teilweise extremen Belastungen des gesellschaftlichen Umbruchs darstellen. Andererseits werden vor den Hintergrund ost- und westdeutscher Erfahrungen sozialplanerische Handlungsweisen für Maßnahmen der Stadterneuerung entwickelt. Im besonderen werden dabei die bei der ostdeutschen Bevölkerung vorhandenen Potentiale der Bürgerbeteiligung berücksichtigt.

1994. 360 Seiten.
Broschur.
ISBN 3-7643-5049-0

Band 46 Hellmut Wollmann

Systemwandel und Städtebau in Mittel- und Osteuropa

Dieses Buch informiert über die Rahmenbedingungen des Städtebaus in zehn Ländern Mittel- und Osteuropas. Es geht auf eine Untersuchung zurück, die im Auftrag des Bundesministeriums für Raumordnung, Bauwesen und Städtebau am Institut für Stadtforschung und Strukturpolitik, Berlin durchgeführt wurde und empirisch auf eigenen Erhebungen in diesen Ländern basiert. In „Ländermonographien" informiert es über:

- die allgemeine politische und wirtschaftliche Entwicklung des Landes
- den politisch-administrativen Aufbau, unter besonderer Berücksichtigung der kommunalen Ebene
- die Entwicklung der städtebaulichen Gesetzgebung
- die Eigentumsordnung
- Gang und Stand der Unternehmensprivatisierung, insbesondere der kleinen und mittleren Unternehmen.

In einem „Querschnittsteil" wird eine Einschätzung der städtebaulichen Handlungsprobleme und -ansätze gegeben.

1994. 208 Seiten.
Broschur.
ISBN 3-7643-5020-2